普通高等教育经管类专业系列教材

# 企业经营与财务智能分析可视化

(Excel、PowerBI、FineBI)

汪 刚 金春华 主 编
刘 畅 舒 艳 李 洁 副主编

清华大学出版社
北 京

## 内 容 简 介

本书详细介绍了企业经营与财务智能分析可视化的相关知识和具体应用。全书内容分为基础部分和工具应用部分：基础部分主要介绍商业智能基础、数据分析与可视化基础等理论知识；工具应用部分介绍 Excel、PowerBI、FineBI 等商业智能数据分析工具，其中重点介绍 PowerBI 的应用。

本书共有 12 章，每章按照"学习目标、引导案例、内容讲解、本章小结、本章习题"五大板块设计。

本书作为入门级教材，主要面向普通高等院校(包括应用型本科、高职)经管类相关专业的学生，以及对数据分析感兴趣的企事业单位人员，旨在使读者了解商业智能及数据分析可视化的基本原理，熟悉数据分析的步骤及思路，既能熟练使用 Excel 进行数据分析，又能掌握 PowerBI、FineBI 等常见自助式 BI 工具的一般应用。

本书配套了教案、教学课件、教学大纲、案例数据和微课等教学资源，方便教师教学和学生自学。

本书封面贴有清华大学出版社防伪标签，无标签者不得销售。

版权所有，侵权必究。举报：010-62782989，beiqinquan@tup.tsinghua.edu.cn。

图书在版编目(CIP)数据

企业经营与财务智能分析可视化：Excel、PowerBI、FineBI / 汪刚，金春华主编. —北京：清华大学出版社，2022.3（2025.1重印）

普通高等教育经管类专业系列教材

ISBN 978-7-302-60301-6

Ⅰ.①企… Ⅱ.①汪…②金… Ⅲ.①企业经营管理－数据处理－高等学校－教材 Ⅳ.①F272.3

中国版本图书馆 CIP 数据核字(2022)第 037384 号

责任编辑：刘金喜
封面设计：周晓亮
版式设计：思创景点
责任校对：成凤进
责任印制：曹婉颖

出版发行：清华大学出版社
网　　址：https://www.tup.com.cn，https://www.wqxuetang.com
地　　址：北京清华大学学研大厦 A 座　　　　邮　编：100084
社 总 机：010-83470000　　　　　　　　　　邮　购：010-62786544
投稿与读者服务：010-62776969，c-service@tup.tsinghua.edu.cn
质 量 反 馈：010-62772015，zhiliang@tup.tsinghua.edu.cn

印 装 者：三河市龙大印装有限公司
经　　销：全国新华书店
开　　本：185mm×260mm　　印　张：18.25　　字　数：456 千字
版　　次：2022 年 4 月第 1 版　　印　次：2025 年 1 月第 4 次印刷
定　　价：68.00 元

产品编号：095984-01

# 前　言

随着"大智移云物区"——大数据、人工智能、移动互联网、云计算、物联网和区块链等技术的快速发展,企业越来越多的财务会计工作内容被自动化、智能化所取代。因此,财会人员面临数字化转型,而转型的方向是广大会计人员需思考的问题。Gartner发布的2021年CFO调查报告中,CFO们一致认为应用RPA、数据分析是重中之重。其中,高级数据分析是财务人员转型的一个重要方向。

## 【从财务分析到经营分析】

从数据分析内容角度来看,企业财务人员应从财务分析向经营分析过渡。财务分析是财务工作的数据分析,但仅有财务分析是不够的。在企业中,财务分析定位问题,经营分析解决问题,因此,经营分析是针对财务分析发现的问题结合业务所做的更深入的专项分析。过去,由于企业信息化程度不够,企业很难快速收集大量的业务数据并做到及时有效的经营分析,因此,财务分析工作就显得很重要。随着企业信息化程度的加深,各种智能技术的应用,企业内外部信息系统积累了大量的财务业务数据,很多财务数据就是由业务数据驱动生成的。这种情况下,企业在财务分析中发现的问题,可以继续通过经营分析探寻其原因。例如,企业今年管理费用中的差旅费同比大幅度上升,就可以通过与财务系统集成的商旅系统获取的数据进行经营分析,查看业务人员的交通费和住宿费,对数据层层深入挖掘,找到差旅费上升的真正原因。目前,很多大企业都非常重视经营分析,如华为公司就非常推崇经营分析,而不是单纯的财务分析。企业中,财务分析是CFO工程,经营分析是CEO工程。

从数据分析工具角度来看,有侧重数据采集的Kettle、Python;有侧重数据仓库的Hadoop、Teradata等;有侧重数据挖掘的SaS、SPSS、R、Python等;有侧重数据可视化的Tableau、PowerBI、FineBI、SmartBI等。这些工具有的需要具备计算机编程知识,有的需要具备统计学知识,因此都不适合财经类人员快速掌握数据分析技能。对于熟悉业务、财务的财会人员来说,从侧重数据可视化的分析工具入手学习掌握数据分析技能是最佳选择。因此,PowerBI、FineBI等商务智能分析工具是让业务财务人员提升数据分析能力的有效利器。

## 【本书面向对象】

本书作为入门级教材,面向普通高等院校(包括应用型本科、高职)经管类相关专业的学生,以及对数据分析感兴趣的企事业单位人员,旨在使读者了解商业智能及数据分析可视化的基本原理,熟悉数据分析的步骤及思路,掌握PowerBI、FineBI等常见自助式BI工具的一般应用。

本书对应的高校课程有"智能财务分析可视化""财会大数据智能分析可视化""商业智能 BI 在会计中的应用"等。

## 【本书内容设计】

全书内容框架如下图所示。

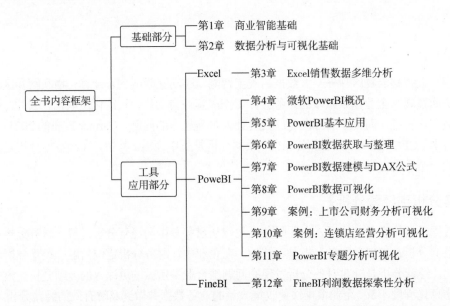

全书分为基础部分和工具应用部分：基础部分主要介绍商业智能基础、数据分析与可视化基础等理论知识；工具应用部分介绍 Excel、PowerBI、FineBI 等商业智能数据分析工具，尤其重点介绍 PowerBI 的应用。

### 1. Excel

Excel 是企业各类人员都应掌握的数据分析工具。当很多中小企业数据量不大或不需要做复杂数据分析时，Excel 就能显示其灵活性和适用性。因此，企业各类人员应掌握 Excel 数据分析的一般思路。

### 2. PowerBI

PowerBI 是微软公司的自助式 BI 工具，其功能全面、强大，尤其是数据处理方面的功能，比其他 BI 工具更多、更有优势。因此，本书重点选择了 PowerBI 这个自助式 BI 工具，详细介绍了其数据获取与整理、数据建模、数据分析与可视化、在线应用等功能。

### 3. FineBI

FineBI 是帆软公司推出的自助式 BI 工具，在国内市场有很高的占有率。本书通过利润数据探索性分析案例来介绍 FineBI 数据分析的一般思路。

通过以上 3 个工具的安排，希望学员既能掌握基础数据分析工具 Excel 的使用，也能掌握国内外常见自助式 BI 工具的应用。

## 【本书板块设计】

本书共设计了 5 大板块,方便学员自学,如下表所示。

| 板块 | 作用 |
| --- | --- |
| 学习目标 | 学完本章应了解、熟悉和掌握的知识点 |
| 引导案例 | 每章前都设计一个引导案例。此案例是与本章教学内容相关的模拟案例、实际案例 |
| 内容讲解 | 每章详细内容展开,包括理论介绍、案例数据、操作步骤、小知识、数据分析思维等方面 |
| 本章小结 | 用思维导图对本章知识点进行总结 |
| 本章习题 | 通过 5 种题型(单选题、多选题、判断题、思考题、实训题)的训练,不仅使读者进一步消化、理解本章理论知识,而且能够提升读者的实际操作能力 |

## 【本书教学资源】

本书配套了 6 种教学资源,方便教师教学和学生自学,如下表所示。

| 序号 | 资源种类 | 形式 | 数量 | 使用对象 |
| --- | --- | --- | --- | --- |
| 1 | 教学大纲 | Word 格式 | 1 份 | 教师 |
| 2 | 教案 | Word 格式 | 1 份 | 教师 |
| 3 | 习题答案 | PDF 格式 | 1 份 | 教师 |
| 4 | 教学课件 | PPT 格式 | 12 份 | 教师、学生 |
| 5 | 微课(内容讲解、操作演示) | MP4 格式 | 若干 | 教师、学生 |
| 6 | 案例数据 | Excel 格式<br>文本格式<br>csv 格式<br>mdb 格式<br>pbix 格式 | 若干 | 教师、学生 |

上述资源可通过扫描下方二维码下载。微课视频可通过扫描书中二维码观看。为便于开展线上线下混合教学,本书还提供了慕课学习平台,任课老师可发邮件至 476371891@qq.com 获取链接地址。

教学资源下载

## 【致谢】

本书由汪刚、金春华担任主编,刘畅、舒艳、李洁担任副主编。另外,参加本书编写的人员还有贾香萍、沈银萱、宁宇、邓宁、吕晓敏、柴明洋、张思涵。

感谢 PowerBI 领域的专家赵文超、宗萌、马世权、高飞、采悟、雷元、武俊敏等老师，感谢他们基于企业实践经验所带来的精彩纷呈的 PowerBI 课程和经验分享。

感谢帆软软件公司、思迈特软件公司提供教学案例及客户案例。

感谢清华大学出版社对本书出版给予的大力支持。

限于作者水平，对于书中的疏忽及错漏之处，诚挚地希望广大读者给予批评指正。

作 者

2021 年 9 月

# 目 录

## 第1章 商业智能基础 ·············· 1
### 1.1 商业智能概述 ··············· 2
#### 1.1.1 商业智能的定义 ········ 2
#### 1.1.2 商业智能与 DIKW 模型 ···· 3
#### 1.1.3 商业智能的系统架构 ····· 4
#### 1.1.4 商业智能的价值 ········· 5
### 1.2 商业智能核心技术 ············ 6
#### 1.2.1 ETL 技术 ··············· 6
#### 1.2.2 数据仓库技术 ··········· 7
#### 1.2.3 联机分析处理技术 ······· 8
### 1.3 自助式商业智能分析工具 ····· 10
#### 1.3.1 PowerBI ·············· 10
#### 1.3.2 Tableau ·············· 11
#### 1.3.3 FineBI ··············· 11
#### 1.3.4 SmartBI ·············· 11
### 【本章小结】 ·················· 12
### 【本章习题】 ·················· 13

## 第2章 数据分析与可视化基础 ····· 15
### 2.1 数据类型与企业大数据 ······· 16
#### 2.1.1 数据类型 ·············· 16
#### 2.1.2 大数据 ················ 18
#### 2.1.3 企业业财大数据 ········ 19
### 2.2 数据分析基础 ··············· 20
#### 2.2.1 数据分析类型 ·········· 20
#### 2.2.2 数据分析步骤 ·········· 20
#### 2.2.3 数据分析主题与框架 ···· 22
#### 2.2.4 数据分析模型 ·········· 24
#### 2.2.5 数据分析指标 ·········· 30
#### 2.2.6 数据分析方法 ·········· 33
### 2.3 数据可视化基础 ············· 34
#### 2.3.1 数据可视化原理 ········ 34
#### 2.3.2 可视化图表选择 ········ 37
### 【本章小结】 ·················· 41
### 【本章习题】 ·················· 41

## 第3章 Excel 销售数据多维分析 ···· 44
### 3.1 Excel 数据分析基础 ·········· 44
#### 3.1.1 认识 Excel 数据表 ······· 45
#### 3.1.2 相对地址、绝对地址与混合地址 ····· 45
#### 3.1.3 Excel 数据分析常用函数 ··· 46
#### 3.1.4 Excel 常见错误值及原因 ··· 48
### 3.2 Excel 数据分析基本流程 ······ 50
#### 3.2.1 数据获取 ·············· 50
#### 3.2.2 数据处理 ·············· 50
#### 3.2.3 数据分析 ·············· 51
#### 3.2.4 数据可视化 ············ 53
### 3.3 案例：销售数据多维分析可视化 ·············· 54
#### 3.3.1 打开销售数据表 ········ 54
#### 3.3.2 销售数据处理 ·········· 54
#### 3.3.3 销售数据多维分析 ······ 58
#### 3.3.4 销售数据可视化 ········ 61
#### 3.3.5 销售数据看板制作 ······ 63
#### 3.3.6 销售数据看板变换风格 ··· 65

【本章小结】……………………………… 66
【本章习题】……………………………… 67

## 第4章 微软 PowerBI 概况 ……………… 69
### 4.1 PowerBI 概述 …………………… 70
   4.1.1 传统 BI 与自助式 BI ………… 70
   4.1.2 PowerBI 简介 ………………… 71
   4.1.3 PowerBI 特点 ………………… 72
### 4.2 PowerBI 应用模式及系列组件 …… 73
   4.2.1 PowerBI 应用模式 …………… 73
   4.2.2 PowerBI 系列组件 …………… 74
### 4.3 PowerBI Desktop 安装与账号注册 … 75
   4.3.1 PowerBI Desktop 安装 ……… 75
   4.3.2 PowerBI 账号注册 …………… 76
### 4.4 PowerBI Desktop 界面 …………… 78
   4.4.1 菜单栏 ………………………… 78
   4.4.2 视图 …………………………… 78
   4.4.3 报表编辑器 …………………… 80
【本章小结】……………………………… 82
【本章习题】……………………………… 82

## 第5章 PowerBI 基本应用 ……………… 84
### 5.1 数据获取与整理 ………………… 86
   5.1.1 数据获取 ……………………… 86
   5.1.2 数据整理 ……………………… 88
### 5.2 数据建模 ………………………… 92
   5.2.1 建立数据模型 ………………… 92
   5.2.2 新建列 ………………………… 93
   5.2.3 新建度量值 …………………… 94
### 5.3 数据可视化 ……………………… 95
   5.3.1 插入图片、文本框、形状 …… 95
   5.3.2 插入卡片图 …………………… 96
   5.3.3 插入环形图 …………………… 97
   5.3.4 插入条形图 …………………… 97
   5.3.5 插入折线图 …………………… 98
   5.3.6 插入气泡图 …………………… 99
   5.3.7 插入切片器 …………………… 100
   5.3.8 图表美化 ……………………… 101
### 5.4 在线应用 ………………………… 102
   5.4.1 在线发布 ……………………… 102
   5.4.2 制作仪表板 …………………… 103
   5.4.3 发布到 Web …………………… 105
   5.4.4 移动应用 ……………………… 105
【本章小结】……………………………… 106
【本章习题】……………………………… 107

## 第6章 PowerBI 数据获取与整理 ……… 109
### 6.1 一维表和二维表 ………………… 110
### 6.2 数据获取 ………………………… 111
   6.2.1 从文件导入 …………………… 111
   6.2.2 从文件夹导入 ………………… 113
   6.2.3 从数据库导入 ………………… 115
   6.2.4 从网站查询导入 ……………… 116
   6.2.5 从其他数据源导入 …………… 118
   6.2.6 重新设定数据源 ……………… 119
### 6.3 数据整理 ………………………… 119
   6.3.1 查询编辑器和 M 语言 ……… 119
   6.3.2 数据的行、列操作和筛选 …… 121
   6.3.3 数据类型的转换 ……………… 126
   6.3.4 数据格式的转换 ……………… 127
   6.3.5 数据的拆分、提取和合并 …… 129
   6.3.6 数据的转置和反转 …………… 133
   6.3.7 数据的透视和逆透视 ………… 135
   6.3.8 分组依据 ……………………… 136
   6.3.9 添加列 ………………………… 137
   6.3.10 日期和时间的整理 ………… 139
   6.3.11 数据的基本数学运算 ……… 141
   6.3.12 数据的组合 ………………… 143
   6.3.13 合并查询 …………………… 144
【本章小结】……………………………… 147
【本章习题】……………………………… 147

# 目 录

## 第 7 章　PowerBI 数据建模与 DAX 公式 ·············· 150

- 7.1 管理关系 ················· 151
  - 7.1.1 认识表 ············ 151
  - 7.1.2 认识关系及关系模型 ··· 151
  - 7.1.3 创建关系 ·········· 154
- 7.2 新建列与新建度量值 ······· 158
  - 7.2.1 新建列 ············ 158
  - 7.2.2 新建度量值 ········ 160
- 7.3 DAX 数据分析表达式 ······ 161
  - 7.3.1 认识 DAX 公式 ····· 161
  - 7.3.2 认识 CALCULATE 函数 ··· 168
  - 7.3.3 认识 DIVIDE 函数 ··· 170
- 【本章小结】················· 172
- 【本章习题】················· 172

## 第 8 章　PowerBI 数据可视化 ····· 175

- 8.1 常用可视化图表 ··········· 176
  - 8.1.1 新建仪表图 ········ 179
  - 8.1.2 新建百分比仪表图 ··· 180
  - 8.1.3 新建表 ············ 181
  - 8.1.4 新建矩阵 ·········· 182
- 8.2 自定义可视化图表 ········· 183
  - 8.2.1 添加自定义可视化对象 ··· 183
  - 8.2.2 马表图 ············ 184
  - 8.2.3 子弹图 ············ 186
  - 8.2.4 文字云 ············ 187
  - 8.2.5 桑基图 ············ 187
- 8.3 图表美化 ················· 188
  - 8.3.1 切换主题 ·········· 188
  - 8.3.2 设置图表格式 ······ 189
- 8.4 图表的筛选、钻取和编辑交互 ··· 190
  - 8.4.1 图表的筛选 ········ 191
  - 8.4.2 图表的钻取 ········ 195
  - 8.4.3 图表的编辑交互 ···· 196
- 【本章小结】················· 198
- 【本章习题】················· 198

## 第 9 章　案例：上市公司财务分析可视化 ··············· 201

- 9.1 资产负债表可视化 ········· 205
  - 9.1.1 插入切片器 ········ 205
  - 9.1.2 插入卡片图 ········ 206
  - 9.1.3 插入圆环图 ········ 207
  - 9.1.4 插入饼图 ·········· 208
  - 9.1.5 插入分区图 ········ 208
  - 9.1.6 插入树状图 ········ 209
  - 9.1.7 插入表 ············ 209
- 9.2 利润表可视化 ············· 211
  - 9.2.1 插入卡片图 ········ 212
  - 9.2.2 插入圆环图与树状图 ··· 212
  - 9.2.3 插入折线图和分区图 ··· 212
  - 9.2.4 插入矩阵 ·········· 212
- 9.3 现金流量表可视化 ········· 213
  - 9.3.1 插入卡片图 ········ 214
  - 9.3.2 插入圆环图 ········ 214
  - 9.3.3 插入分区图 ········ 214
  - 9.3.4 插入折线图 ········ 215
  - 9.3.5 插入桑基图 ········ 215
  - 9.3.6 插入簇状条形图 ···· 215
- 9.4 偿债能力分析可视化 ······· 216
  - 9.4.1 插入卡片图 ········ 216
  - 9.4.2 插入折线图 ········ 217
- 9.5 营运能力分析可视化 ······· 217
  - 9.5.1 插入卡片图 ········ 217
  - 9.5.2 插入折线图 ········ 218
- 9.6 盈利能力分析可视化 ······· 218
  - 9.6.1 插入卡片图 ········ 218
  - 9.6.2 插入折线图 ········ 219
- 9.7 杜邦分析可视化 ··········· 219
  - 9.7.1 插入卡片图 ········ 219
  - 9.7.2 插入图形图像 ······ 220
- 【本章小结】················· 220

【本章习题】……………………… 221

## 第 10 章　案例：连锁店经营分析可视化 ……………… 222

### 10.1 产品分析可视化 …………… 225
- 10.1.1 插入卡片图 ……………… 226
- 10.1.2 插入条形图 ……………… 226
- 10.1.3 插入圆环图 ……………… 226
- 10.1.4 插入瀑布图 ……………… 227
- 10.1.5 插入柱形图 ……………… 228
- 10.1.6 插入矩阵 ………………… 228

### 10.2 区域分析可视化 …………… 229
- 10.2.1 插入圆环图 ……………… 230
- 10.2.2 插入条形图 ……………… 230
- 10.2.3 插入柱形图 ……………… 230
- 10.2.4 插入水族馆图 …………… 230
- 10.2.5 插入矩阵 ………………… 230

### 10.3 趋势分析可视化 …………… 231
- 10.3.1 插入分区图 ……………… 231
- 10.3.2 插入折线和柱形图 ……… 232
- 10.3.3 插入动态气泡图 ………… 232
- 10.3.4 插入表 …………………… 232

### 10.4 完成度分析可视化 ………… 233
- 10.4.1 插入子弹图 ……………… 234
- 10.4.2 插入仪表图 ……………… 235
- 10.4.3 插入百分比仪表图 ……… 235
- 10.4.4 插入水平条形图 ………… 236
- 10.4.5 插入矩阵 ………………… 237

### 10.5 排名分析可视化 …………… 238
- 10.5.1 插入条形图(排名前 $N$ 个)… 238
- 10.5.2 插入表 …………………… 239
- 10.5.3 插入文字云 ……………… 239

【本章小结】……………………… 240
【本章习题】……………………… 240

## 第 11 章　PowerBI 专题分析可视化 …… 242

### 11.1 客户价值 RFM 分析 ……… 243
- 11.1.1 理解数据 ………………… 243
- 11.1.2 查看数据模型 …………… 244
- 11.1.3 新建度量值 ……………… 244
- 11.1.4 新建列 …………………… 245
- 11.1.5 插入切片器 ……………… 246
- 11.1.6 插入卡片图 ……………… 246
- 11.1.7 插入条形图 ……………… 247
- 11.1.8 插入瀑布图 ……………… 247
- 11.1.9 插入表 …………………… 248

### 11.2 动态帕累托分析 …………… 248
- 11.2.1 理解并连接数据 ………… 248
- 11.2.2 新建度量值 ……………… 249
- 11.2.3 插入切片器 ……………… 250
- 11.2.4 插入表 …………………… 250
- 11.2.5 插入圆环图 ……………… 250
- 11.2.6 折线和堆积柱形图 ……… 251

### 11.3 盈亏平衡动态分析 ………… 252
- 11.3.1 理解数据 ………………… 252
- 11.3.2 获取数据 ………………… 252
- 11.3.3 创建数据表 ……………… 252
- 11.3.4 创建度量值 ……………… 253
- 11.3.5 插入切片器 ……………… 254
- 11.3.6 插入分区图 ……………… 254

### 11.4 杜邦动态分析 ……………… 255
- 11.4.1 插入卡片图 ……………… 255
- 11.4.2 设置变化参数 …………… 256
- 11.4.3 修改度量值 ……………… 257

【本章小结】……………………… 258
【本章习题】……………………… 258

## 第 12 章　FineBI 利润数据探索性分析 ……………………… 259

### 12.1 FineBI 简介 ………………… 260
- 12.1.1 FineBI 概述 ……………… 260
- 12.1.2 FineBI 的安装与启动 …… 261
- 12.1.3 FineBI 的界面 …………… 262

### 12.2 FineBI 数据分析基本流程 … 263

12.3 案例：FineBI 利润数据探索型
　　　分析可视化 ·················· 263
　12.3.1 案例背景 ·················· 263
　12.3.2 数据准备 ·················· 264
　12.3.3 数据加工 ·················· 265

　12.3.4 仪表板制作及可视化
　　　　分析 ······················ 267
【本章小结】 ··························· 277
【本章习题】 ··························· 277

# 第 1 章

# 商业智能基础

**学习目标**
- 了解商业智能的定义、价值;
- 了解自助式商业智能分析工具;
- 熟悉DIKW模型和商业智能的系统架构;
- 掌握商业智能核心技术ETL、数据仓库、联机数据处理OLAP。

## 引导案例

### 啤酒和尿布的故事

这是发生在美国沃尔玛连锁超市的真实案例,并一直为商家所津津乐道。沃尔玛拥有世界上最大的数据仓库系统,为了能够准确了解顾客在其门店的购买习惯,沃尔玛对其顾客的购物行为进行购物篮分析。沃尔玛数据仓库里集中了其各门店的详细原始交易数据,在这些原始交易数据的基础上,沃尔玛利用数据挖掘方法对这些数据进行分析和挖掘。分析结果意外地发现:与尿布一起购买最多的商品竟是啤酒!经过大量实际调查和分析,揭示了一个隐藏在"尿布与啤酒"背后的美国人的一种行为模式:在美国,一些年轻的父亲下班后经常要到超市去买婴儿尿布,而他们中有30%~40%的人同时也会为自己买一些啤酒。产生这一现象的原因是:美国的太太们常叮嘱她们的丈夫下班后为小孩买尿布,而丈夫们在买尿布后又随手带回了他们喜欢的啤酒。

这个著名的"啤酒和尿布的故事",是商业智能领域的经典案例。沃尔玛正是根据这一发现,及时调整营销策略,在尿布旁边摆放啤酒,从而大大增加了两种商品的销售收入。

## 1.1 商业智能概述

现代管理之父彼得·德鲁克(Peter F. Drucker)曾经说，知识已经成为关键的经济资源和竞争优势的主要来源。如何将数据转化为知识？这就需要商业智能(business intelligence，BI，也叫商务智能)发挥作用。商业智能是将不可用数据转变为可行的见解的过程。商业智能的出现，被认为是继 ERP 之后企业信息化的又一个热潮。商业智能把各种数据及时地转换为支持决策的信息和知识，帮助企业管理者了解客户的需求、消费习惯，预测市场的变化趋势及行业的整体发展方向，进行有效的决策，从而在竞争中占据有利地位。

### 1.1.1 商业智能的定义

商业智能从 20 世纪 90 年代开始，已经在众多企业中引起了广泛关注，成为业界关注的热点。商业智能的概念最早由美国著名咨询公司 Gartner 的分析师霍华德·德雷斯纳(Howard Dresner)于 1996 年提出，他认为商业智能描述了一系列的概念和方法，应用基于数据的分析系统辅助商业决策的制定。商业智能技术为企业提供了迅速收集、分析数据的技术和方法，把这些数据转化为有用的信息，提高了企业决策的质量。

企业界对商业智能存在着不同的理解，主要如下。

**Microsoft** 认为：商业智能是任何尝试获取、分析企业数据以便更清楚地了解市场和顾客，改进企业流程，更有效地参与竞争的过程。

**Oracle** 认为：商业智能是一种商务战略，能够持续不断地对企业经营理念、组织结构和业务流程进行重组，实现以顾客为中心的自动化管理。

**SAP** 认为：商业智能是收集、存储、分析和访问数据以帮助企业更好决策的技术。

**IBM** 认为：商业智能是一系列技术支持的简化信息收集、分析的策略集合。

**IDC** 认为：商业智能是终端用户查询和报告工具、在线分析处理工具、数据挖掘软件、数据集市、数据仓库产品等软件工具的集合。

**帆软**认为：商业智能是利用数据仓库、数据可视化与分析技术，将指定的数据转化为信息和知识的解决方案，其价值体现为满足企业不同人群对数据查询、分析和探索的需求，使企业实现对业务的监测和洞察，从而支撑企业管理决策，提升企业管理水平，提高企业业务运营效率，改进优化企业业务。

综上可以看出，商业智能是基于先进信息技术与创新管理理念，集成了企业内外各种类型数据，对其加工处理并从中提取能够创造商业价值的信息和知识，面向企业战略并服务于管理层、业务层，指导企业经营决策，提升企业竞争力。商业智能不仅是指一套技术，更是一套完整的解决方案，商业智能的本质就是数据智能。这里所说的数据包括：来自企业业务系统的订单、交易、库存等数据；来自企业财务系统的凭证、账簿、报表等数据；来自企业外部的客户和供商数据、竞争对手数据、企业所处其他外部环境中的各种数据。

## 1.1.2 商业智能与DIKW模型

DIKW金字塔模型是知识管理领域中非常重要的模型,它将数据、信息、知识、智慧纳入一种金字塔形的层次体系,每一层比下一层都赋予了新的特质。DIKW金字塔模型如图1-1所示。

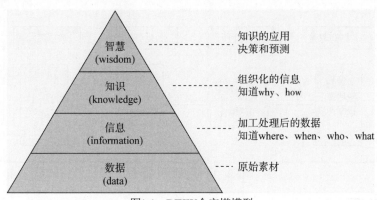

图1-1　DIKW金字塔模型

从该模型可以看出:数据可以是数字、文字、图像、符号等,它直接来自于事实,可以通过原始的观察或度量来获得。数据可以是定量的,也可以是定性的。信息是已经被处理并具有逻辑关系的数据,是对数据的解释,这种信息对其接收者具有意义。这些信息可以回答一些简单的问题,如谁?什么?哪里?什么时候?因此,信息也可以看成是被理解了的消息。知识是从相关信息中过滤、提炼及加工而得到的有用资料,它体现了信息的本质、原则和经验。此外,知识基于推理和分析,还可能产生新的知识。知识可以回答"如何?"的问题,可以帮助我们建模和仿真。智慧是人类所表现出来的一种独有的能力,主要表现为收集、加工、应用、传播知识的能力,以及对事物发展的前瞻性看法。在知识的基础上,通过经验、阅历、见识的累积,而形成的对事物的深刻认识、远见,体现为一种卓越的判断力。通过DIKW模型分析,可以看到数据、信息、知识与智慧之间既有联系,又有区别。

我们从本章引导案例"啤酒和尿布的故事"中来看一看从数据到智慧的转化过程。沃尔玛超市POS机中某种商品的销售记录,包括客户ID、商品名称、销售数量、销售金额等,这就是数据。沃尔玛超市将所有销售记录加工处理后形成了销售信息,如不同商品的销售金额信息、不同店铺的销售金额信息等。沃尔玛超市通过进一步分析和挖掘数据,发现啤酒和尿布的销量成正相关关系,这就是知识。根据啤酒和尿布的销量成正相关关系这个知识,沃尔玛公司及时调整销售策略,将两种商品摆在相近的位置进行销售,从而大大提高了两种商品的销量,这就是智慧。

DIKW金字塔模型可以展现从数据到智慧的转化过程,那商业智能和此模型有什么关系呢?在大数据面前,通过手工处理来实现从数据到智慧的转化过程是很难做到的,或者说时间会很长,人们在做出决策采取行动时,往往错过了时效。商业智能系统的出现,可以帮助从数据到知识的有效转化,提升转化准确率,可以加快从数据到智慧的转化时间,使人们及时做出决策并采取行动。

### 1.1.3　商业智能的系统架构

商业智能需要将企业积累的大量数据处理成信息，再转化为知识，最后通过可视化方式将信息和知识展现给企业相关人员，便于企业进行商务决策。商业智能架构体系分为数据获取、数据管理、数据分析、数据展示 4 层，如图 1-2 所示。

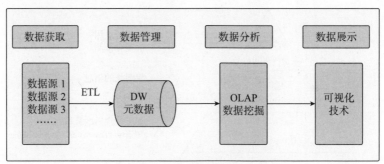

图1-2　商业智能架构体系

**1. 数据获取层**

商业智能是基于数据的智能，商业智能的基础是数据。获取什么样的数据及如何获取数据是商业智能系统数据获取层的主要工作内容。

从来源上看，数据通常包括企业内部的数据和企业外部的数据。企业内部的数据又包括来自财务系统、采购系统、销售系统、生产系统等 ERP 系统的数据、办公自动化 OA 的数据；企业外部的数据包括政策数据、市场数据、行业数据、竞争对手的数据、各类统计数据等。从存储结构上看，数据分为结构化数据和非结构化数据。结构化数据主要是以二位表格形式存储的数据，非结构化数据主要包括所有格式的办公文档、文本、图片、音频和视频文件等。从存储形式上看，数据分为.xls 文件、.txt 文件、.csv 文件、各类数据库文件等。目前的 BI 系统都能直接读取并连接各种类型的结构化数据。

BI 系统获取数据后，还要经过数据处理，即 ETL(extract-transform-load)操作。

**2. 数据管理层**

数据管理层主要通过数据仓库(data warehouse，DW)和元数据(meta data)管理方式实现对数据的管理。

经过 ETL 处理的数据被加载到数据仓库中。数据仓库是面向主题的，数据仓库中的数据按照一定的主题域进行组织。数据仓库中的数据是在对原有分散的数据库数据抽取、清理的基础上经过系统加工、汇总和整理得到的，需消除源数据中的不一致性，以保证数据仓库内的信息是关于整个企业的、有效的、可用的信息。数据仓库中的数据通常是历史数据，通过这些数据，可以对企业的过去做分析，对未来做预测。数据仓库所涉及的数据操作主要是数据查询，一旦某个数据进入数据仓库以后，一般情况下将被长期保留，也就是数据仓库中一般有大量的查询操作，但修改和删除操作很少，通常只需要定期加载、刷新。数据仓库存储模型主要包括概念模型、逻辑模型和物理模型。

为了便于管理数据仓库中的数据引入了元数据的概念。元数据是关于数据仓库的数据，指在数据仓库建设过程中所产生的有关数据源定义、目标定义、转换规则等相关的关键数据。同时元数据还包含关于数据含义的商业信息，所有这些信息都应当妥善保存，并很好地管理，为数据仓库的发展和使用提供方便。

**3. 数据分析层**

数据分析层主要包括库联机分析处理(online analytical processing，OLAP)和数据挖掘(data mining，DM)两种分析。它们都是数据库或数据仓库的分析工具，两者相辅相成，是决策分析不可缺少的工具。

联机分析处理(OLAP)是以海量数据为基础的复杂分析技术。它支持各级管理决策人员从不同的角度，快速灵活地对数据仓库中的数据进行复杂查询和多维分析处理，并且能以直观易懂的形式将查询和分析结果展现给决策人员。OLAP使用的逻辑数据模型为多维数据模型。数据挖掘是从海量数据中，提取隐含在其中的、人们事先不知道但又可能有用的信息和知识的过程。数据挖掘的数据有多种来源，包括数据仓库、数据库或其他数据源。

可以看出，OLAP是验证型的分析工具，而数据挖掘是预测型的分析工具。

**4. 数据展示层**

数据展示层主要是通过可视化技术将分析内容以各种图表的方式展示出来，供企业决策人员、管理人员、分析人员、业务人员等相关人员进行洞察和决策。可视化技术是以计算机图形学、图像处理技术为基础，将数据转换为图形或图像形式，显示到屏幕上，并进行交互处理的理论方法和技术。它涉及计算机视觉图像处理、计算机辅助设计、计算机图形学等多个领域，并逐渐成为一种研究数据表达，综合处理决策分析的问题的综合技术。数据分析的内容包括利润分析、收入分析、成本分析、资产分析、运营分析、投融资分析等。企业数据分析所需要展示的指标和内容与企业战略、经营管理需要有密切关系。

## 1.1.4　商业智能的价值

商业智能可以帮助管理者减少收集、处理信息的时间，把更多的精力用于决策上。商业智能的价值具体体现在以下几个方面。

**1. 增强业务洞察能力**

商业智能可减少经营者收集数据、获取信息所花费的时间，加速决策过程，使正确的信息在正确的时间在信息系统中流向各类相关人员。决策者通过监控关键绩效指标(key performance indicator，KPI)，掌控业务执行的状况，以便及时调整策略。例如，管理者通过KPI监控销售人员最新销售信息、任务额信息、任务完成度信息，可随时掌握企业营业收入完成情况。

**2. 优化企业营销策略**

企业通过构建商业智能分析模型，挖掘消费者行为，制定适当的营销策略。例如，"啤酒和尿布的故事"，就是著名的零售企业沃尔玛公司通过商业智能，发现了尿布销售额和啤酒销售额具有相关性的事实，随后管理层做出决策，将尿布和啤酒两种商品摆放在一起销售，从而提高了企业的销售业绩。

### 3. 提高市场响应能力

企业借助商业智能的大数据整合能力，将行业信息、政策法规等信息融入商业智能系统，通过适当的模型以预测市场变化，精简流程，确定需要改进的环节，以适应外部环境的变动。

### 4. 加强风险管理能力

企业可通过商业智能风险预警模型，发现存在的潜在风险点，如经营风险、财务风险、纳税风险等，当出现这些风险预警时，可随时调整企业的经营策略来应对、规避、降低企业的各类风险。例如，银行的贷款业务，应用数据挖掘技术可以对顾客进行信用分析，发现其中的欺诈行为特征，作为有效的预警机制，为银行减少损失。

### 5. 改善顾客关系管理

现在很多企业正在逐渐由以产品为中心转化为"以顾客为中心"，而应用商业智能中的在线分析处理和数据挖掘等技术，即可通过对顾客的交易记录等相关资料的处理与挖掘，对顾客行为进行分类，然后针对不同类型的顾客制定相应的服务策略，我们把这类应用叫作"顾客智能"。电信企业利用分析模型对顾客行为、信用度等进行评估，对不同类型的客户提供有针对性的服务，从而提高顾客的满意度和忠诚度。

## 1.2 商业智能核心技术

商业智能(BI)作为一种数据解决方案，能够通过多种技术的综合运用，从大量的数据中筛选出有效的信息，供决策者使用。BI 以大数据为基础，经过 ETL 处理后，将数据按一定方式存储在数据仓库(DW)中，再经过联机分析处理 OLAP 后，即可以发掘出数据的价值。

### 1.2.1 ETL技术

ETL 是将业务系统的数据经过抽取、转换之后加载到数据仓库的过程，目的是将企业中分散、零乱、标准不统一的数据整合到一起，为企业的决策提供分析依据。ETL 是 BI 项目中的一个重要环节。ETL 的过程如图 1-3 所示。

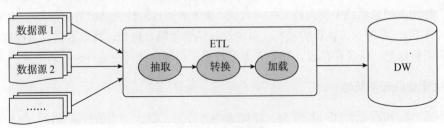

图1-3　ETL的过程

### 1. 数据抽取(E-extract)

数据仓库中的数据是面向主题的,在将源数据导入数据仓库之前,需要识别出与分析决策相关的数据,抽取过程通常考虑以下几个方面:①确定源数据及其含义;②进行数据抽取,确定访问哪些数据库、文件和表;③确定抽取频率;④确定抽取数据保存的位置;⑤无法抽取时的异常处理。

### 2. 数据转换(T-transform)

当抽取到数据仓库中的数据时,会有缺失或重复等情况。数据转换就是将抽取的数据变成数据分析所需要的、完整的、准确的目标数据,主要包括数据清洗、格式转换、汇总计算等。数据清洗将从数据的准确性、完整性、一致性、唯一性、适时性、有效性几个方面来处理数据的丢失值、越界值、不一致代码、重复数据等问题。

1) 缺失值的处理方法

缺失值即是不完整数据。大多数情况下,缺失值必须手工补充填入(即手工清理)并与数据提供方进行确认。当无法得到数据提供方确认时,某些缺失值可以从本数据源或其他数据源推导出来,这就可以用平均值、最大值、最小值或更为复杂的概率估计代替缺失的值。如果缺失值很少且不影响数据分析,也可将缺失值记录直接删除。

2) 错误值的处理方法

错误值的产生大多是由于业务系统不够健全,在接收并输入数据后没有进行判断直接写入后台数据库造成的,如数值数据输成全角数字、字符串包含若干空格、日期格式不正确、日期越界等。当产生错误值时,可以人工修改或用统计分析的方法识别可能的错误值或异常值,从而将其加以修正。

3) 重复值的处理方法

数据库中属性值相同的记录被认为是重复记录,通过判断记录间的属性值是否相等来检测记录是否相等,重复的记录只保留一条即可,将多余的记录删除。

4) 不一致性数据的处理方法

从多数据源集成的数据可能有语义冲突,例如,性别字段中的"男性",有的表中表示为1,有的表中表示为"男"。当出现不一致性数据时,可定义完整性约束用于检测不一致性,也可通过分析数据发现联系,从而使数据保持一致。

### 3. 数据加载(L-load)

数据加载是将清洗和转换后的、符合数据分析要求的数据加载到数据仓库中,加载方式包括直接追加和全面覆盖。

## 1.2.2 数据仓库技术

数据仓库(DW)是一个面向主题的、集成的、相对稳定的、反映历史变化的数据集合,用于支持管理决策。20世纪80年代中期由威廉·汉·荫蒙(William H.Inmon)首次提出。

数据仓库模型主要包括概念模型、逻辑模型和物理模型。概念模型通过主题来表达,用维和度量表示。逻辑模型也叫关系模型,用于确定关系模式的定义,如数据分割策略。物理模型是逻辑模型在数据仓库中的实现,如数据索引策略、数据的存储策略及存储优化分配等。下面我们重点介绍逻辑模型。

逻辑模型一般有两种,即星型模型和雪花模型。

### 1. 星型模型

星型模型由事实表和维度表组成,事实表可连接多种维度表,维度表只有一层。维度表和事实表必须有能够关联的字段。例如,某公司采购业务的数据星型模型如图1-4所示。其中:采购订单表是事实表,包含企业实际的全部采购订单数据,通常记录数很多;而日期表、商品表、物流表、供应商表等都是维度表,其中的数据作为分析的维度,而且数据量很少。

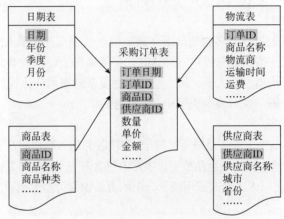

图1-4 某公司采购业务的数据星型模型

### 2. 雪花模型

雪花模型是星型模型的扩展,在事实表的外部有多层维度表。例如,将供应商表中的城市和省份字段拆分出来放入地区表中,再将地区表作为供应商表的维度表,这样做,可以减少数据冗余。

在数据联机分析OLAP中,使用星型模型的情况较多。

## 1.2.3 联机分析处理技术

联机分析处理(OLAP)技术是使用最广的数据分析技术,其通过对数据仓库的多维分析,可以快速实现洞察并发现问题。

OLAP中最主要的操作结构是数据立方体,它是一种支持快速数据分析的多维数据结构(实际的或虚拟的),能够进行多维度高效率操作和数据分析,如图1-5所示。使用OLAP,分析人员通过改变数据位置和定义来分析,可以在整个数据库中进行导航,并能提取数据的一个特定子集。常见的OLAP操作包括切片、切块、钻取、上卷和旋转等。

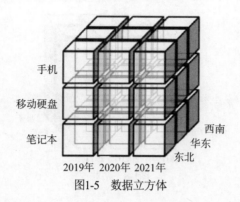

图1-5 数据立方体

### 1. 切片(slice)

切片操作是选择特定的维度值进行分析。例如，只选择东北地区的销售数据，或者只查看2021年度的销售数据，如图1-6所示。

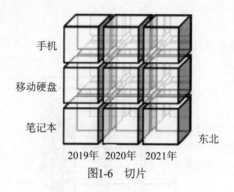

图1-6 切片

### 2. 切块(dice)

切块操作是选择维度中特定区间的数据或某批特定值进行分析。例如，选择2020—2021年的销售数据，如图1-7所示。

图1-7 切块

### 3. 钻取(drill-down)

钻取操作是在维度的不同层次间的变化，如从上层维度降到下层维度，或者将汇总数据拆分为更细节的数据。例如，对手机维度向下钻取，得到的数据立方体如图1-8所示。

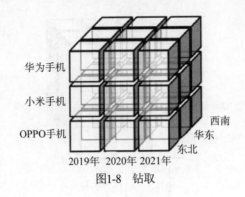

图1-8 钻取

### 4. 上卷(roll-up)

上卷操作是钻取的逆操作,即从低层维度向高层维度聚合。例如,将华为手机、小米手机和OPPO手机向上汇总。

### 5. 旋转(pivot)

旋转即维度位置的互换,就像是二维表的行列转换。例如,将年份维度和地区维度互换,如图1-9所示。

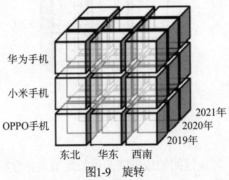

图1-9 旋转

## 1.3 自助式商业智能分析工具

自助式BI不再面向IT部门的技术人员,而是面向不具备IT背景的业务人员。与传统BI相比,自助式BI更灵活且更易于使用。在当下,越来越多的业务人员,基于自身对业务的理解,使用自助式BI系统,能够快速实现数据分析与洞察,提高了决策的相应速度和时效性。下面介绍几款自助式BI分析工具。

### 1.3.1 PowerBI

PowerBI是微软官方推出的可视化数据探索和交互式报告工具。PowerBI能让静态数据转化为动态报表,是一个让非专业数据分析人员也能做到有效整合企业数据,并快速准确地提供商业智能分析的数据可视化工具。

2021 年 2 月 18 日,国际著名咨询机构 Gartner 公司发布的《商业智能和分析平台魔力象限》(*Magic Quadrant for BI and Analytics Platforms*)年度报告显示,微软连续第 14 年入选,并超越一切对手,再次成为最具领导力和超前愿景的 BI 公司。

PowerBI 应用包含 Windows 桌面应用程序(称为 PowerBI desktop)、联机 SaaS(软件即服务)服务(称为 PowerBI online-service)及移动 PowerBI 应用(称为 PowerBI mobile)。其中桌面应用程序为免费版。

### 1.3.2 Tableau

Tableau 是一个可视化分析平台,它改变了使用数据解决问题的方式,使个人和组织能够充分利用自己的数据。Tableau 分析平台作为现代商业智能市场的领先产品使人们能够更加轻松地探索和管理数据,更快地发现和共享可以改变企业和世界的见解。

Tableau 成立于 2003 年,是斯坦福大学一个计算机科学项目的成果,该项目旨在改善分析流程并让人们能够通过可视化更轻松地使用数据。自成立以来,Tableau 一直快速、不断地进行研发投资,开发各种解决方案来帮助所有需要使用数据的人更快地找到答案,以发现意想不到的见解。Tableau 在 2019 年被 Salesforce 收购,但使命不变:帮助人们查看并理解自己的数据。

Tableau 家族产品包括 Tableau Desktop、Tableau Server、Tableau Online、Tableau Public 和 Tableau Reader。

Tableau 以其简单易用、极速高效、美观交互视图、轻松实现数据融合等优势,帮助人们使用数据推动变革。

### 1.3.3 FineBI

FineBI 是帆软软件有限公司推出的一款商业智能(business intelligence)产品,它可以通过最终业务用户自主分析企业已有的信息化数据,帮助企业发现并解决存在的问题,协助企业及时调整策略以做出更好的决策,增强企业的可持续竞争性。FineBI 定位于自助大数据分析的 BI 工具,能够帮助企业的业务人员和数据分析师,开展以问题导向的探索式分析。

FineBI 的产品优势是:让业务人员/数据分析师自主制作仪表板,进行探索分析。数据取于业务,用于业务,让需要分析数据的人,可以自己处理分析数据。

FineBI 的系统构架包括以下四部分:①数据处理,即数据处理服务,用来对源数据进行抽取、转换、加载,为分析服务生成数据仓库 FineCube;②即时分析,可以选择数据快速创建表格或图表以使数据可视化、添加过滤条件筛选数据,即时排序,使数据分析更快捷;③多维度分析,OLAP 分析实现,提供各种分析挖掘功能和预警功能,如任意维度切换、添加、多层钻取、排序、自定义分组、智能关联等;④Dashboard,提供各种样式的表格和多种图表服务,配合各种业务需求展现数据。

### 1.3.4 SmartBI

SmartBI 是思迈特软件公司旗下的产品。思迈特软件成立于 2011 年,致力于为企业客户提供一站式商业智能解决方案。SmartBI 是企业级商业智能 BI 和大数据分析品牌，满足用户的企业级报表、数据可视化分析、自助分析平台、数据挖掘建模、AI 智能分析等大数据分析需求；致力于打造产品销售、产品整合、产品应用的生态系统；与上下游厂商、专业实施伙伴和销售渠道伙伴共同为最终用户服务；通过 SmartBI 应用商店(BI+行业应用)为客户提供场景化、行业化数据分析应用。SmartBI 软件在国内 BI 领域处于领先地位，产品广泛应用于金融、政府、制造、零售、地产等众多行业。

SmartBI 产品系列主要包括以下四大平台。

1) 大数据分析平台

大数据分析平台对接各种业务数据库、数据仓库和大数据分析平台，进行加工处理、分析挖掘和可视化展现；满足所有用户的各种数据分析应用需求，如大数据分析、可视化分析、探索式分析、复杂报表、应用分享等。

2) 数据化运营平台

数据化运营平台围绕业务人员提供企业级数据分析工具和服务满足不同类型的业务用户，在 Excel 或浏览器中都可实现全自助的数据提取、数据处理、数据分析和数据共享，具有很强的适用性。

3) 大数据挖掘平台

大数据挖掘平台通过深度数据建模，为企业提供预测能力，支持文本分析、五大类算法和数据预处理，并为用户提供一站式的流程式建模、拖曳式操作和可视化配置体验。

4) SaaS 分析云平台

SaaS(software as a service，软件即服务)分析云平台是全新一代云端数据分析平台，提供自助、快速搭建数据分析应用，可分享深刻见解，提升团队数据智慧。

# 【本章小结】

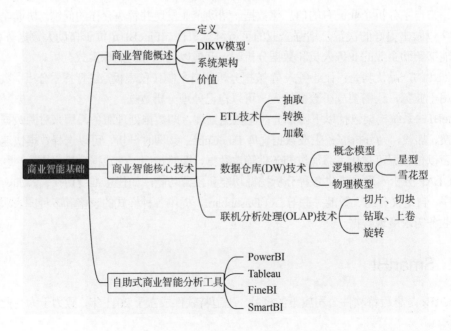

## 【本章习题】

一、单选题

1. 联机分析处理的英文简称是( )。
   A. OLAP　　　　　B. OLDP　　　　　C. DM　　　　　D. DW
2. 商业智能的本质是( )。
   A. 技术智能　　　　　　　　　B. 数据智能
   C. 人才智能　　　　　　　　　D. 机器智能
3. 某销售数据分析中,从"地区"维度入手,查看不同省份的销售额,此操作属于OLAP的( )操作。
   A. 切片　　　　　B. 钻取　　　　　C. 上卷　　　　　D. 切块
4. ETL 中的 T 代表的含义是( )。
   A. 数据抽取　　　　　　　　　B. 数据转换
   C. 数据加载　　　　　　　　　D. 数据清洗
5. 下列说法错误的是( )。
   A. 星型模型和雪花模型都属于物理模型
   B. 雪花模型有多层维度表
   C. 数据仓库DW是一个面向主题的数据集合
   D. 星型模型有一层维度表

二、多选题

1. 一个完整的 BI 系统的构架包括( )。
   A. 数据获取层　　　　　　　　B. 数据管理层
   C. 数据分析层　　　　　　　　D. 数据展示层
2. 商业智能的价值体现在( )。
   A. 增强业务洞察能力　　　　　B. 优化企业营销策略
   C. 加强风险管理能力　　　　　D. 改善顾客关系管理
3. 下列属于国产自助式 BI 工具的有( )。
   A. FineBI　　　　　　　　　　B. PowerBI
   C. SmartBI　　　　　　　　　 D. Tableau
4. DIKW 模型是将( )纳入金字塔形的层次体系。
   A. 数据　　　　　　　　　　　B. 信息
   C. 知识　　　　　　　　　　　D. 智慧
5. 数据仓库模型主要包括( )。
   A. 物理模型　　　　　　　　　B. 概念模型
   C. 层次模型　　　　　　　　　D. 逻辑模型

## 三、判断题

1. 数据仓库的英文简称是 DM。（    ）
2. DIKW金字塔模型可以展现从智慧到知识的转化过程。（    ）
3. 数据仓库中的逻辑模型包括星型和雪花型。（    ）
4. 星型模型由事实表和维度表组成，事实表可连接多种维度表，维度表可以有多层。（    ）
5. 切块(dice)是选择维度中特定区间的数据或某批特定值进行分析。（    ）

## 四、思考题

1. 请说一说商业智能的系统构架。
2. 商业智能的价值包括哪几个方面？
3. ETL 技术的内容有哪些？
4. 请举例说明星型和雪花模型有什么区别？
5. 联机分析处理技术常见操作包括哪些？

## 五、实训题

请从 PowerBI、Tableau、FineBI、SmartBI 相应网站上查找一个商业智能应用的典型案例，仔细研究该案例，并将研究成果制作成 PPT 与大家分享。

建议：可以从以下几个方面制作 PPT。

- 项目背景
- 项目目标
- 技术构架
- 建设方案
- 项目价值

以上框架只做参考，可根据研究案例的特点自行设计框架结构。

# 第 2 章

# 数据分析与可视化基础

**学习目标**

- 了解大数据特点和数据分析类型;
- 熟悉数据类型与企业大数据;
- 熟悉经营分析和财务分析的基本框架,以及数据分析的经典模型;
- 掌握数据分析的步骤、思路和方法;
- 熟悉格式塔视觉原理、Bertin视觉编码;
- 掌握可视化图表的选择思路,以及5种常见图表的应用。

## 引导案例

### "南丁格尔玫瑰图"是由一名女护士发明的

南丁格尔玫瑰图是由英国女护士弗罗伦斯·南丁格尔(Florence Nightingale)发明的。

19世纪50年代,英国、法国、土耳其和俄国进行了克里米亚战争,南丁格尔主动申请,自愿担任战地护士。当时的医疗卫生条件极差,伤士死亡率高达42%,直到1855年卫生委员会来改善整体的卫生环境后,死亡率才降至2.5%。当时的南丁格尔注意到这件事后,认为政府应该改善战地医院的条件以拯救更多年轻的生命。由于担心不受重视,她发明一种色彩缤纷的图表形式,即南丁格尔玫瑰图,如图2-1所示,使数据能够更加让人印象深刻。图中蓝色区域表示死于原本可避免的感染的士兵数;红色区域表示因受伤过重而死亡的士兵数;黑色区域表示死于其他原因的士兵数。其中,右侧较大的玫瑰图展现的是1854年4月至1855年3月因医疗条件差而导致的死亡人数,明显偏高;而左侧的玫瑰图展现的则是1855年4月至1856年3月在南丁格尔游说英国政府加强公众医疗卫生建设和相关投入后的死亡人数,可以看出,死亡人数明显下降。

南丁格尔玫瑰图成为数据可视化的典范。在1859年,南丁格尔被选为英国皇家统计学会的第一个女成员,后来成为美国统计协会的名誉会员。

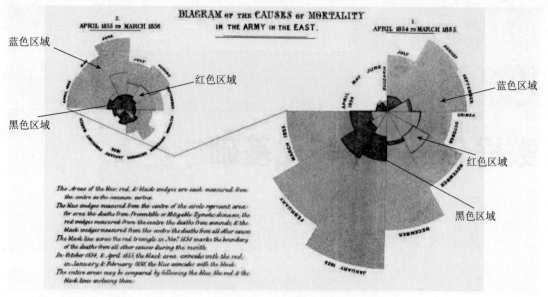

图2-1　南丁格尔玫瑰图

## 2.1　数据类型与企业大数据

数据是一种对客观事物的逻辑归纳，是事实或观察的结果。随着科学技术的发展，凡是可以电子化记录的都是数据，如社交网络产生的社交数据、购物网站产生的大量客户及购物数据、物联网技术催生的车联网数据等。数据的概念内涵越来越广泛，不仅包括像 GDP、股市指数、身高体重等数值型数据，还包括文本、声音、图像、视频等非数值型数据。这些数据对各类组织和个人能产生巨大的价值。因此，在做数据分析时，了解这些数据的类型非常必要。

### 2.1.1　数据类型

数据类型有 3 种常见的分类方法，分别是按结构属性分类、按连续性特征分类和按测量尺度分类。

**1. 按结构属性分类**

数据按结构属性分类可以分为结构化数据与非结构化数据两种，它们不仅存储形式不同，在数据处理和数据分析的方法上也大相径庭。

1）结构化数据

结构化数据通常是指存储在数据库中，可以用二维表结构来表达的数据。从数据存储角度来看，Excel 表格数据、SQL Server 数据库、Oracle 数据库中的数据都是结构化数据；从应用的角度来看，企业 ERP 系统数据、企业会计信息系统数据、银行交易记录数据等都是结构化数据，大多存储在大型数据库中，能够很方便地进行检索、分析和处理。

2) 非结构化数据

非机构化数据通常是指不能用二维表结构来表示和存储的数据。相对于结构化数据而言，非结构化数据没有统一的规则，涉及音视频、图片、文本等形式。例如，利用一定手段从网站抓取的新闻数据、某个电影的评价数据等，需要通过一定的方法，将这些数据量化为结构化数据，才能进行有效的分析。

2. 按连续性特征分类

数据按连续性特征分类可以分为连续型数据与离散型数据。连续型数据与离散型数据可以用线、点来区分理解。

1) 连续型数据

连续型数据是指在一定区间内可以连续取值的数据，如人的身高体重、气温、电影的票房等。

2) 离散型数据

离散型数据也被称为不连续数据，其取值只能用自然数或整数表达，如硬币的正反面取值、某人的学历取值等。

3. 按测量尺度分类

按数据的测量尺度分类，可将数据分为以下四类。

1) 定类数据

定类数据表现为类别，用于标识数据所描述的主体对象的类别或属性名称。定类数据只能用来标识事物类别或名称，不区分顺序，无法描述大小、高度、重量等信息，不能进行任何运算，包括比较运算。例如，人的性别分为男性和女性两类，量化后可分别用 0 和 1 表示；企业按行业分类，分为旅游业、教育业、制造业、建筑业、金融业等，分别用数字 1、2、3、4、5 表示。这些数字只是代号，而无顺序和大小之分，不能区分大小或进行任何数学运算。

2) 定序数据

定序数据表现为类别，但有顺序，也称为序列数据，用于对事物所具有的属性顺序进行描述，定序数据虽然可以用数字或序号来排列，但并不代表数据的大小，只代表数据之间的顺序关系。例如，人的教育程度分为高中、大学本科、硕士研究生、博士研究生，分别用 1、2、3、4 表示，这些只代表顺序，按照大小正序排列，不能进行计算。定序数据不仅具有定类数据的特点，可以将所有的数据按照互斥穷尽的原则(MECE 原则)加以分类，而且各类型之间具有某种意义的等级差异，从而形成一种确定的排序。

**【小知识】MECE 原则**

MECE(mutually exclusive collectively exhaustive)原则，意思是"相互独立，完全穷尽"，是麦肯锡咨询顾问芭芭拉·明托(Barbara Minto)在《金字塔原理》一书中提出的一个思考工具。

MECE 原则指出，在分析问题时，把整体层层分解为要素的过程中，要遵循"相互独立，完全穷尽"的基本法则，确保每一层的要素之间"不重叠，不遗漏"。

MECE 原则是一种简洁有力的、透过结构看世界的思考工具，是"结构化思维"的基本功，如 SWOT 分析、波特五力模型、波士顿矩阵、平衡计分卡等都是基于"结构化思维"，建立在 MECE 原则基础之上的战略分析工具。

3) 定距数据

定距数据是由定距尺度计量形成的，表现为数值，可以进行加减运算，不能进行乘除运算。定距数据没有绝对零点，例如，温度计零点是人为指定的，并且不能说 20℃ 是 10℃ 的两倍，因为缺少绝对零点温度，但可以说 20℃ 比 10℃ 高 10℃。

4) 定比数据

定比数据是由定比尺度计量形成的，表现为数值，既可以进行加减运算，也可以进行乘除运算。定比数据代表数据的最高级，既有测量单位，也有绝对零点(可以取值为 0)，例如，小明的体重是 60 公斤，小刚的体重是 30 公斤，可以说小明的体重是小刚体重的 2 倍。

可以看出，定类数据和定序数据表现为分类，属于定性数据；定距数据和定比数据表现为数值，属于定量数据。

## 2.1.2 大数据

大数据(big data)本身是一个比较抽象的概念，单从字面来看，它表示规模庞大的数据。针对大数据，存在多种不同的理解和定义。维基百科对"大数据"的解读是：大数据或称巨量数据、海量数据、大资料，指的是所涉及的数据量规模巨大到无法通过人工在合理时间内达到截取、管理、处理并整理成为人类所能解读的信息。由维克托·迈尔-舍恩伯格(Viktor Mayer-Schönberger)和肯尼斯·克耶(Kenneth Cukier)编写的《大数据时代》一书中提出，大数据具有 4V 特征，即规模性(volume)、多样性(variety)、高速性(velocity)、价值性(value)。

**1. 规模性**

随着信息化技术的高速发展，数据开始爆发性增长。大数据中的数据不再以几个 GB 或几个 TB 为单位来衡量，而是以 PB(1000 个 TB)、EB(100 万个 TB)或 ZB(10 亿个 TB)为计量单位。根据 IDC 发布的《数字化世界，从边缘到核心》白皮书，2018—2025 年全球数据量将增长 5 倍以上，IDC 预测全球数据量将从 2018 年的 33ZB 增至 2025 年的 175ZB。

社交网络、移动网络、各种智能终端等，都成为大数据的来源。目前，迫切需要智能的算法、强大的数据处理平台和新的数据处理技术，来统计、分析、预测和实时处理如此大规模的数据。

**2. 多样性**

多样性主要体现在数据来源多、数据类型多和数据之间关联性强 3 个方面。数据来源多，企业所面对的传统数据主要是交易数据，而互联网和物联网的发展，带来了诸如社交网站、传感器等多种来源的数据，由于数据来源于不同的应用系统和不同的设备，因此决定了大数据形式的多样性。数据之间关联性强，频繁交互，例如，游客在旅游途中上传的照片和日志，就与游客的位置、行程等信息有很强的关联性。

**3. 高速性**

高速性是大数据区分于传统数据挖掘最显著的特征。大数据对处理数据的响应速度有更严格的要求，即实时分析而非批量分析，数据输入、处理与丢弃立刻实现，几乎无延迟。数据的增长速度和处理速度是大数据高速性的重要体现。大数据时代对人类的数据驾驭能力提出了新的挑战，也为人们获得更为深刻、全面的洞察能力提供了前所未有的空间与潜力。

### 4. 价值性

尽管拥有了大量数据，但是数据背后潜藏的价值依然没有发挥出来。大数据真正的价值体现在从大量不相关的各种类型的数据中，挖掘出对未来趋势与模式预测分析有价值的数据，并通过机器学习方法、人工智能方法或数据挖掘方法深度分析，运用于农业、金融、医疗等各个领域，以创造更大的价值。

## 2.1.3 企业业财大数据

如何界定企业的大数据，不同的学者观点会有差异。笔者认为，目前能够获取的与企业相关的数据只能算是大范围的数据，从数据量上来看，非真正意义上的大数据。通常，企业的大数据来自企业的内部和外部。

### 1. 企业内部

企业内部与财务、业务相关的大数据主要来自 ERP 系统、人力资源系统、生产制造系统、OA 系统，这些信息系统常见的有用友 ERP-U8 系统、金蝶 K3 系统、SAP 系统等。而各种类型的数据就存储在各信息系统的数据库中，如 Access 数据库、SQL Server 数据库、Oracle 数据库，还有一些数据直接存储在 Excel 表格中。在做数据分析之前，需要将这些数据库从信息系统中导出或直接连接到 BI 系统中。

### 2. 企业外部

企业外部与业财相关的大数据主要包括各类政策法规文件、行业数据、客户供应商数据、国家统计数据等。企业外部大数据主要来自公开的网站，其大数据获取的一般途径如表 2-1 所示。

表2-1　企业外部大数据获取的一般途径

| 数据类型 | 数据来源 |
| --- | --- |
| 结构化数据 | 国家统计局发布的宏观经济数据：http://data.stats.gov.cn<br>中国人民银行发布的金融统计数据：http://www.pbc.gov.cn<br>财政部定期公布的财政数据：http://www.pbc.gov.cn<br>证券市场交易信息：http://www.sse.com.cn/market<br>财经网站公布的财务数据：https://finance.sina.com.cn/<br>金融数据库：Wind 数据库、锐思数据库、CSMAR数据库等(这些数据库需购买方可使用) |
| 非结构化数据 | 上市公司公告信息：http://www.cninfo.com.cn/<br>交易所公告：http://www.sse.com.cn/<br>其他：行政法规、处罚公告、法律文书等 |

## 2.2 数据分析基础

数据分析是用适当的方法对收集来的各类数据进行分析,对数据加以详细研究和概括总结的过程,以最大化开发出数据的功能。数据分析是商务智能的核心,有效而恰当的数据分析及可视化,能够向决策者提供有用而适当的信息和知识,帮助决策者做出及时有效的决策,是商务智能价值的重要体现。

### 2.2.1 数据分析类型

瑞典统计学家汉斯·罗斯林(Hans Rosling)将数据分析划分为描述型、诊断型、预测型和指导型4种类型。

**1. 描述型**

描述型数据分析也叫现状分析,主要是分析发生了什么,是最常见的一种数据分析。它通过各种维度和指标展现分析主题的现状。例如,在销售主题分析中,描述型数据分析将展示不同产品、地区、门店的销售额状况。

**2. 诊断型**

诊断型分析也叫原因分析、探索型分析,主要是分析问题发生的原因所在。例如,销售主题分析中,通过描述型分析发现了某一门店的销售额环比下降,通过诊断型分析进一步探索下降的原因,是客户流失?还是价格失去竞争优势?分析过程中使用的过滤和钻取方法,是诊断型分析中经常用到的。

**3. 预测型**

预测型分析主要是进行预测,分析可能发生什么。预测型分析通常要用各种预测模型来完成。例如,根据前10个月的销售额预测11月、12月的销售额。

**4. 指导型**

指导型分析基于发生了什么、为什么会发生及一系列"可能发生什么"的分析,帮助用户确定要采取的最好的措施,即分析需要做什么。例如,高德和百度地图导航就是指导型分析的典型应用,它可以根据实时变化数据提供给用户实时的分析结果,同时有多种方案可以选择。

在实际工作中,描述型分析和诊断型分析应用得最多。

### 2.2.2 数据分析步骤

数据分析一般可以分为明确思路、获取数据、处理数据、分析数据、展示数据、撰写报告六步,整个分析过程是一个完整的闭环。数据分析的一般步骤如图2-2所示。

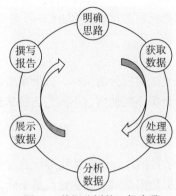

图2-2 数据分析的一般步骤

### 1. 明确思路

明确分析思路是数据分析的起点,也是最关键的环节。明确分析思路需要基于分析目的确定分析的主题,在什么框架下进行分析、用什么模型进行分析,以及在具体分析时会用到哪些分析指标、分析维度、分析方法及具体的展现方式。明确分析思路是对数据分析全局的把控,要尽量考虑全面、详细。分析思路要与数据分析需求部门充分讨论,反复确认。明确分析思路的过程如图2-3所示。

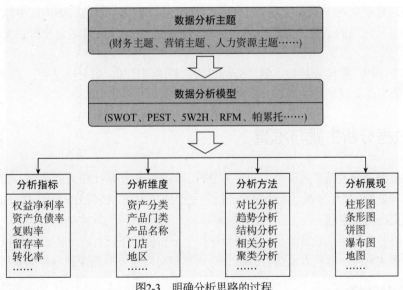

图2-3 明确分析思路的过程

### 2. 获取数据

明确分析思路后可以开始获取分析数据了。获取数据要与分析主题相关,可以来自企业内部,也可以来自企业外部。

### 3. 处理数据

获取的数据通常需要进行ETL处理,抽取部分数据表,对异常值、空值、重复值等不符合分析要求的数据进行数据清洗,然后将数据加载到 BI 分析系统中。

#### 4. 分析数据

分析数据是对加载的数据基于确定的分析指标、分析维度、分析方法进行分析。例如,对于销售额指标采用比较分析法,分析不同地区、不同门店销售额的对比情况。

#### 5. 展示数据

在 BI 系统中,分析数据和展示数据往往是一体化进行的。分析的最终数据以图表的方式进行展现,而且可以动态交互。分析数据是对加载的数据基于确定的分析指标、分析维度、分析方法进行分析。例如,对于不同地区、不同门店销售额的对比分析可以采用条形图、柱状图进行展示。对条形图和柱状图排序后,还可以看到销售额排名前几名的情况。根据排名,企业可以采取相应的销售激励措施。

#### 6. 撰写报告

数据分析报告是对整个数据分析过程的一个总结和呈现,通过报告把数据分析的起因、过程、结论及建议完整地呈现出来,供决策者参考。分析报告要结构清晰、图文并茂、层次分明,能够让读者一目了然。另外,数据分析报告需要有明确的结论和建议。结论是通过分析发现了什么问题;建议是这个问题应该怎么解决。分析报告并没有固定的结构,可以根据分析的主题和内容进行适当的调整。分析报告一般包括分析背景、分析思路、分析正文、结论与建议等内容。

报告撰写完毕,要检查是否达到了分析目的。若达到目的,则分析结束;若未达到目的,则需调整分析思路,开始新的数据分析循环。

### 2.2.3 数据分析主题与框架

企业的数据分析主题可大可小,如财务分析、经营分析都是比较大的主题,而财务分析可以拆分成盈利分析、费用分析、资产要素分析等更小的子主题,经营分析可以拆分成销售分析、采购分析等更小的子主题。

无论是财务分析还是经营分析,都需要在一个分析框架下进行。分析框架可以理解为是对分析主题从哪些角度、哪些方面进行分析。分析框架可以通过框图或思维导图来展现。

#### 1. 财务分析框架

财务分析框架目前有哈佛大学三位学者提出的"哈佛分析框架"和国内学者张新民提出的"张氏财务分析框架"。

1)哈佛分析框架

哈佛分析框架从战略的高度分析一个企业的财务状况,以及企业外部环境存在的机会和威胁、内部条件的优势和不足,在科学的预测上为企业未来的发展指出方向。哈佛分析框架如图 2-4 所示。

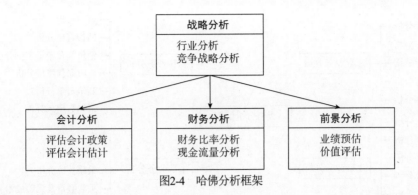

图2-4 哈佛分析框架

哈佛分析框架从战略分析、会计分析、财务分析和前景分析4个方面进行分析。

战略分析作为哈佛分析框架的起点,确定重要的利润动因和经营风险是其目的,并依据分析结果从定性的角度科学评价公司盈利能力的高低。

会计分析以战略分析为基础,主要评价企业会计反映基本经营现实的程度。

财务分析目标是运用传统财务分析方法(如比率分析法、杜邦分析法等)评价公司现在和以前的业绩。

前景分析基于前面三部分的分析对企业的未来发展趋势做出科学预测,为企业发展导航,辅助战略决策者做出科学、合理的决策。

2) 张氏财务分析框架

张氏财务分析框架包括八个部分,如图2-5所示。该框架以中国企业会计准则和中国企业信息披露特征为基础,解决了中国企业财务报表分析的方法体系问题,从而在理论上突破了传统的以美国财务比率分析为核心的财务报表分析理论框架,对提升财务报表的决策有用性和中国企业的管理实践具有重要的指导意义。

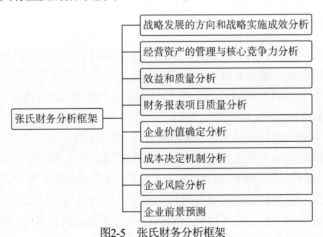

图2-5 张氏财务分析框架

**2. 经营分析框架**

经营分析是一个非常大的分析主题,要以企业的核心业务为主线。其分析框架在学术界并没有一个确定的模式,大多来自企业的实践经验。不同行业的企业其经营分析框架会有所不同。图2-6所示是生产型企业经营分析的一般框架,分析的角度不限于图中内容。

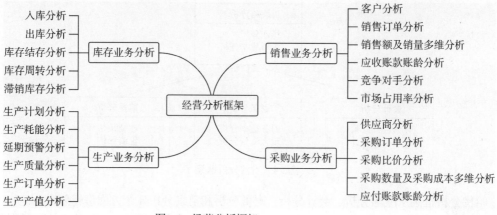

图2-6 经营分析框架

## 2.2.4 数据分析模型

数据分析模型也叫数据分析方法论，能够提供数据分析的完整思路，如主要从哪几方面开展数据分析、各方面包含什么内容或指标。数据分析模型是经过实践验证的、行之有效的数据方法体系。在做数据分析的过程中，某些主题如果能够套用经典分析模型，则会使数据分析快速落地；若没有经典模型可以套用，则可以尝试自己搭建分析模型。

常见的数据分析模型有：用于企业战略分析的SWOT分析模型；用于外部宏观环境分析的PEST模型；用于外部微观环境分析的波特五力模型；用于客户分析与评价的5W2H模型；用于市场营销的4Ps模型、RFM模型；用于产品运营管理的AARRR模型；用于理清业务问题思路的逻辑树模型。此外，还有其他模型常用于数据分析中。

**1. SWOT分析模型**

SWOT分析也称态势分析，20世纪80年代初由美国旧金山大学的管理学教授海因茨·韦里克(Heinz Weihrich)提出，经常被用于企业战略制定、竞争对手分析等场合。

来自麦肯锡咨询公司的SWOT分析，包括分析企业的优势(strengths)、劣势(weaknesses)、机会(opportunities)和威胁(threats)。因此，SWOT分析实际上是对企业内外部条件各方面内容进行综合和概括，进而分析组织的优劣势、面临的机会和威胁的一种方法。

企业面临的外部环境分为两大类：一类表示环境威胁，另一类表示环境机会。环境威胁指的是环境中一种不利的发展趋势所形成的挑战，如果不采取果断的战略行为，这种不利趋势将削弱公司的竞争地位。环境机会就是对公司行为富有吸引力的领域，在这一领域中，该公司将拥有竞争优势。外部环境分析方法可以使用简明扼要的方法，如PEST分析或波特五力分析。

从企业内部环境来看，竞争优势是指一个企业超越其竞争对手的能力，这种能力有助于实现企业的主要目标，即赢利或更多的市场份额。竞争优势也可以指消费者眼中一个企业或它的产品有别于其竞争对手的任何优越的东西，如产品线的宽度，产品的大小、质量、可靠性、适用性、风格和形象，以及服务的及时、态度的热情，等等。由于企业是一个整体，而且竞争性优势来源十分广泛，所以在做优劣势分析时必须从整个价值链的每个环节上，将企业与竞争对手做详细的对比，如产品是否新颖、制造工艺是否复杂、销售渠道是否畅通，以及价格是否具有竞争性等。若能从这些方面超越竞争对手，则企业具有竞争优势；反之，则具有竞争劣势。

通过SWOT分析，可以帮助企业把资源和行动聚集在自己的强项和有最多机会的地方，并让企业的战略变得明朗。分析了企业外部机会和威胁、内部优势和劣势后，企业可采取的竞争策略如图2-7所示。

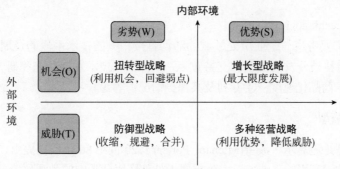

图2-7　SWOT分析模型

#### 2. PEST分析模型

PEST分析是用来帮助企业分析外部宏观环境的一种方法。宏观环境又称一般环境，是指影响一切行业和企业的各种宏观力量。对宏观环境因素做分析，不同行业和企业根据自身特点和经营需要，分析的具体内容会有差异，但一般都应对政治(political)、经济(economic)、社会文化(sociocultural)和技术(technological)四类影响企业的主要外部环境因素进行分析，称为 PEST 分析法。PEST 分析模型如图 2-8 所示。

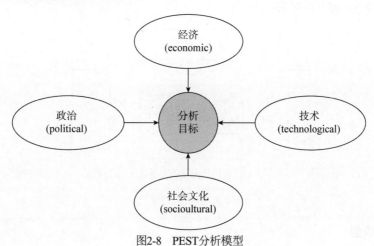

图2-8　PEST分析模型

1) 政治因素(political factors)

政治因素包括：一个国家的社会制度，执政党的性质，政府的方针、政策、法令，等等。

2) 经济因素(economic factors)

经济因素主要包括宏观经济环境和微观经济环境两个方面的内容。宏观经济环境主要指一个国家的人口数量及其增长趋势，国民收入、生产总值及其变化情况，以及通过这些指标能够反映的国民经济发展水平和发展速度。微观经济环境主要指企业所在地区或所服务地区的消费者的收入水平、消费偏好、储蓄情况、就业程度等。这些因素直接决定企业目前及未来的市场大小。

3) 社会文化因素(sociocultural factors)

社会文化因素包括一个国家或地区的居民教育程度和文化水平、宗教信仰、风俗习惯、审美观点、价值观念等。

4) 技术因素(technological factors)

技术因素除了要考察与企业所处领域的活动直接相关的技术手段的发展变化外，还应及时了解：①国家对科技开发的投资和支持重点；②该领域技术发展动态和研究开发费用总额；③技术转移和技术商品化速度；④专利及其保护情况；等等。

### 3. 波特五力模型

波特五力模型是迈克尔·波特(Michael Porter)于20世纪80年代初提出，其对企业战略制定产生了全球性的深远影响。波特五力分析属于外部环境分析中的微观环境分析，主要用来分析本行业的企业竞争格局及本行业与其他行业之间的关系，其本质上是一种管理思想在企业营销管理实践活动中战略层面的应用工具。

根据波特的观点，一个行业中的竞争不止是在原有竞争对手中进行，而是存在5种基本的竞争力量，即供应商的议价能力、购买者的议价能力、潜在竞争者进入的能力、替代品的替代能力、行业内竞争者现在的竞争能力。这5种基本竞争力量的状况及综合强度，决定了行业的竞争激烈程度，从而决定行业中最终的获利潜力及资本向本行业的流向程度，最终决定着企业保持高收益的能力。它们的不同组合变化，最终影响行业利润潜力变化。

波特五力模型如图2-9所示。

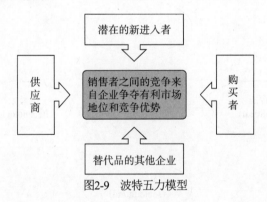

图2-9　波特五力模型

### 4. 5W2H模型

5W2H模型围绕时间、地点、人物、事件、原因、方式方法、程度7个要素，即为什么(why)、什么事(what)、谁(who)、什么时候(when)、什么地方(where)、如何做(how)、什么价格(how much)，一共是5个W和2个H，简称5W2H分析法，如图2-10所示。

5W2H模型主要用于用户行为分析、业务问题专题分析、营销活动等。

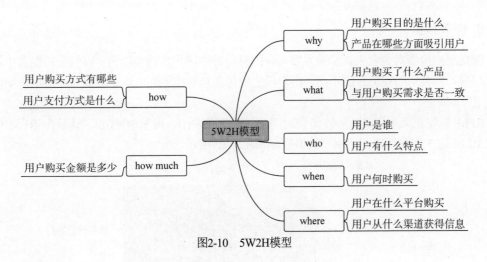

图2-10　5W2H模型

### 5. 4Ps模型

4Ps营销理论产生于20世纪60年代的美国，随着营销组合理论的提出而出现。营销组合实际上有几十个要素(尼尔·博登(Neil Borden)提出的"市场营销组合"原本就包括12个要素)，杰罗姆·麦卡锡(Jerome McCarthy)于1960年在其《基础营销学》一书中将这些要素概括为产品(product)、价格(price)、渠道(place)、促销(promotion) 4类，即著名的4Ps。1967年，菲利普·科特勒(Philip Kotler)在其畅销书《营销管理：分析、规划与控制》第一版进一步确认了以4Ps为核心的营销组合方法。

(1) 产品：注重开发的功能，要求产品有独特的卖点，把产品的功能诉求放在第一位。

(2) 价格：根据不同的市场定位，制定不同的价格策略，产品的定价依据是企业的品牌战略，注重品牌的含金量。

(3) 渠道：企业并不直接面对消费者，而是注重经销商的培育和销售网络的建立，企业与消费者的联系是通过分销商来进行的。

(4) 促销：企业注重销售行为的改变来刺激消费者，以短期的行为(如让利、买一送一、营销现场气氛等)促成消费的增长，吸引其他品牌的消费者或导致提前消费来促进销售的增长。

4Ps模型如图2-11所示。

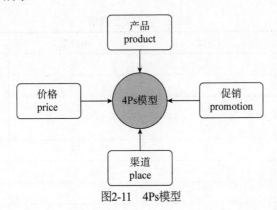

图2-11　4Ps模型

### 6. RFM模型

挖掘用户价值对企业来说至关重要,有的公司看中用户的消费能力,有的公司则看中用户的忠诚度。各公司的业务目的不同,用户价值的体现自然也不同。这里主要介绍适用于电商企业的RFM模型。

RFM模型根据用户最近一次消费时间(r)、消费频率(f)、消费金额(m)、计算出RFM值,通过RFM这3个维度来评估用户的价值,如图2-12所示。

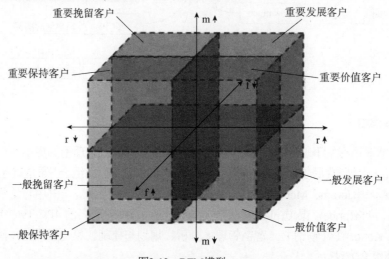

图2-12 RFM模型

(1) r(recency):最近一次消费。用户距离上一次消费的时间间隔。r值越大,表示用户最近一次消费的时间距离现在越久。r指标反映了用户对品牌的熟悉度和回购频率。

(2) f(frequency):消费频率。用户在一段时间内的消费次数。f值越大,表示客户在最近一段时间交易的次数越多。f指标反映了用户对品牌的忠诚度及是否养成购买习惯。

(3) m(monetary):消费金额。用户在一段时间内的消费金额。m值越大,表示客户消费能力越大。m指标反映了用户价值和产品认可度。

将每一个维度的值分为高、低两档,得出各种组合如表2-2所示。

表2-2 客户类型判别

| r分类 | f分类 | m分类 | 客户类型 |
| --- | --- | --- | --- |
| 高 | 高 | 高 | 高价值客户 |
| 低 | 高 | 高 | 重点保持客户 |
| 高 | 低 | 高 | 重点发展客户 |
| 低 | 低 | 高 | 重点挽留客户 |
| 高 | 高 | 低 | 一般价值客户 |
| 低 | 高 | 低 | 一般保持客户 |
| 高 | 低 | 低 | 一般发展客户 |
| 低 | 低 | 低 | 潜在客户 |

RFM分析就是根据客户活跃程度和交易金额的贡献，进行客户价值细分的一种方法，其主要作用就是识别优质客户。RFM分析可以指定个性化的沟通和营销服务，为更多的营销决策提供有力支持，能够衡量客户价值和客户利润创收能力。

### 7. AARRR模型

AARRR模型是戴夫·麦克卢尔(Dave McClure)在2007年提出的。AARRR分别代表了5个单词，又分别对应了产品生命周期中的5个阶段，如图2-13所示。

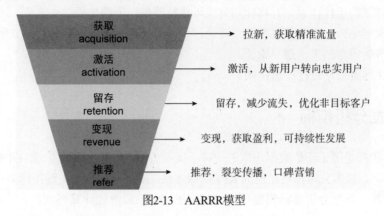

图2-13　AARRR模型

(1) acquisition(获取)：用户从不同渠道了解到你的产品。
(2) activation(激活)：用户在你的产品上完成了一个核心任务(并有良好体验)。
(3) retention(存留)：用户继续不断地使用你的产品。
(4) revenue(收益)：用户在你的产品上发生了可使你收益的行为。
(5) refer(推荐)：用户推荐、引导他人来使用你的产品。

通过AARRR模型，可以看到产品运营中每个环节都至关重要，获取用户关系产品什么时候进入市场，激活与留存关系产品生命周期，变现的重要性不言而喻，推荐则是尽可能地争取资源、降低成本，扩大影响的环节，每个环节都需要大量的数据分析和迭代，从而不断改进产品。

### 8. 逻辑树模型

逻辑树又称为问题树、演绎树或分解树，是麦肯锡公司提出的分析问题、解决问题的重要方法。首先它的形态像一棵树，把已知的问题比作树干，然后考虑哪些问题或任务与已知问题有关，其次将这些问题或子任务比作逻辑树的树枝，一个大的树枝还可以继续延伸出更小的树枝，逐步列出所有与已知问题相关联的问题。逻辑树模型如图2-14所示。

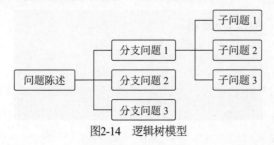

图2-14　逻辑树模型

逻辑树的作用主要有 3 个方面：一是能厘清思路，避免进行重复和无关的思考；二是能保证解决问题过程的完整性；三是能将工作细分，确定各部分的优先顺序，把责任明确到具体单位。

麦肯锡逻辑树一共分为以下 7 个步骤。

(1) 确认你要解决什么问题。
(2) 分解问题，运用树枝的逻辑层层展开。
(3) 剔除次要问题。
(4) 制订详细的工作计划，并将计划分成可执行的带日期的步骤。
(5) 进行关键分析，对于关键驱动点要通过头脑风暴进行分析，找到解决方案。
(6) 综合分析调查结果，建立论证。
(7) 陈述工作过程，进行交流沟通。

## 2.2.5 数据分析指标

数据分析指标是用于衡量数据程度的一种手段或方法，通常也叫度量，如 GDP、人均收入、销售额增长率等。很多公司都有自己的 KPI 指标体系，就是通过几个关键指标来衡量公司业务运营情况的好坏。数据分析指标需要经过加和、平均等汇总方式计算得到。

### 1. 基本指标

1) 绝对数和相对数

绝对数：是反映客观现象总体在一定时间、一定地点下的总规模、总水平的综合性指标，也是数据分析中常用的指标，如销售额、毛利额等。

相对数：是指两个有联系的指标计算而得出的数值，它是反映客观现象之间数量联系紧密程度的综合指标。相对数一般以倍数、百分数等表示，如 3 倍、20%等。相对数的计算公式为：相对数=比较值(比数)÷基础值(基数)。

2) 同比和环比

同比：指的是与历史同时期的数据相比较而获得的比值，反映事物发展的相对性。

环比：指与上一个统计时期的值进行对比获得的值，主要反映事物逐期发展的情况。

### 2. 财务分析指标

财务分析指标体系相对稳定，理论界和实务界的认知基本一致。财务分析指标通常分为财务比率指标和报表要素指标。

1) 财务比率指标

常见的财务比率指标如表 2-3 所示。

表2-3 常见的财务比率指标

| 指标分类 | 指标名称 | 指标公式 | 指标作用 |
| --- | --- | --- | --- |
| 盈利能力 | 销售净利率 | (净利润÷销售收入)×100% | 该比率越大,企业的盈利能力越强 |
| | 资产净利率 | (净利润÷总资产)×100% | 该比率越大,企业的盈利能力越强 |
| | 权益净利率 | (净利润÷股东权益)×100% | 该比率越大,企业的盈利能力越强 |
| | 总资产报酬率 | (利润总额+利息支出)÷平均资产总额×100% | 该比率越大,企业的盈利能力越强 |
| | 营业利润率 | (营业利润÷营业收入)×100% | 该比率越大,企业的盈利能力越强 |
| | 成本费用利润率 | (利润总额÷成本费用总额)×100% | 该比率越大,企业的经营效益越高 |
| 盈利质量 | 全部资产现金回收率 | (经营活动现金净流量÷平均资产总额)×100% | 与行业平均水平相比进行分析 |
| | 盈利现金比率 | (经营现金净流量÷净利润)×100% | 该比率越大,企业盈利能力越强,其值一般应大于1 |
| | 销售收现比率 | (销售商品或提供劳务收到的现金÷主营业务收入净额)×100% | 数值越大表明销售收现能力越强,销售质量越高 |
| 偿债能力 | 流动比率 | 流动资产÷流动负债 | 与行业平均水平相比进行分析 |
| | 速动比率 | 速动资产÷流动负债 | 与行业平均水平相比进行分析 |
| | 现金比率 | (货币资金+交易性金融资产)÷流动负债 | 与行业平均水平相比进行分析 |
| | 现金流量比率 | 经营活动现金流量÷流动负债 | 与行业平均水平相比进行分析 |
| | 资产负债率 | (总负债÷总资产)×100% | 该比值越低,企业偿债越有保证,贷款越安全 |
| | 产权比率 | 产权比率=总负债÷股东权益 | 产权比率越低,企业偿债越有保证 |
| | 权益乘数 | 权益乘数=总资产÷股东权益 | 权益乘数越低,企业偿债越有保证 |
| | 利息保障倍数 | 息税前利润÷利息费用=(净利润+利息费用+所得税费用)÷利息费用 | 利息保障倍数越大,利息支付越有保障 |
| | 现金流量利息保障倍数 | 经营活动现金流量÷利息费用 | 现金流量利息保障倍数越大,利息支付越有保障 |
| | 经营现金流量债务比 | (经营活动现金流量÷债务总额)×100% | 比率越高,偿还债务总额的能力越强 |
| 营运能力 | 应收账款周转率(天数) | 销售收入÷应收账款;365÷(销售收入÷应收账款) | 与行业平均水平相比进行分析 |
| | 存货周转率(天数) | 销售收入÷存货;365÷(销售收入÷存货) | 与行业平均水平相比进行分析 |
| | 流动资产周转率(天数) | 销售收入÷流动资产;365÷(销售收入÷流动资产) | 与行业平均水平相比进行分析 |

续表

| 指标分类 | 指标名称 | 指标公式 | 指标作用 |
|---|---|---|---|
| 营运能力 | 非流动资产周转率(天数) | 销售收入÷非流动资产；365÷(销售收入÷非流动资产) | 与行业平均水平相比进行分析 |
| | 总资产周转率(天数) | 销售收入÷总资产；365÷(销售收入÷总资产) | 与行业平均水平相比进行分析 |
| 发展能力 | 股东权益增长率 | (本期股东权益增加额÷股东权益期初余额)×100% | 对比企业连续多期的值，分析发展趋势 |
| | 资产增长率 | (本期资产增加额÷资产期初余额)×100% | 对比企业连续多期的值，分析发展趋势 |
| | 销售增长率 | (本期营业收入增加额÷上期营业收入)×100% | 对比企业连续多期的值，分析发展趋势 |
| | 净利润增长率 | (本期净利润增加额÷上期净利润)×100% | 对比企业连续多期的值，分析发展趋势 |
| | 营业利润增长率 | (本期营业利润增加额÷上期营业利润)×100% | 对比企业连续多期的值，分析发展趋势 |

2) 报表要素指标

报表要素指标可以从资产负债表、利润表、现金流量表中获取。常见的资产负债表要素指标有流动资产、非流动资产、流动负债、非流动负债、货币资金、应收账款、存货、固定资产、短期借款、长期借款、应付职工薪酬、应付账款等；常见的利润表要素指标有销售收入、销售成本、毛利润、营业利润、利润总额、净利润、期间费用、所得税等；常见的现金流量表要素指标有经营活动及现金流入/流出、筹资活动及现金流入/流出、投资活动及现金流入/流出。

**3. 经营分析指标**

不同行业企业的经营分析主题、分析框架不尽相同，分析指标也没有统一的标准，主要来自企业实践经验。

例如，销售业务分析框架下的常用指标有以下几种。

(1) 销售效率指标：销售额或销售量、销售达成率等。
(2) 市场占有率指标：绝对市场占有率、相对市场占有率等。
(3) 盈利能力指标：销售毛利率、净利率、费用率、成本费用率等。
(4) 效率性指标：人均销售、人均毛利贡献、单位销售回报、订单处理周期等。
(5) 结构性指标：区域销售结构、产品销售结构、产品库存结构、费用结构等。
(6) 成长性指标：同比增长率、环比增长率、销售完成率、销售增长率、利润增长率等。

可以看出，经营分析中经常会用到财务分析的指标。有些企业把财务分析看作经营分析的一部分。在具体分析中不是指标运用得越多，分析效果就越好，能够达到分析目的的指标就是恰当的指标。

## 2.2.6 数据分析方法

在确定了分析指标和分析维度之后,就可以应用一定的数据分析方法对数据进行分析了。数据分析方法分为基础分析法和高级分析法。

**1. 基础分析法**

基础分析法是在日常工作中使用较多的分析方法,主要包括以下几种。

1) 对比分析法

对比分析法是日常工作中最常用的分析方法,是指将两个或两个以上的数据进行比较,分析它们的差异,从而揭示这些数据所代表的事物发展变化情况和规律性。

对比分析的参照标准主要有以下几个方面。

(1) 时间标准:与过去某个时间水平进行比较,说明其发展水平或增长速度,如同比和环比。

(2) 目标标准:与目标数据进行比较,查看目标的完成情况。

(3) 企业标准:与公司其他部门、其他项目组进行比较,说明在公司所处的位置或对公司整体贡献度。

(4) 行业标准:与整个行业平均水平进行比较,反映公司在行业中的水平,或者与行业先进标准进行比较,反映公司存在的差距。

2) 结构分析法

结构分析法也可叫比重分析法,是计算各组成部分占总体的比重,进而分析总体数据的内部特征的一种分析方法。结构分析法也是数据分析中很常用的一种方法,如分析人群数据中男性和女性的比例。

3) 描述分析法

描述分析法也叫现状分析,是当前状态下各种维度指标数据的直接展示,如只展示销售数量、销售金额等。当数据可视化时,通常使用卡片图或表的方式进行展现。

4) 分组分析法

分组分析法是根据数据分析对象的特征,按照一定的指标把数据对象划分为不同的部分和类型来进行研究,以发现事物的本质和规律。分组分析法的关键在于确定组数与组距。例如,分析不同年龄段人群的网购情况,以 10 岁为一个组距来进行分组。

5) 多维分析法

多维分析法是指对某一数据指标多维度、多层次、全方位、高效率地进行分析,从而发现问题的本质所在。例如对于销售额数据,可从不同地区、省份、店铺、商品分类多维度地进行分析,从而发现哪些地区、省份、店铺、商品销售额贡献度最多,促使决策者做出有针对性的决策。

6) 预测分析法

预测分析法也叫趋势分析法,此方法是根据已知的历史数据,预测某一指标在未来某个时间出现的可能值。预测分析法常用的预测手段有回归分析和移动平均。例如,根据 1—10 月的订单数量预测 11、12 月的订单数量。

7) 象限分析法

象限分析法也称矩阵分析法，是指将某业务的两个指标作为分析的依据，进行分类关联分析，从而找出并发现问题的一种分析方法。此方法会形成 4 个象限，将要分析的每个事物对应投射至 4 个象限内，进行交叉分类分析，直观地将两个属性的关联性表现出来。例如，将销售额和利润额两个指标用矩阵分析法进分析，落到 4 个象限的不同产品，其营销策略应有所不同，尤其应重点关注 1 象限和 4 象限的商品，如图 2-15 所示。

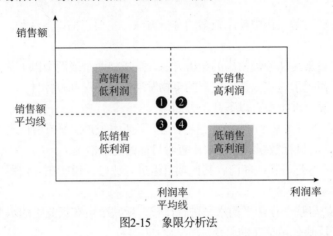

图2-15　象限分析法

**2. 高级分析法**

高级分析法是指统计学中常用的分析方法，包括描述性统计分析、相关分析、回归分析、时间序列分析、假设检验、方差分析等。这些分析方法在科研工作中使用得更多一些。

## 2.3　数据可视化基础

### 2.3.1　数据可视化原理

**1. 数据可视化定义**

一般地，人类从外界获取信息时，83%来自视觉，11%来自听觉，6%来自其他，并且视觉的信息处理带宽在人类所有的感觉中最好，为 100Mb/s。由此可以看出，视觉是获取信息的最重要通道，而人的大脑有超过 50%的功能用于视觉的感知，包括解码可视信息、高层次可视信息处理和思考可视符号。可视化，是一种映射，即将客观世界的信息映射为易于被人类感知的视觉模式。这里的视觉模式指的是能够被感知的图形、符号、颜色、纹理等。数据可视化，就是将工作中处理的各类数据映射为视觉模式，来探索、解释隐藏在数据背后的信息，在保证信息传递的基础上寻求美感，用数据讲故事。因此，数据可视化既是一门科学，又是一门艺术。

数据可视化的作用包括数据表达、数据操作和数据分析。数据表达是数据可视化最原始的作用。数据表达常见的形式有文本、图表、图像、地图等。有时，用可视化方式比用文字方式表达更直观、更易于理解，借助有效的图形，可以在较小的空间中呈现大规模数据。数据操作是以计算机提供的界面、接口等为基础完成人与数据的交互需求。当前基于可视化的人机交互技术迅猛发展，包括自然交互、可触摸、自适应界面和情景感应等在内的多种新技术极大地丰富了数据操作的方式。数据分析的任务通常包括定位、识别、区分、分类、聚类、分布、排列、比较、关联等。通过将信息以可视化的方式呈献给用户，将直接提升对信息认知的效率，并引导用户从可视化结果分析和推理出有效信息，帮助人们挖掘数据背后隐藏的信息与客观规律，也有助于知识和信息的传播。

例如，"1933年伦敦地铁地图"可以算作经典数据可视化作品之一，如图2-16所示。

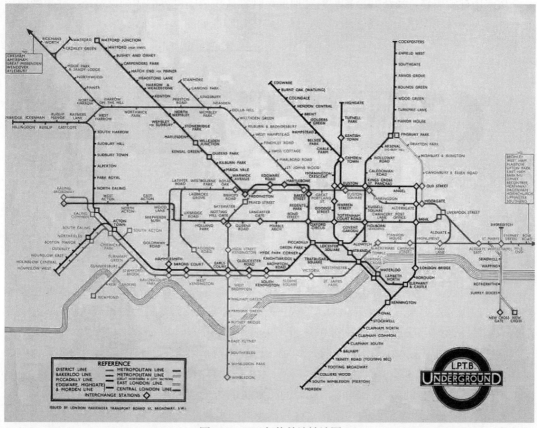

图2-16　1933年伦敦地铁地图

### 【小知识】1933年伦敦地铁地图

地图作为最基本的数据可视化手段之一，至今为止已经有几千年的发展历程了。对早期设计师而言，为世界上任何一个大型城市设计一张交通地图都极具挑战性。

1863年1月，世界上最早的地铁——伦敦地铁开始正式运营。对于一个设计师来说，将这些地下线路和地面标志全部描绘进一张地图是一个巨大的挑战。1925年，年轻的工程制图员哈利·贝克(Harry Beck)用90度和45度角的拐角和直线取代原来的弯曲线路，将传统地图变成了规则的线路图，于1933年正式发行。在正式发行的线路图中，各条地铁线路只在水平、垂直和45度对角线3个方向上延伸，站点之间的相隔距离也被统一平均，所有站点和所属线路也采用了相同的明亮色彩，以示归属关系。同时，地铁图中还加入了泰晤士河作为参照物，以表达每一站在地图中的相对位置。

一张地铁地图需要在极小的空间里塞进大量的信息，而且以一种能被使用者凭直觉理解的方式呈现，它需要同时体现出美与实用、抽象与准确、完整与简单之间的张力，哈利·贝克设计的地图成功做到了。

#### 2. 格式塔视觉原理

格式塔视觉原理，是帮助个体理解如何通过视觉认识周围世界的规则，解释了在呈现图形元素时，人类有组织感知的模式和对象。格式塔视觉原理如图2-17所示。

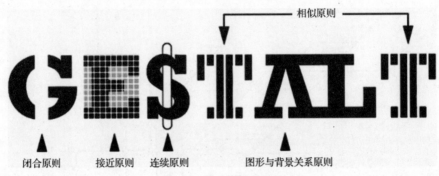

图2-17 格式塔视觉原理

格式塔视觉原理包括一个基本点、两个假设、五个原则。

(1) 一个基本点：是指人类的视觉是整体的。

(2) 两个假设：分别是捆绑假设和关联假设。其中，捆绑假设认为每个复合体都是由基本内容和片段组成；而关联假设则认为，如果任意对象或场景频繁与另一对象或场景一同出现，那么人们通常倾向于在其中一个对象或场景出现时，召唤另一个。

(3) 五个原则分别为相似原则、接近原则、连续原则、闭合原则、图形与背景关系原则，具体介绍如下。

- 相似原则：其他因素相同时，相似的元素属于同一组。
- 接近原则：距离相近的元素通常认为属于同一组。
- 连续原则：如果定向的单元和组是相互连接在一起的，则视觉上通常视之为一个整体。
- 闭合原则：如果元素属于封闭图形的一部分，则视觉系统通常自动将其感觉为一个整体。
- 图形与背景关系原则：元素被视为是图形(视觉焦点)或背景(图像中的背景)。

#### 3. 视觉编码

视觉编码是一种将视觉信息映射成可视化元素的技术，常见的有Bertin视觉编码和Mackinlay视觉编码。

Bertin视觉编码也叫Bertin视觉变量，如图2-18所示。

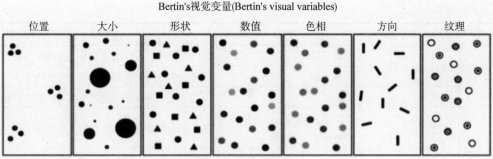

图2-18 Bertin视觉编码

Bertin 视觉编码共分为 7 大变量，分别是位置、大小、形状、数值、色相、方向和纹理。

(1) 位置：根据位置的不同判断趋势和群组。
(2) 大小：通过图形的大小，反映某一变量取值的大小。
(3) 形状：形状不同，可以表示不同的分组。
(4) 数值：指颜色的饱和度数值。同一颜色的饱和度不同，则变量的取值不同。
(5) 色相：也指色调，即颜色。颜色不同，分组不同。
(6) 方向：表示趋势的不同，也可用作比较。
(7) 纹理：表示分组的不同，与色相类似。

## 2.3.2 可视化图表选择

### 1. 选择思路

在数据可视化时，选择什么样的图表是最佳的，并没有统一的标准。图表的选择和使用不是一门绝对精准的科学。以下对图表选择的建议，只遵循一个基本原则。图表选择，可以从两个方面考虑：①数据想表达什么；②各个类型的图表特性是什么。麦肯锡著名咨询专家基恩·泽拉兹尼(Gene Zelazny)将图表划分为五类：成分相对关系、项目相对关系、时间序列相对关系、频率分布相对关系、相关性相对关系；国外可视化专家安德鲁·阿贝拉(Andrew Abela)将图表分成四类：比较、分布、构成和联系。国内可视化及BI专家明月将图表选择做出优化，总结出图形选择决策树，将数据的展示分成比较、构成、序列、描述 4 种，如图 2-19 所示。

可视化图表选择可参考表 2-4 所示的思路进行。

表2-4 可视化图表选择

| 分类 | 子分类 | 图表 | 解释 |
|---|---|---|---|
| 比较 | 实际值 VS 目标值 | 仪表图、马表图 | 实际值与目标值的比较，关注目标值的完成情况 |
| | | 百分比仪表图 | 实际值相对于目标值的占比情况 |
| | 项目 VS 项目 | 柱形图 | 适合 1~2 个维度数据的比较(数据不多的情形) |
| | | 条形图 | 适合 1~2 个维度数据的比较(数据较多的情形) |
| | | 雷达图 | 适合 4 个或更多维度变量的对比 |
| | | 词云图 | 过滤大量低频文本，快速提取高频文本 |

续表

| 分类 | 子分类 | 图表 | 解释 |
|---|---|---|---|
| 比较 | 项目VS项目 | 树状图 | 用矩形大小比较同维度下不同的数据 |
| | | 热力图 | 通过颜色深浅来表示两个维度数据的大小 |
| | 地点VS地点 | 地图 | 不同地域间的数据比较，点越大，数据值越大 |
| 构成 | 占比 | 饼图、环形图、南丁格尔玫瑰图、树状图 | 展现某一维度下不同数据的占比情况 |
| | 多类别部分到整体 | 堆积图、百分比堆积图 | 展现多个维度下某一维度不同数据的部分和整体情况 |
| | 各成分分布情况 | 瀑布图 | 表达最后一个数据点的数据演变过程 |
| 序列 | 连续、有序类别的数据波动(趋势) | 折线图 面积图 柱形图 | 常用于显示随时间变化的数值；折线图和面积图可以展示多个维度的变化数据 |
| 序列 | 各阶段递减过程 | 漏斗图 | 将数据自上而下分成几个阶段，每个阶段的数据都是整体的一部分 |
| 描述 | 关键指标 | 卡片图 | 突出显示关键数据 |
| | 数据分组差异 | 直方图 | 将数据根据差异进行分类展示 |
| | 数据分散 | 箱线图 | 展示数据的分散情况(最小值、中位数、最大值等) |
| | 数据相关性 | 散点图、气泡图 | 识别变量之间的相关关系 |

资料来源："明月说数据"公众号。

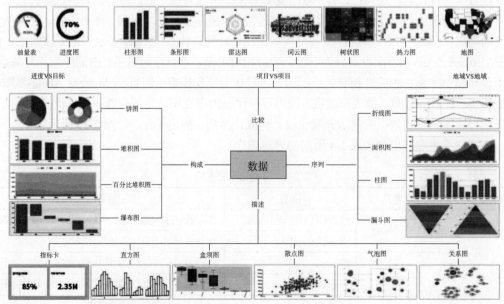

资料来源："明月说数据"公众号。

图2-19 图形选择决策树

需要说明的是,上述分类并非绝对,某些图形不只是属于一种分类,可能会有交叉。例如,柱形图既可以用作比较,也可以用作序列。上述分类,仅供图表选择时作为参考。

**2. 基本图表**

在数据分析中,使用最多的基本图表是柱形图、条形图、饼图、折线图和散点图。

1) 柱形图

柱形图是用柱子的高度来反映不同项目、不同时间序之间的比较情况,如图 2-20 所示。除了普通柱形图外,还包括反映累加效果的堆积柱形图、反映比例的百分比堆积柱形图、反映多数据系列的簇状柱形图等。

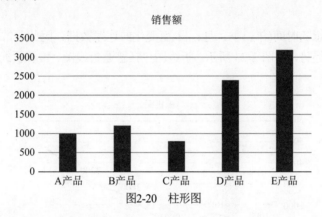

图2-20　柱形图

2) 条形图

条形图是用条形的长度来反映不同项目之间的比较情况,如图 2-21 所示,尤其是当比较项目较多时,条形图比柱形图更合适。除了普通条形图外,还包括堆积条形图、百分比堆积条形图、簇状条形图等。

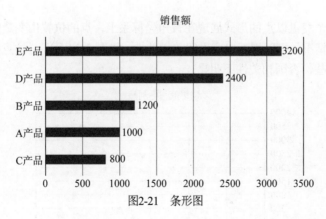

图2-21　条形图

3) 饼图

饼图是一种用于表示各个项目比例的基础性图表,主要用于展示数据系列的组成结构或部分在整体中的比例,如图 2-22 所示。常用的饼图包括二维饼图、三维饼图、圆环图。饼图只适用于一组数据,系列圆环图可以适用于多组数据系列。

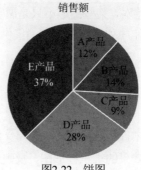

图2-22 饼图

4) 折线图

折线图可以显示随时间(年、季、月、日)而变化的连续数据，因此非常适用于显示在相等时间间隔下数据的趋势，如图2-23所示。折线图包括普通折线图、堆积折线图、百分比堆积折线图。

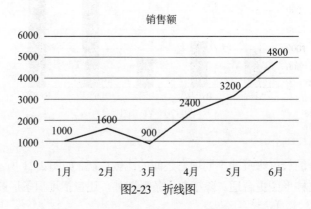

图2-23 折线图

5) 散点图

散点图是将两个变量以点的形式展现在直角坐标系上，点的位置由变量的数值决定，通过观察数据点的分布情况，可以推断出变量间的相关性，如图2-24所示。注意，制作散点图时所需的数据最好多一些，否则相关性不明显。

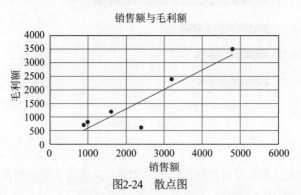

图2-24 散点图

## 【本章小结】

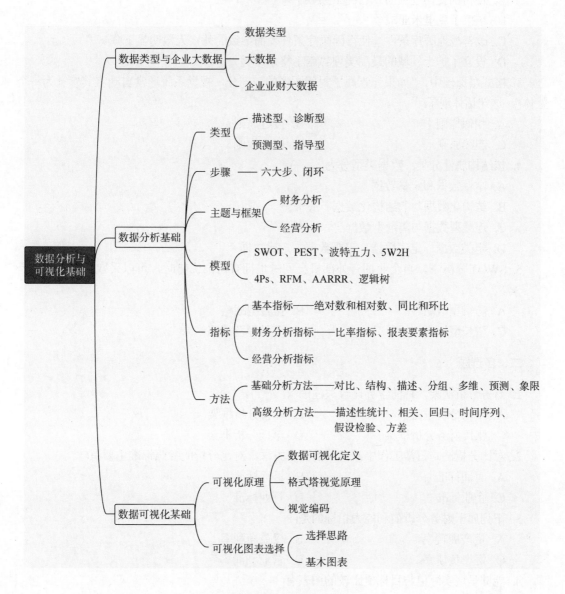

## 【本章习题】

### 一、单选题

1. 数据分析中,分析事物发生了什么,它通过各种维度和指标展现分析主题的现状。这类分析属于(　　)。

　　A. 诊断型分析　　　　　　　　B. 描述型分析

　　C. 预测型分析　　　　　　　　D. 指导型分析

2. 史上经典的"南丁格尔玫瑰图"与下列( )事件相关。
   A. 使得因受伤过重而死亡的士兵数下降
   B. 结束了克里米亚战争
   C. 改善战地医疗条件，使得因医疗条件差而导致的死亡人数明显下降
   D. 设立了护士领域的最高奖项"南丁格尔"奖
3. 格式塔原理中，"如果元素属于封闭图形的一部分，视觉系统通常自动将其感觉为一个整体"，这句话体现了( )。
   A. 相似原则              B. 接近原则
   C. 连续原则              D. 闭合原则
4. 按结构属性分类，数据类型分为( )。
   A. 定性数据和定量数据
   B. 结构化数据与非结构化数据
   C. 连续型数据与离散型数据
   D. 定类数据、定序数据、定距数据、定比数据
5. SWOT分析中，当企业拥有外部机会同时也拥有内部优势时，可以采取的竞争策略是( )。
   A. 防御型战略            B. 扭转型战略
   C. 增长型战略            D. 多种经营战略

## 二、多选题

1. 财务分析框架，目前学界比较关注的有( )。
   A. 哈佛分析框架          B. 耶鲁分析框架
   C. 张氏财务分析框架      D. 李氏分析框架
2. 对比分析法是日常工作中最常用的分析方法。对比分析的参照标准主要有( )。
   A. 时间标准              B. 目标标准
   C. 企业标准              D. 行业标准
3. 下列属于财务分析盈利能力指标的是( )。
   A. 资产周转率            B. 权益净利率
   C. 资产负债率            D. 营业利润率
4. 能够呈现实际值与目标值比较的图表有( )。
   A. 仪表图                B. 马表图
   C. 柱形图                D. 树状图
5. 营销理论中的4Ps模型包括( )。
   A. 产品(product)         B. 渠道(place)
   C. 价格(price)           D. 支付(pay)

## 三、判断题

1. 预测分析法也叫趋势分析法，此方法是根据已知的历史数据，预测某一指标在未来某个时间出现的可能值。 ( )

2. 视觉编码是一种将视觉信息映射成可视化元素的技术。（　　）
3. 定距数据可以进行乘除运算，而定比数据不可以。（　　）
4. 在界定财会大数据时，只包括来自企业内部信息系统的业务财务数据，不包括来自企业外部的政策法规、行业数据等。（　　）
5. RFM 分析就是根据客户活跃程度和交易金额的贡献，进行客户价值细分的一种方法。
（　　）

## 四、思考题

1. 请画图说一说数据分析的基本思路。
2. 数据分析有哪些方法？
3. 财务分析的框架和财务分析的指标可以从哪些方面考虑？
4. 格式塔原理的一个基本点、两个假设和六个原则是什么？
5. 在数据可视化时，选择什么样的图表，应考虑哪些因素？
6. 常见的数据分析模型有哪些？请谈一谈你对 SWOT 分析模型、PEST 分析模型、RFM 模型的认识。

## 五、实训题

图 2-25 所示为某门店销售状况分析，请回答：

1. 图中的数据分析主题是什么？是否使用了经典分析模型？
2. 图中的数据分析使用了哪些分析指标、分析维度、分析方法？用了几种可视化展现方式？

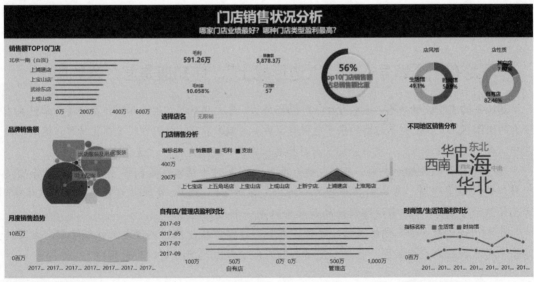

数据来源：FineBI。

图2-25　门店销售状况分析

# 第 3 章

# Excel销售数据多维分析

学习目标
- 理解Excel数据表,以及绝对地址、相对地址和混合地址;
- 熟悉Excel常用分析函数,以及Excel常见错误值及原因;
- 熟悉Excel常见数据可视化图表;
- 掌握VLOOKUP函数和数据透视表的使用;
- 掌握Excel数据分析的基本流程。

## 引导案例

### 马龙有一个绰号——"六边形战士",你知道是怎么来的吗

2016年的吉隆坡世乒赛,日本男女队时隔45年后,再次双双闯入世乒赛团体赛决赛。面对实力强大的中国队,负责世乒赛转播的东京电视台《乒乓王国》节目特意制作了决赛宣传片。这则宣传片中,在介绍中国男队时,重点介绍了当时排名世界第一的马龙——"这个地球最强的男人"。

为了能够直观详细地表述,东京电视台甚至在决赛时为双方球员制作了游戏中显示各项实力技能的六维雷达图。男乒世界排名第一的马龙在防守、经验、发球、力量、速度和技术6个方面均达到了满分5分,雷达图显示的效果正好是一个正六边形。

马龙"六边形战士"的绰号就此传开。可见,数据可视化应用不仅在工作场景中,在其他场景中也有很好的应用效果。你还知道哪些让人印象深刻的数据可视化应用吗?

## 3.1 Excel数据分析基础

Excel 软件除了在制作电子表格方面有很大的优势外,数据分析也是其强项。现在很多大

型企业内外部都积累了大量的数据，它们大多采用商业智能BI工具进行数据分析，这些工具可以处理上千万条数据记录，甚至更多，是真正意义上的大数据分析工具。而很多中小企业的数据量并没有那么大，即使是大型企业，在一些特定场景做数据分析，也属于基于小数据做数据分析，此时即可使用 Excel 工具进行数据分析。Excel 2003 以上版本能容纳的最大行数是 $2^{20}$=104 万行，最大列数是 $2^{14}$=1.6 万列，因此，中小企业在做数据分析或在一些特定场景做数据分析时，学习和掌握 Excel 数据分析工具是非常有必要的。本章数据分析建议使用 Excel 2016 及以上版本。

## 3.1.1　认识Excel数据表

数据分析过程中经常会引入数据库中的字段和记录的概念。在 Excel 工作表中，二维表格的列标题叫作字段，每一行数据叫作记录，如图 3-1 所示。

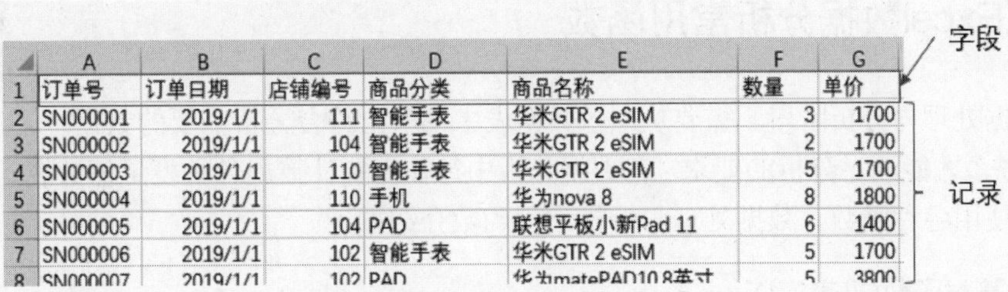


| | A | B | C | D | E | F | G |
|---|---|---|---|---|---|---|---|
| 1 | 订单号 | 订单日期 | 店铺编号 | 商品分类 | 商品名称 | 数量 | 单价 |
| 2 | SN000001 | 2019/1/1 | 111 | 智能手表 | 华米GTR 2 eSIM | 3 | 1700 |
| 3 | SN000002 | 2019/1/1 | 104 | 智能手表 | 华米GTR 2 eSIM | 2 | 1700 |
| 4 | SN000003 | 2019/1/1 | 110 | 智能手表 | 华米GTR 2 eSIM | 5 | 1700 |
| 5 | SN000004 | 2019/1/1 | 110 | 手机 | 华为nova 8 | 8 | 1800 |
| 6 | SN000005 | 2019/1/1 | 104 | PAD | 联想平板小新Pad 11 | 6 | 1400 |
| 7 | SN000006 | 2019/1/1 | 102 | 智能手表 | 华米GTR 2 eSIM | 5 | 1700 |
| 8 | SN000007 | 2019/1/1 | 102 | PAD | 华为matePAD10.8英寸 | 5 | 3800 |

图3-1　字段和记录

## 3.1.2　相对地址、绝对地址与混合地址

在数据分析公式的单元格引用中，经常会用到相对地址、绝对地址或混合地址。同一个单元格，在公式中表达时到底使用相对地址、绝对地址还是混合地址，需要根据实际操作来决定。

### 1. 相对地址

相对地址的表示形式为列号在前、行号在后的一般地址，如C3。通常，数据分析时公式中使用相对地址多一些，但若公式只使用一次，不需被复制到其他单元格，则公式中使用相对地址或绝对地址效果是一样的。但是公式若被复制到其他单元格，则源公式中使用相对地址或是绝对地址对目标公式就会产生较大影响。

若公式中含有相对地址，则系统记录的是该地址单元与公式所处单元地址之间的相对位置关系，当公式被复制到目标位置后，目标位置公式中的相对地址会相应地发生变化。例如，C3=A1+B2，若将C3 复制到 D5，行数增加 2，列数增加 1，源公式中的相对地址也按此规律发生变化，则 D5=B3+C4。

当多行数据的某一列计算公式相同时，则一般只在第一行此列处输入含相对地址的公式，本列其他行公式通过拖动填充柄或双击填充柄即可快速生成。

## 2. 绝对地址

绝对地址的表示形式为在列号与行号的前面同时加上一个"$"符号,如$D$6。若某公式中含有绝对地址,则系统记录的就是该地址单元本身。不论公式被复制到什么位置,公式中的绝对地址不变。例如,C3=$A$1+$B$2,若将 C3 复制到 D5,则 D5=$A$1+$B$2,公式内容未发生改变。

## 3. 混合地址

混合地址的表示形式为列号或行号的前面有一个"$"符合,如$D6、D$6。若某公式中含有混合地址,则在公式的复制过程中,地址中的相对部分根据相对地址的变化规则自动调整,地址中的绝对部分将不发生任何变化。

公式中的相对地址、绝对地址、混合地址可以按 F4 键进行快速切换。

### 3.1.3 Excel数据分析常用函数

在数据处理与分析阶段,需要从众多数据表中抽取出符合分析需要的数据,这些数据还需进行"清洗"才能满足分析的要求。在数据分析中往往需要计算出各种度量值数据,该过程中,将会大量使用各种函数。数据处理与分析常用函数介绍如下。

1. 计算类函数(见表3-1)

表3-1 计算类函数

| 函数名 | 功能 | 举例 |
| --- | --- | --- |
| COUNT | 对指定单元格中的数值个数进行计数 | |
| COUNTA | 计算区域中不为空的单元格的个数 | |
| COUNTBLANK | 统计指定区域内空白单元格的个数 | |
| COUNTIF | 在指定区域中按指定条件对单元格计数 | COUNTIF(A1:A10,">90")<br>统计 A1:A10 中大于 90 的数值个数<br>COUNTIF(B1:B10,"数据")<br>统计 B1:B10 中内容为"数据"的单元格个数 |
| COUNTIFS | 统计多个区域中满足给定条件的单元格的个数 | COUNTIFS(A1:A10,"语文",B1:B10,"<60")<br>统计语文成绩小于 60 的人数 |
| SUM | 对指定区域内数值进行求和 | |
| SUMIF | 对指定条件的值求和 | SUMIF(C1:C10,"手机", D1:D10) 统计手机的销售额(C 列为商品,D 列为销售额) |
| SUMIFS | 统计多个区域中满足条件的数据之和 | |
| SUMPRODUCT | 在给定的几组数组中,将数组间对应的元素相乘并返回乘积之和 | SUMPRODUCT(A1:A2,B1:B2)<br>返回 A1*B1+A2*B2 |
| AVERAGE | 返回指定区域的平均值 | |
| MAX | 返回指定区域的最大值 | |

续表

| 函数名 | 功能 | 举例 |
|---|---|---|
| MIN | 返回指定区域的最小值 | |
| RANK | 返回某一数值在某区域中的排序 | RANK(3,A1:A3)=2　A1:A3 的值为：3,1,7 |
| ROUND | 按指定小数位进行四舍五入 | ROUND(23.46,1)=23.5 |
| RAND | 返回 0 到 1 之间的随机数 | |
| RANDBETWEEN | 返回指定区间的随机整数 | RANDBETWEEN(1,100) |

2．字符串类函数(见表3-2)

表3-2　字符串类函数

| 函数名 | 功能 | 举例 |
|---|---|---|
| LEFT | 从左边截取指定长度的字符串 | LEFT("数据 DATA",4)=数据 DA |
| RIGHT | 从右边截取指定长度的字符串 | RIGHT("数据 DATA",4)=DATA |
| MID | 从指定位置截取指定长度的字符串 | MID("数据 DATA",3,2)=DA |
| LEN | 返回字符串中的字符数 | LEN("数据 DATA")=6 (中英文字符同样对待) |
| LENB | 返回字符串中的字符数 | LENB("数据 DATA")=8 (中文字符返回 2，英文字符返回 1) |
| CONCATENATE | 将多个单元格数据连接在一起 | CONCATENATE(A1,B2,C3) |
| TEXT | 按指定格式将数值转换成文本 | TEXT(230, "0.0")="230.0" |
| TRIM | 去掉指定单元格的前后空格 | |
| REPLACE | 将一个字符串中部分字符用另外一个字符串替换 | REPLACE("数据 DATA",3,2,"**")= "数据**TA" |
| SUBSITITUDE | 对指定的字符串进行替换 | |
| FIND | 查找一个字符串在另一个字符串中的位置，区分大小写 | FIND("D", "数据 DATA",1)=3 (参数 1 表示从第 1 个位置开始查找) |
| SEARCH | 查找一个字符串在另一个字符串中的位置，不区分大小写 | SEARCH("d","数据 DATA",1)=3 |

3．日期时间类函数(见表3-3)

表3-3　日期时间类函数

| 函数名 | 功能 | 举例 |
|---|---|---|
| YEAR | 提取日期的年份 | A1=2021/9/20　YEAR(A1)=2021 |
| MONTH | 提取日期的月份 | A1=2021/9/20　MONTH(A1)=9 |
| DAY | 提取日期中的天 | A1=2021/9/20　DAY(A1)=20 |
| DATE | 返回特定日期的连续序列号 | DATE(2021,9,20)=2021/09/20 |
| TODAY | 返回今天日期 | |

### 4. 逻辑类函数(见表3-4)

表3-4　逻辑类函数

| 函数名 | 功能 | 举例 |
|---|---|---|
| IF | 当条件为真，返回一个值；当条件为假，返回另一个值 | A1=83<br>IF(A1>83,"及格","不及格")="及格" |
| AND | 如果条件都为真，则返回 true，否则返回 false | A1=50，B1=60<br>AND(A1>40，B1<50)=FALSE |
| OR | 所有条件为假，则返回 false，否则返回 true | A1=50，B1=60<br>OR(A1>40，B1<50)=TRUE |
| ISERROR | 测试运算的结果是否有错，如果有错返回 true，否则返回 false | ISERROR(3/0)=TRUE |
| IFERROR | 判断运算的结果是否正确，正确则返回运算结果，错误则返回提示信息 | IFERROR(3/0, "ERROR")= "ERROR"<br>IFERROR(0/3, "ERROR")=0 |

### 5. 关联匹配类函数(见表3-5)

表3-5　关联匹配类函数

| 函数名 | 功能 | 举例 |
|---|---|---|
| VLOOKUP | 在指定区域的首列查找指定的数据，返回指定数据所在行指定列的对应数据 | A1:A4=张三,李四,王五,赵六<br>B1:B4=50,76,83,94<br>VLOOKUP("李四",A1:B4,2,0)=76<br>2 表示 A1:B4 中的第 2 列；最后一个参数：0 表示精确匹配，1 表示近似匹配 |
| HLOOKUP | 在指定区域的首行查找指定的数据，返回指定区域指定行的同一列的数据 | |
| LOOKUP | 在指定区域查找指定的数据，返回对应区域与指定数据同行的数据 | LOOKUP("李四",A1:A4,B1:B4)=76 |
| INDEX | 返回指定区域、指定位置的数据 | INDEX(A1:B4,2,1)="李四" |
| MATCH | 返回某个区域指定数据的位置 | MATCH("李四",A1:A4,0)=2 |
| OFFSET | 以指定的单元格为参照系，通过给定的偏移量得到新的引用 | OFFSET(A1,1,1)=76 |

## 3.1.4　Excel常见错误值及原因

Excel 函数引用时经常会出现一些错误提示信息，如#DIV/0!、#N/A、#VALUE! 等。出现这些错误的原因有很多，但主要是由于公式计算不正确导致错误出现，如单元格宽度不足以显示数据、需要计算的单元格是文本类型等。下面介绍几种 Excel 常见的错误及其解决方法。

1. #####！

导致这种错误的最常见原因是输入单元格中的数值太长或公式产生的结果太长，致使单元格容纳不下。解决方法：可以通过双击该列边界线或手动拖动边界线来修改列的宽度，以使其能容纳单元格中的数据。另外，对日期或时间做减法时若产生了负值，Excel 也会在整个单元格中显示#####！。

2. #DIV/0！

在除法运算中，当除数为"0"或引用了空单元格时(Excel 通常将空单元格解释为"0")，会出现此种错误。解决方法：请确定函数或公式中的除数不为"0"且不是空值。

3. #VALUE！

这种错误是因为使用了错误的参数或运算对象类型，如在需要输入数字或逻辑值时，却输入了文本；在需要赋单一数值的运算符或函数时，却赋予一个数值区域。例如，公式 A1+A2，若 A1 单元格为数值，A2 单元格为文本，则运算结果就会出现此错误提示。解决方法：确认运算符或参数正确，并且公式引用的单元格中包含有效数值；将数值区域改为单一数值。

4. #NUM！

产生这种错误的原因是函数或公式中的数字有问题，如函数中使用了不正确的参数类型、公式产生的数字太大或太小等。解决方法：请检查函数中使用的参数类型是否正确，或者修改公式使其结果能让 Excel 正确表示。

5. #NAME？

Excel 公式中不能识别使用的文本时，就会出现错误值"#NAME？"。在向公式中输入文本时，要将文本括在英文的""中，否则 Excel 会将其解释为名称，导致出错。另外，公式中使用的名称已经被删除或使用了不存在的名称及名称拼写错误，也会产生这种错误值，以及函数名拼写错误时，也会出现此错误提示。例如，将求和函数写成 sun(A1:C3)。解决方法：请确认公式中使用的名称存在且是正确的，以及使用正确的函数名。

6. #N/A

此种错误产生的原因是函数或公式中没有可用的数据。例如，VLOOKUP("张三",A:C,2)函数中，要查找的"张三"不存在。解决方法：函数或公式中使用正确的数据，或者在没有数值的单元格中输入"#N/A"，这样，公式在引用这些单元格时，将不进行数据运算，而是直接返回"#N/A"，从而避免了错误的产生。

7. #REF！

当引用的单元格无效时会产生这种错误。解决办法：请确认所引用的单元格是否存在。

8. #NULL!

如果公式返回的错误值为"#NULL!",这是因为使用了不正确的区域运算符或引用的单元格区域的交集为空。解决方法:改正区域运算符使之正确,或者更改引用使之相交。例如,如果在D12单元格中输入公式"=SUM(A1:B2 C2:D5)",则出现"#NULL!"错误,这是因为公式中引用了不相交的两个区域,应该使用联合运算符逗号(,),正确的公式应为"=SUM(A1:B2, C2:D5)"。

## 3.2 Excel数据分析基本流程

Excel数据分析的基本流程如图3-2所示。

图3-2 Excel数据分析的基本流程

### 3.2.1 数据获取

Excel获取数据的方式有多种,主要如下。

**1. 直接打开Excel工作簿**

Excel 2003及以前版本工作簿的扩展名为.xls,Excel 2007及以后版本工作簿扩展名为.xlsx。

**2. 其他获取数据方式**

执行"数据→获取数据"命令,可以获取更多类型的数据,主要如下。
- 自文件,如Excel、文本、csv、JASON、XML等。
- 自数据库,如Access、SQL、SYBASE、DB2、MySQL等。
- 自网站。

### 3.2.2 数据处理

数据处理也叫数据预处理或数据整理。在做数据处理前,应将原数据表先做备份,然后再进行数据处理,防止因处理不当造成原始数据丢失。

**1. 数据抽取**

数据抽取就是从原始数据表中选取某些字段和某些记录放入新表中。数据抽取适用于原始数据表为单表的情况。

1) 字段抽取

(1) 保留原表中有用字段,删除原表中无用字段。

(2) 将某字段拆分成多个字段。例如,将订单日期中的"年、月、日"抽取出来形成新的字段，作为数据分析的维度。

(3) 将难以理解的字段名更改为容易理解的字段名。

2) 记录抽取

记录抽取就是从原始数据表中筛选出符合数据分析需要的记录。例如，原表中有 2 万条记录，数据分析时只需从中筛选出 1 万条记录即可。

### 2. 数据合并

Excel 数据分析时，若原始数据在多张表中，则需要将其整理到一张表中，即形成一张数据宽表，然后再做数据分析及可视化。数据合并适用于原始数据表为多张表的情况。

1) 横向合并

横向合并是指将某张数据表的部分或全部字段合并到一张主表中。横向合并通常用到 VLOOKUP 函数。

2) 纵向合并

纵向合并是指将某张数据表的部分或全部记录合并到一张主表中。纵向合并通常用到 HLOOKUP 函数。

### 3. 数据清洗

数据清洗就是对整理后的数据表中不规范的数据、缺失值、重复值、异常值等进行处理，保证处理后的数据是能够为数据分析所用。

(1) 不规范数据处理：包括取消原始数据表中的合并单元格、删除空行、删除分类汇总数据行等。

(2) 空值处理：空值是数据值为空的值，也叫缺失值。空值处理首先需要筛选和定位空值，处理办法主要有删除空值、保留空值和应用替代值。筛选和定位空值分别使用 Excel 中的"筛选"和"定位条件"命令。

(3) 重复值处理：当原始数据表中出现重复的记录时，需要找到该记录并将其删除。查找重复值通常用到 COUNTIF 函数和条件格式。将重复值删除可以利用"数据→数据工具"下的"删除重复值"功能。

(4) 异常值处理：异常值是指数据中出现的个别偏离正常观测范围较多的数值。例如，年龄字段出现 200 的记录，明显违背常识，属于异常值。异常值可以通过数据筛选的方式将其筛选出来，然后将含有异常值的记录删除。

### 4. 数据计算

在整理好的数据分析表中，有时需要通过数据计算的方式生成新的字段或新的分析用数据。例如，数据分析表中有"单价"字段和"数量"字段，通过这两个字段的乘积可生成新的"销售额"字段。

## 3.2.3 数据分析

数据分析就是对处理过的原始数据进行求和、求平均值、求个数等各种聚合运算。

1. 简单数据分析

利用 Excel 的筛选、排序、分类汇总等功能可以进行简单的数据分析。

2. 数据聚合分析

数据聚合分析主要利用数据透视表功能来实现，这是 Excel 进行数据分析的主要手段。掌握数据透视表能够提高数据分析的效率，是用 Excel 进行数据分析的必备技能。

创建数据透视表的操作如下。

📖【案例数据】案例数据\第3章\ 3-1-管理费用明细表-原始表.xlsx

**步骤1**：打开"3-1-管理费用明细表-原始表.xlsx"文件，单击当前数据表中有数据的单元格，执行"插入→数据透视表"命令。

**步骤2**：按图3-3所示，设置数据透视表的创建位置，然后单击"确定"按钮。

**步骤3**：设置数据透视表字段，将项目拖放到"行"列表框中，将部门拖放到"列"列表框中，将借方金额拖放到"值"列表框中，如图3-4所示。

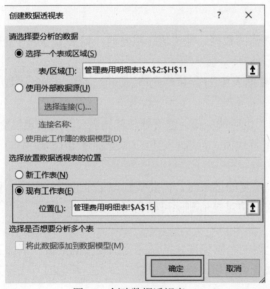

图3-3 创建数据透视表

图3-4 设置数据透视表字段

**步骤4**：生成的数据透视表(金额)如图3-5所示。

图3-5 生成的数据透视表(金额)

**步骤5**：将数据透视表复制一份，再右击，选择"值显示方式→行汇总的百分比"命令，生成数据透视表(行百分比)，如图3-6所示。可以看到在不同部门不同费用项目的花费占比情况。

| 求和项:借方金额 | 列标签 |  |  |  |
|---|---|---|---|---|
| 行标签 | 办公室 | 会计部 | 人事部 | 总计 |
| 办公费 | 27.78% | 33.33% | 38.89% | 100.00% |
| 工资 | 40.15% | 33.33% | 26.52% | 100.00% |
| 总计 | 38.67% | 33.33% | 28.00% | 100.00% |

图3-6　生成数据透视表(行百分比)

### 3.2.4　数据可视化

Excel数据可视化是根据数据分析的结果生成各种可视化图表。在商业数据分析图表中，折线图、散点图、柱形图、条形图和饼状图最为常见。这些图表可以单独呈现，也可以将它们组合成一个企业完整的数据看板。

有些图表可以基于数据透视表生成，但有些图表不可以，此时需要将数据透视表数据粘贴成普通二维表，基于普通二维表即可以生成大部分的可视化图表。

Excel 2016 以上版本的数据可视化图表分类如图 3-7 所示。

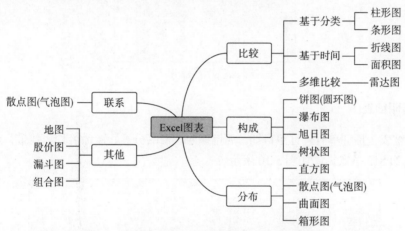

图3-7　Excel 2016以上版本的数据可视化图表分类

创建可视化图表的操作步骤如下。

**步骤：**选中含汇总金额的数据透视表，执行“插入→图表”命令，选择“柱形图”下的“簇状柱形图”，单击“确定”按钮，再单击图表右侧的+，勾选“数据标签”选项，结果如图 3-8 所示。

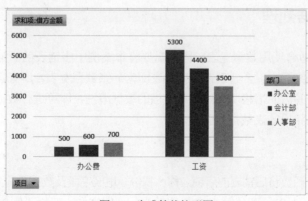

图3-8　生成簇状柱形图

# 3.3 案例：销售数据多维分析可视化

## 3.3.1 打开销售数据表

【案例数据】案例数据\第3章\ 3-2-电子产品销售数据-原始表.xlsx

本案例数据为某销售智能电子产品的线下连锁店在2019—2020年的销售数据(模拟数据)。该文件中共有“店铺表”和“销售明细表”2张数据表。

### 1. 店铺表

店铺表包括店铺编号、店铺名称、省份和地区4个字段，包含22条记录，如图3-9所示。

| | A | B | C | D |
|---|---|---|---|---|
| 1 | 店铺编号 | 店铺名称 | 省份 | 地区 |
| 2 | 101 | 哈尔滨市门店 | 黑龙江省 | 东北 |
| 3 | 102 | 长春市门店 | 吉林省 | 东北 |
| 4 | 103 | 西安市店 | 陕西省 | 西北 |
| 5 | 104 | 沈阳市门店 | 辽宁省 | 东北 |
| 6 | 105 | 兰州市门店 | 甘肃省 | 西北 |
| 7 | 106 | 北京市门店 | 北京市 | 华北 |

图3-9 店铺表

### 2. 销售明细表

销售明细表包括订单号、订单日期、店铺编号、商品分类、商品名称、数量、单价共7个字段，包含24 812条数据，如图3-10所示。

| | A | B | C | D | E | F | G |
|---|---|---|---|---|---|---|---|
| 1 | 订单号 | 订单日期 | 店铺编号 | 商品分类 | 商品名称 | 数量 | 单价 |
| 2 | SN000001 | 2019/1/1 | 111 | 智能手表 | 华米GTR 2 eSIM | 3 | 1700 |
| 3 | SN000002 | 2019/1/1 | 104 | 智能手表 | 华米GTR 2 eSIM | 2 | 1700 |
| 4 | SN000003 | 2019/1/1 | 110 | 智能手表 | 华米GTR 2 eSIM | 5 | 1700 |
| 5 | SN000004 | 2019/1/1 | 110 | 手机 | 华为nova 8 | 8 | 1800 |
| 6 | SN000005 | 2019/1/1 | 104 | PAD | 联想平板小新Pad 11 | 6 | 1400 |
| 7 | SN000006 | 2019/1/1 | 102 | 智能手表 | 华米GTR 2 eSIM | 5 | 1700 |
| 8 | SN000007 | 2019/1/1 | 102 | PAD | 华为matePAD10.8英寸 | 5 | 3800 |

图3-10 销售明细表

## 3.3.2 销售数据处理

Excel数据分析适合使用数据宽表，因此需要将本案例中店铺表的店铺名称、省份、地区等数据合并到销售明细表中。合并后销售明细表即为一张数据宽表，所有需要分析的维度和度量都在此表中，将合并后的销售明细表进行适当的数据清洗，即可进行数据分析与可视化。销售数据处理前，应先将原始表数据做备份。

### 1. 数据合并

使用VLOOKUP函数将店铺表的店铺名称、省份、地区字段及数据合并到销售明细表中。

**步骤1：**打开“2-1-电子产品销售数据-原始表.xlsx”文件，选择“销售明细表”。

**步骤2**：选中"商品分类"列，右击，选择"插入"命令，插入 3 个空白列，如图 3-11 所示。

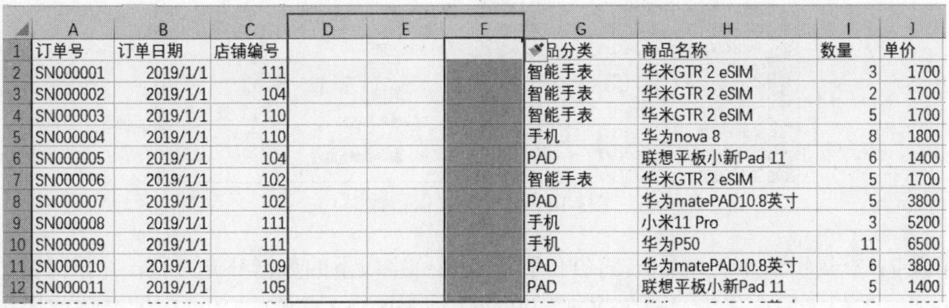

图3-11 插入空白列

**步骤3**：在 D、E、F 列的第 1 行分别输入"地区、省份、店铺名称"。

**步骤4**：单击选中 D2 单元格，输入公式"=VLOOKUP(C2,店铺表!$A$2:$D$23,4)"，注意相对地址和绝对地址的使用，如图 3-12 所示。

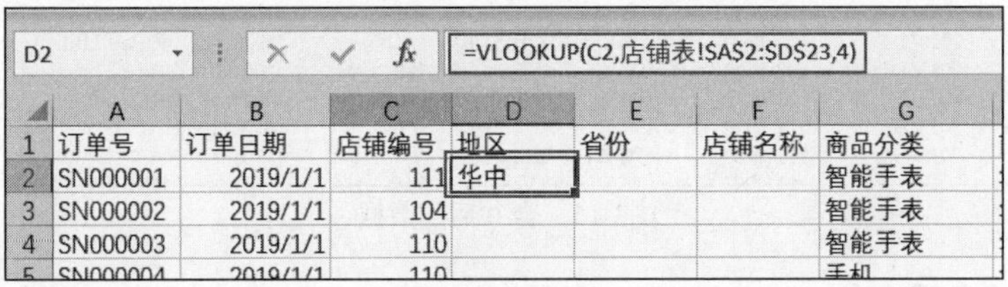

图3-12 输入公式

**步骤5**：继续选中 D2 单元格，将鼠标拖动到 D2 单元格右下角的填充柄位置，鼠标指针变为"+"形状，然后双击，则本列剩余记录行均按此公式填充(相当于向下复制公式)，如图 3-13 所示。

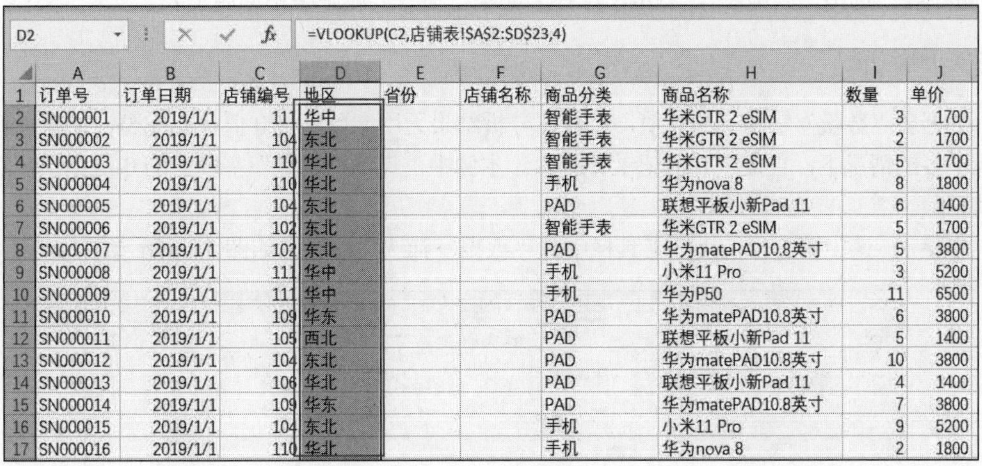

图3-13 复制公式

**步骤6**：选中并复制 D 列，右击，选择"粘贴"下的 ，如图 3-14 所示。将 D 列下的公式全部清空，只保留"地区"数据。

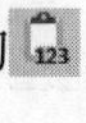

图3-14 清除公式保留数据

**步骤7**：重复步骤4～步骤6，将省份和店铺名称字段下的数据补充完整，并只保留数据不保留公式。省份字段公式为"=VLOOKUP(C2,店铺表!$A$2:$D$23,3)"，店铺名称字段公式为"=VLOOKUP(C2,店铺表!$A$2:$D$23,2)"，合并后的数据如图3-15所示。

| | A | B | C | D | E | F | G | H | I | J |
|---|---|---|---|---|---|---|---|---|---|---|
| 1 | 订单号 | 订单日期 | 店铺编号 | 地区 | 省份 | 店铺名称 | 商品分类 | 商品名称 | 数量 | 单价 |
| 2 | SN000001 | 2019/1/1 | 111 | 华中 | 河南省 | 郑州市门店 | 智能手表 | 华米GTR 2 eSIM | 3 | 1700 |
| 3 | SN000002 | 2019/1/1 | 104 | 东北 | 辽宁省 | 沈阳市门店 | 智能手表 | 华米GTR 2 eSIM | 2 | 1700 |
| 4 | SN000003 | 2019/1/1 | 110 | 华北 | 山西省 | 太原市门店 | 智能手表 | 华米GTR 2 eSIM | 5 | 1700 |
| 5 | SN000004 | 2019/1/1 | 110 | 华北 | 山西省 | 太原市门店 | 手机 | 华为nova 8 | 8 | 1800 |
| 6 | SN000005 | 2019/1/1 | 104 | 东北 | 辽宁省 | 沈阳市门店 | PAD | 联想平板小新Pad 11 | 6 | 1400 |
| 7 | SN000006 | 2019/1/1 | 102 | 东北 | 吉林省 | 长春市门店 | 智能手表 | 华米GTR 2 eSIM | 5 | 1700 |
| 8 | SN000007 | 2019/1/1 | 102 | 东北 | 吉林省 | 长春市门店 | PAD | 华为matePAD10.8英寸 | 5 | 3800 |
| 9 | SN000008 | 2019/1/1 | 111 | 华中 | 河南省 | 郑州市门店 | 手机 | 小米11 Pro | 3 | 5200 |
| 10 | SN000009 | 2019/1/1 | 111 | 华中 | 河南省 | 郑州市门店 | 手机 | 华为P50 | 11 | 6500 |

图3-15 合并后的数据

### 2. 删除字段和工作表

由于店铺编号列和店铺名称列是一一对应的，所以可删除店铺编号列只保留店铺名称列。另外，多余的"店铺表"也可删除。

**步骤1**：选中C列，右击，选择"删除"命令，删除店铺编号列。

**步骤2**：选中"店铺表"，右击，选择"删除"命令，删除多余的店铺表。

### 3. 删除0值

数据表"数量"字段下的0值，对数据分析结果无用，可以将0值补充完整，或者0值行记录不多的情况下，直接将0值记录行删除。本例中，查询"数量"字段下的0值记录，然后将其删除。

**步骤1**：选中第1行，执行工具栏中的"数据→筛选"命令，如图3-16所示。

图3-16 选择筛选命令

**步骤 2**：单击 H1 单元格中的下拉三角按钮▼，单击"全选"复选框，再单击"数字筛选"列表框中"0"复选框，如图 3-17 所示。

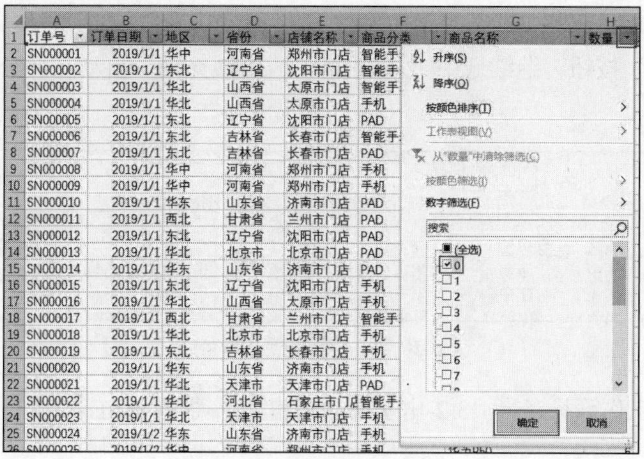

图3-17  选中空值

**步骤 3**：单击"确定"按钮，再单击行号，选中 0 值行(共有 4 行)，如图 3-18 所示，右击，选择"删除行"，将其删除。将筛选数据恢复为"全选"。

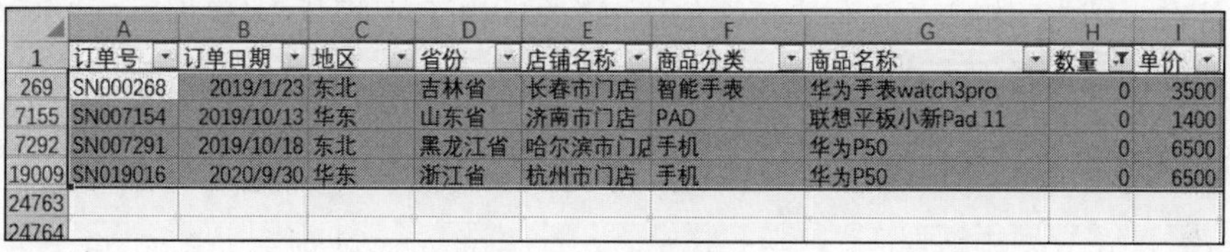

图3-18  选中删除行

### 4. 删除异常值

本销售数据明细表的"数量"字段除了空值外，还有异常值需要处理，否则会影响数据分析的结果。正常的销售数量范围为 0~35，但有个别记录销售数量在 1000 以上，将此异常记录从数据表中删除。删除异常值的操作步骤同删除空值类似，如下。

**步骤**：单击 H1 单元格"数字筛选"列表框中的下拉三角按钮▼，取消选择"全选"复选框，勾选异常值复选框，如图 3-19 所示。单击"确定"按钮，将异常值记录行删除。

图3-19  勾选异常值记录

### 5. 数据计算

本案例中，需增加一个"销售额"字段，销售额=数量*单价。

**步骤 1**：选中 J1 单元格，输入"销售额"。选中 J2 单元格，输入公式：=H2*I2，如图 3-20 所示，单击"确认"按钮。继续选中 J2 单元格，双击填充柄，自动按此公式填充本列剩余记录行。

| AVERAGE | | × | ✓ | fx | =H2*I2 | | | | | |
|---|---|---|---|---|---|---|---|---|---|---|
| | A | B | C | D | E | F | G | H | I | J |
| 1 | 订单号 | 订单日期 | 地区 | 省份 | 店铺名称 | 商品分类 | 商品名称 | 数量 | 单价 | 销售额 |
| 2 | SN000001 | 2019/1/1 | 华中 | 河南省 | 郑州市门店 | 智能手表 | 华米GTR 2 eSIM | 3 | 1700 | =H2*I2 |
| 3 | SN000002 | 2019/1/1 | 东北 | 辽宁省 | 沈阳市门店 | 智能手表 | 华米GTR 2 eSIM | 2 | 1700 | |
| 4 | SN000003 | 2019/1/1 | 华北 | 山西省 | 太原市门店 | 智能手表 | 华米GTR 2 eSIM | 5 | 1700 | |

图3-20  输入销售额计算公式

**步骤 2**：将此工作簿另存为"3-2-电子产品销售数据-整理表.xlsx"文件。

## 3.3.3 销售数据多维分析

📖 **【案例数据】** 案例数据\第3章\ 3-2-电子产品销售数据-整理表.xlsx

该文件在"销售明细表"工作表后增加了"数据分析和可视化""数据看板"两个工作表。本案例主要使用数据透视表进行销售数据多维分析。

### 1. 分析不同商品的销售额

**步骤 1**：打开"案例数据\第 3 章\3-2-电子产品销售数据-整理表.xlsx"，单击"销售数据明细表"中有数据的单元格，执行"插入→数据透视表"命令。

**步骤 2**：如图 3-21 所示，设置数据透视表的创建位置，然后单击"确定"按钮。

图3-21  创建数据透视表

**步骤 3**：设置数据透视表字段，将商品分类、商品名称字段拖放到"行"列表框中，将销售额字段拖放到"值"列表框中，如图 3-22 所示。

图3-22 设置数据透视表字段

**步骤 4**：生成按商品分类、商品名称汇总的数据透视表如图 3-23 所示。

| 行标签 | 求和项:销售额 |
|---|---|
| ⊟PAD | 131174400 |
| 　华为matePAD10.8英寸 | 99883000 |
| 　联想平板小新Pad 11 | 31291400 |
| ⊟手机 | 318088300 |
| 　华为nova 8 | 41171400 |
| 　华为P50 | 168694500 |
| 　小米11 Pro | 108222400 |
| ⊟智能手表 | 129072100 |
| 　华米GTR 2 eSIM | 35671100 |
| 　华为手表watch3pro | 93401000 |
| 总计 | 578334800 |

图3-23 按商品分类、商品名称汇总的数据透视表

### 2. 分析不同地区的商品销售额

分析不同地区的商品销售额的步骤与以上分析步骤类似，分析结果如图 3-24 所示。

| 行标签 | 求和项:销售额 |
|---|---|
| 东北 | 117340100 |
| 华北 | 136769400 |
| 华东 | 118398200 |
| 华南 | 34839200 |
| 华中 | 65792900 |
| 西北 | 73953000 |
| 西南 | 31242000 |
| 总计 | 578334800 |

图3-24 按地区汇总的销售数据

### 3. 分析不同商品分类的商品销售额

分析不同商品分类的商品销售额的步骤与以上分析步骤类似，分析结果如图 3-25 所示。

| 行标签 | 求和项:销售额 |
|---|---|
| PAD | 131174400 |
| 手机 | 318088300 |
| 智能手表 | 129072100 |
| 总计 | 578334800 |

图3-25　按商品分类汇总的销售数据

### 4. 分析不同月份的商品销售额

分析不同月份的商品销售额的步骤与以上分析类似，分析结果如图 3-26 所示。注意，选择数据透视表字段时，将"订单日期"拖动到"行"列表框中，同时取消选择"年"和"季度"两个字段。

| 行标签 | 求和项:销售额 |
|---|---|
| 1月 | 29937400 |
| 2月 | 36583900 |
| 3月 | 37107500 |
| 4月 | 41594600 |
| 5月 | 45379500 |
| 6月 | 41378400 |
| 7月 | 50021300 |
| 8月 | 54025300 |
| 9月 | 51984400 |
| 10月 | 58978300 |
| 11月 | 62149500 |
| 12月 | 69194700 |
| 总计 | 578334800 |

图3-26　按月份汇总的销售数据

### 5. 分析不同月份的商品销售额环比

分析不同月份的商品销售额环比的步骤与以上分析类似，首先按月生成汇总销售额数据透视表，右击选择"值显示方式→差异百分比"选项，"基本项"选择"上一个"，如图 3-27 所示。单击"确定"按钮，分析结果如图 3-28 所示。

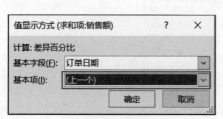

| 行标签 | 求和项:销售额 |
|---|---|
| 1月 |  |
| 2月 | 22.20% |
| 3月 | 1.43% |
| 4月 | 12.09% |
| 5月 | 9.10% |
| 6月 | -8.82% |
| 7月 | 20.89% |
| 8月 | 8.00% |
| 9月 | -3.78% |
| 10月 | 13.45% |
| 11月 | 5.38% |
| 12月 | 11.34% |
| 总计 |  |

图3-27　设置差异百分比选项　　　　　图3-28　销售额环比

## 3.3.4 销售数据可视化

销售数据可视化是基于生成的数据透视表，插入合适的可视化图表。

**1. 条形图展示不同商品分类、不同商品的销售额**

**步骤**：选中该数据透视表，执行"插入→图表"命令，选择"条形图"，结果如图 3-29 所示。

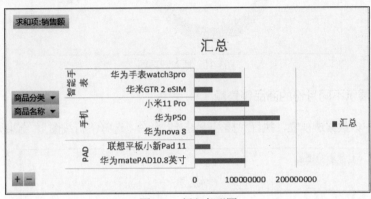

图3-29 插入条形图

**2. 柱形图展示不同地区的商品销售额**

**步骤**：选中该数据透视表，执行"插入→图表"命令，选择"柱形图"，结果如图 3-30 所示。

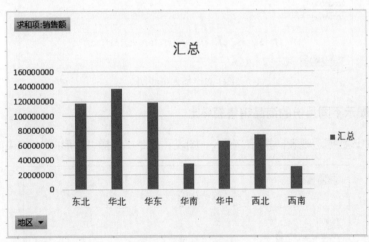

图3-30 插入柱形图(1)

**3. 圆环图展示不同商品分类的商品销售额**

**步骤**：选中该数据透视表，执行"插入→图表"命令，选择"饼图"下的"圆环图"，结果如图 3-31 所示。

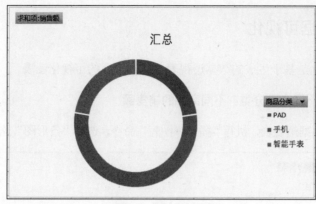

图3-31 插入圆环图

**4. 折线图展示不同月份的商品销售额**

**步骤**：选中该数据透视表，执行"插入→图表"命令，选择"折线图"，结果如图3-32所示。

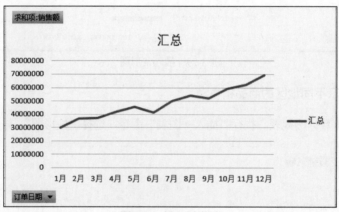

图3-32 插入折线图

**5. 柱形图展示不同月份的商品销售额环比**

**步骤**：选中该数据透视表，执行"插入→图表"命令，选择"柱形图"，结果如图3-33所示。

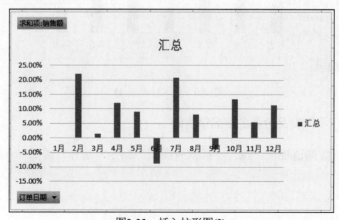

图3-33 插入柱形图(2)

## 3.3.5 销售数据看板制作

销售数据可视化生成的是分散的图表，不便于集中查看数据结果及变化趋势，的图表整合到一起，形成数据看板或仪表板，从而加强可视化效果。加入切片器后，还可生成动态数据看板或仪表板。

本案例制作后的数据看板(仪表板)如图3-34所示。

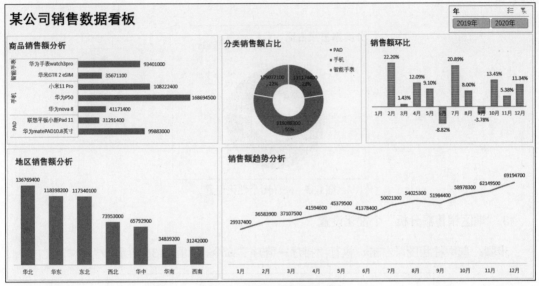

图3-34 某公司销售数据看板

### 1. 图表简洁化通用操作

数据看板中的图表应尽量简洁、易懂，否则会显得杂乱。图表简洁化的通用操作步骤如下。

**步骤1**：删除页面中的网格线(执行"页面布局→网格线"命令，取消勾选"查看"复选框)。

**步骤2**：隐藏图表上的所有字段按钮(选中某字段按钮，右击隐藏全部字段按钮)。

**步骤3**：删除不必要的坐标轴，通常是纵轴(选中坐标轴，直接按 delete 键删除)。

**步骤4**：删除图表中的单一图例，多个图例需要保留(选中图例，直接删除)。

**步骤5**：删除图表背景网格线(选中该图表，单击图表右上角的 + 按钮，取消勾选"网格线"选项)。

**步骤6**：给图表添加数据标签(选中该图表，单击图表右上角的 + 按钮，勾选"数据标签"选项)。

**步骤7**：柱形图和条形图通常需要调整间隙宽度(选中柱形图或条形图，右击选择"设置数据系列格式"选项，调整间隙宽度)。

**步骤8**：更改图表标题文字及位置。

**步骤9**：设置图表颜色与样式(选中该图表，单击图表右上角的 按钮，更改图表颜色与样式)。

## 2. "分类销售额占比"个性化设置

**步骤1**：选中该图标中的图例，右击，选择"设置图例格式"选项，设置图例位置"靠右"，选择"显示图例，但不与图表重叠"选项。

**步骤2**：选中圆环图中的数字，右击，选择"设置数据标签格式"选项，选择"值、百分比"选项。

**步骤3**：选中圆环图，右击，选择"设置数据系列格式"选项，调整圆环大小比例，如图3-35所示。

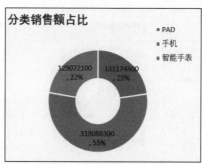

图3-35　圆环图个性化设置

## 3. "地区销售额分析"个性化设置

**步骤**：选中柱状图，右击，执行"排序→降序"命令，如图3-36所示。

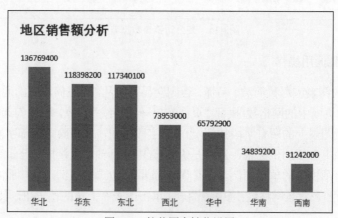

图3-36　柱状图个性化设置

## 4. 插入"年份"切片器

切片器的作用是：当选择不同的切片，图表数据会随着切片的变化而变化，从而展示动态可视化图表。

**步骤1**：选中"数据分析与可视化"中的任何一张数据透视表，执行"插入→切片器"命令，选择"年"选项，单击"确定"按钮，效果如图3-37所示。

**步骤2**：选中该切片器，右击，选择"切片器设置"选项，勾选"隐藏没有数据的项"选项，效果如图3-38所示。

**步骤 3**：选中该切片器，单击工具栏中的"切片器"菜单，在"列"中设置2，效果如图 3-39 所示。

图3-37　生成切片器

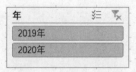

图3-38　优化切片器

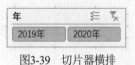

图3-39　切片器横排

**步骤 4**：将该切片器复制到"数据看板"工作表中。

**步骤 5**：单击工具栏中的"报表连接"选项，选中所有受切片器影响的数据透视表，如图 3-40 所示。单击"确定"按钮，再单击切片器中的某一年，则数据看板中所有图表数据均按该年重新进行聚合运算，从而达到动态可视化效果。

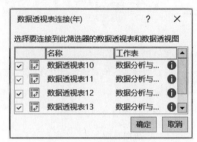

图3-40　设置图表联动

> **数据分析思维：**
>
> 上述数据分析属于描述型数据分析，我们可以继续对销售数据进行探索型分析，如：①从商品销售额分析图表中，可以看出华为 P50 产品贡献的销售额最大；②在趋势分析图表中，销售额始终是上升趋势。但6月和9月的销售额突然下降，我们可以进一步探索是哪个地区、哪个店铺、哪种产品的销量下降引起销售额下降的，以及是什么原因引起的。是否与京东 618 大促销有关？探索后发现，6月几乎所有产品的销售额环比都有所下降，与京东 618 大促销关系很大。基于以上两点分析，给到公司管理层的建议如下：①继续维持华为 P50 产品销量稳定增长；②在6月份，应采取与京东 618 类似的促销策略进行促销，以降低本月客户的流失。

## 3.3.6　销售数据看板变换风格

在企业实际工作中，深色背景的销售看板更为常见，可视化效果更好。在制作深色背景时，需要选中所有单元格，然后设置深色填充；图表的背景也要设置深色填充，与背景色要接近，并且属于同一色系，不能有太大反差。

深色背景的销售数据看板如图 3-41 所示。

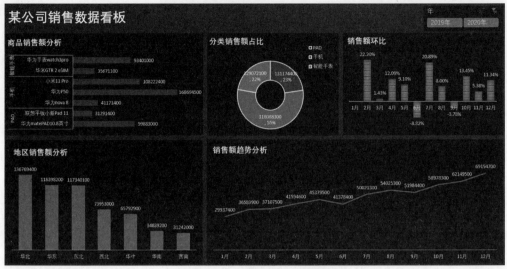

图3-41 深色背景的销售数据看板

## 【本章小结】

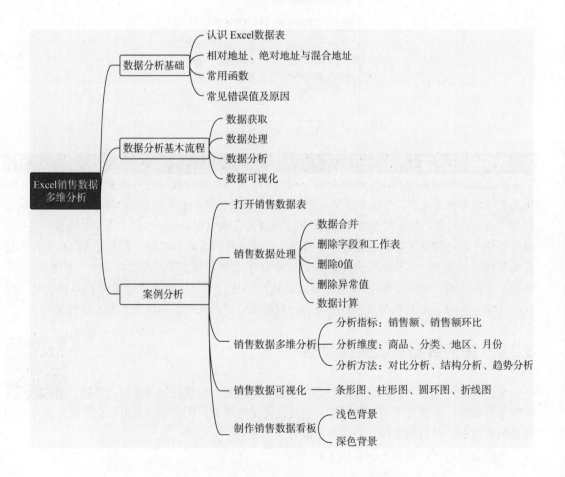

# 【本章习题】

## 一、单选题

1. 下列地址属于绝对地址的是( )。
   A. D3            B. $D3           C. D$3           D. $D$3
2. Excel 公式中不能识别使用的文本时，就出现错误值( )。
   A. #NUM!         B. #DIV/0!       C. #NAME?        D. #VALUE!
3. 若有公式 D5=B2*C4，则将公式复制到 F6 单元格后，公式变为( )。
   A. D3*E5         B. B2*C4         C. C4*D6         D. D4*F5
4. 有如图 3-42 所示的数据表，则公式 SUMIF(A2:A6,"A 产品",D2:D6)的结果是( )。

|   | A | B | C | D |
|---|---|---|---|---|
| 1 | 产品 | 销售额 | 成本 | 毛利 |
| 2 | A产品 | 1000 | 760 | 240 |
| 3 | B产品 | 1200 | 600 | 600 |
| 4 | C产品 | 800 | 460 | 340 |
| 5 | B产品 | 2400 | 1300 | 1100 |
| 6 | A产品 | 3200 | 2300 | 900 |

图3-42 数据表

   A. 240           B. 1140          C. 3060          D. 900
5. 根据上题数据表，公式 VLOOKUP("B 产品",A2:D6,3,0)的结果是( )。
   A. 1200          B. 1100          C. 1300          D. 600

## 二、多选题

1. 下列属于计算类的函数有( )。
   A. COUNT         B. ROUND         C. LEFT          D. AND
2. Excel 数据分析的基本流程包括( )。
   A. 数据获取      B. 数据处理      C. 数据分析      D. 数据可视化
3. Excel 数据清洗通常包括( )。
   A. 空值处理      B. 重复值处理    C. 字段抽取      D. 异常值处理
4. 快速将某一单元格公式复制到本列其他单元格的方法有( )。
   A. 拖动单元格边框            B. 向下拖动填充柄
   C. 选中填充柄双击            D. 选中填充柄单击
5. 下列 Excel 图表中表达构成的图形有( )。
   A. 饼图          B. 直方图        C. 瀑布图        D. 雷达图

## 三、判断题

1. Excel 数据表中，列标题也叫作记录。                                    ( )
2. CONCATENATE 函数的作用是将多个单元格数据连在一起。                    ( )
3. 数据聚合分析主要是利用 VLOOKUP 函数来实现的。                         ( )

4. 在除法运算中，当除数为"0"或引用了空单元格时(Excel 通常将空单元格解释为"0")，会出现#DIV/0！错误提示。                                                          (    )

5. 公式 LEN("DAVID 王")的结果为 7(字符串中无空格)。                    (    )

## 四、思考题

1. Excel 数据分析的基本流程包括哪几步？具体内容是什么？
2. Excel 数据清洗的内容有哪些？
3. Excel 数据可视化图表是如何分类的？每个分类下有哪些具体图表？
4. 本章销售数据多维分析案例中用到了哪些数据处理方法？
5. 请说一说本章销售数据多维分析案例中用到的分析指标、分析维度、分析方法及可视化图表。

## 五、实训题

1. 请将本章销售数据多维分析案例的数据看板更换为如图 3-43 所示的深色背景。
2. 请尝试更换销售数据多维分析案例中的分析指标、分析维度、分析方法及可视化图表，并生成一张新的数据看板。
3. 请尝试制作如图 3-43 所示的表格。

| 公司上半年销售额同比环比 | | | | | |
|---|---|---|---|---|---|
| 年月 | 销售额 | 上月销售额 | 去年同期销售额 | 环比 | 同比 |
| 202001 | 18293800 | 19433000 | 11643600 | -5.86% ↑ | 57.11% |
| 202002 | 21947000 | 18293800 | 14636900 | 19.97% ↑ | 49.94% |
| 202003 | 17968800 | 21947000 | 19138700 | -18.13% ↓ | -6.11% |
| 202004 | 22730700 | 17968800 | 18863900 | 26.50% → | 20.50% |
| 202005 | 26714600 | 22730700 | 18664900 | 17.53% ↑ | 43.13% |
| 202006 | 23595600 | 26714600 | 17782800 | -11.68% → | 32.69% |

图3-43  习题图

制作思路：第 1 列手工输入；第 2~4 列从数据透视表中粘贴；第 5 和第 6 列，设置公式计算；第 2~6 列设置条件格式。

# 第 4 章

# 微软PowerBI概况

**学习目标**
- 了解自助式BI和传统式BI的区别,以及PowerBI的特点;
- 熟悉PowerBI的应用模式和系列组件;
- 掌握PowerBI Desktop的界面构成部分;
- 掌握PowerBI Desktop 3种视图的区别。

## 引导案例

### 微软 PowerBI 为何连续数年在魔力象限中遥遥领先

在当今互联网时代,由于大数据研究热潮的兴起,以及数据挖掘、机器学习等技术的改进,各种数据可视化应用层出不穷,如何让大数据分析结果生动呈现,也成了一个具有挑战性的事情,随之也出现了大量的商业可视化分析工具。在众多可视化工具一决高低的背景下,微软PowerBI横空出世。

微软PowerBI是一种商业分析解决方案,其可对数据进行可视化、在组织中共享见解,或者将见解嵌入应用或网站中。另外,微软PowerBI可连接数百个数据源,并使用实时仪表板和报表让数据变得生动。

2021年2月18日,国际著名咨询机构Gartner公司发布的《商业智能和分析平台魔力象限》(Magic Quadrant for BI and Analytics Platforms)年度报告显示,微软连续14年入选,并再次超越一切对手成为最具领导力和超前愿景的BI公司,如图4-1所示。

从图4-1中可以看出,横轴表示前瞻性(completeness of vision),即愿景,包括厂商拥有的产品底层技术基础能力、市场领导能力、创新能力和外部投资能力等;纵轴表示执行能力(ahility to execute),即落实和实施的能力,包括产品的使用难度、市场服务的完善程度和技术支持能力、管理团队的经验和能力等。

资料来源：Gartner(2021年2月)

图4-1　2021商业智能和分析平台魔力象限

从Gartner的报告中，我们可以看到商业智能(BI)市场已经到达了一个转折点，并且是一个根本性的转变。传统的大型数据库服务商BI产品的代表Oracle、IBM、SAP全部移出领导者(leaders)象限，这说明市场的需求越来越多地倾向于"可视化和自助式分析"这个主题，并从过去集中的IT组织自上而下的BI平台，转由业务部门主导的自助式BI分析及数据可视化。

微软凭借其PowerBI的创新获得了Gartner的认可。微软PowerBI在产品愿景和执行能力方面都取得了显著增长。更为重要的是，PowerBI实现了一项重大目标：BI大众化，BI人人可用。微软不仅希望BI成为企业的标配，而且能为每个人所用，即人人都是数据分析师。

## 4.1　PowerBI概述

PowerBI 是微软官方推出的一个让非数据分析人员也能做到有效地整合企业数据，并快速准确地提供商业智能分析的数据可视化神器和自助式 BI 分析工具。PowerBI 既是员工的个人报表和数据可视化工具，也可用作项目组、部门或整个企业背后的分析和决策引擎。

### 4.1.1　传统BI与自助式BI

BI 即商业智能，泛指用于业务分析的技术和工具，通过获取、处理原始数据，产出对商业行为有价值的洞察。

传统BI通常指企业内部由IT部门主导的分析平台。传统BI产品面向的是有IT技术背景的人员(如企业的信息技术部门),部署开发的周期非常长。在传统BI场景下,IT的技术人员根据业务部门的需求来制作相关报表,报表格式通常是固定的。这种分析往往因为不灵活、不及时,而无法满足业务部门的需求,而且沟通的时间成本较高。

自助式BI不再面向IT部门的技术人员,而是面向不具备IT背景的业务财务分析人员,与传统BI相比,其更灵活且更易于使用。商业智能探索的核心和目的不仅仅是提供一串串数字、一张张报表,更重要的是要解释数字背后的商业原因,进行深层次的数据挖掘。由于自助式BI的主导者是业务分析人员,所以在自助式BI的帮助下,业务财务人员可以凭借自己的业务财务专业知识,对各种可能的情况进行探索,挖掘出数字背后的秘密。例如,在自助式BI系统中,通过报表可以看出,今年的利润较上年下降了。分析利润下降的原因,可以层层分解:是收入下降了,还是费用上升了?下降和上升的影响因素有哪些?是什么原因造成的?业务人员借助自助式BI,很容易回答上述问题,并且省时高效。这类问题若是按照传统BI的方式,则业务财务部门需向IT部门提出数据或分析需求,然后由技术人员实现,业务财务人员再进行验证,解决问题的时长可能达数周甚至数月。

PowerBI属于自助式BI分析工具,不是单纯的数据可视化软件,它整合了ETL数据清洗、数据建模和数据可视化的功能。自助式BI很容易上手,能减轻部门的业务负担,让业务财务人员接手数据分析,可使数据分析与业务连接更密切,分析更精准。

## 4.1.2 PowerBI简介

什么是PowerBI?微软官方给出的解释是:PowerBI是软件服务、应用和连接器的集合,它们协同工作以将相关数据来源转换为连贯的视觉逼真的交互式见解。无论用户的数据是简单的Excel电子表格,还是基于云和本地混合数据仓库的集合,PowerBI都可让用户轻松地连接到数据源,直观看到(或发现)重要内容,与任何所希望的人进行共享。PowerBI简介如图4-2所示。

图4-2 PowerBI简介

PowerBI简单且快速,能够从Excel电子表格或本地数据库创建快速见解。同时PowerBI也是可靠的、企业级的,可进行丰富的建模和实时分析,以及自定义开发。因此它既是用户的个人报表和可视化工具,也可用作组项目、部门或整个企业背后的分析和决策引擎。

简单来说,PowerBI就是可以从各种数据源中提取数据,并对数据进行整理分析,然后生成精美的图表,并且可以在计算机端和移动端与他人共享的一个神器。

### 4.1.3 PowerBI特点

正如PowerBI宣传片中提到的，PowerBI可以在3A(any data、any where、any way)场景中应用。

1. any data

PowerBI支持各种数据源，包括文件(如 Excel、CSV、XML、Json、文本等，还支持文件夹)、数据库(常见的关系型数据库如 Access、MSSQL、Oracle、DB2，MySQL等)，以及各种微软云数据库和其他外部数据源(如R脚本、Hadoop文件、Web等)。any data场景如图4-3所示。

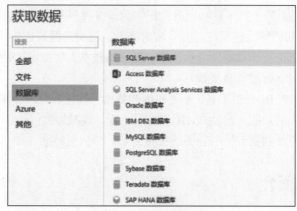

图4-3　any data场景

2. any where

any where意味着我们可以在任何地方进行编辑和修改报表，不仅可以在桌面端 Power Desktop 中编辑和发布报表，还可以在微软在线版编辑工具中进行编辑和发布报表，功能也一点儿不差。通过模型的发布，对组合发布的报表，我们可以使用分享功能发送到邮箱或嵌入业务系统中，非常方便。any where场景如图4-4所示。

图4-4　any where场景

#### 3. any way

无论你是开发者、使用者、还是领导者，都可以随时通过互联网实时进行数据探索、分析和决策，还可以随时在 PC 端、移动端(手机、PAD)上根据赋予的权限查询、探索相关数据。any way 场景如图 4-5 所示。

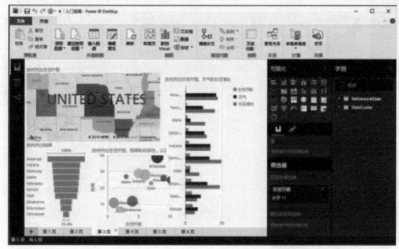

图4-5　any way场景

## 4.2　PowerBI应用模式及系列组件

### 4.2.1　PowerBI应用模式

PowerBI 应用包含 Windows 桌面应用程序(PowerBI Desktop)、联机 SaaS(软件即服务)服务(PowerBI Online-Service)，以及移动 PowerBI 应用(PowerBI Mobile)。

PowerBI Desktop 是安装在 PC 端的桌面应用程序，可在 PC 端进行数据获取、数据整理、数据建模、数据可视化等一系列数据分析工作。

PowerBI Online-Service 属于在线云服务，不受时间、地点限制，可在线进行数据分析工作，同时也可将桌面端的可视化分析报表发布到在线服务，共享给组织内外的相关人员。

PowerBI Mobile 是可在 iOS 和 Android 系统的移动设备(手机和平板电脑)上使用的 App 软件，一般供相关业务人员或领导在 App 中查看可视化报表数据。

PowerBI 3 种模式的一般应用流程如下。
- 将数据导入 PowerBI Desktop，并创建报表。
- 将数据发布到 PowerBI Online-Service，可在该服务中创建新的可视化效果或构建仪表板。
- 与他人(尤其是差旅人员)共享你的仪表板。
- 在 PowerBI Mobile 应用中查看共享仪表板和报表并与其交互。

PowerBI 的应用模式如图 4-6 所示。

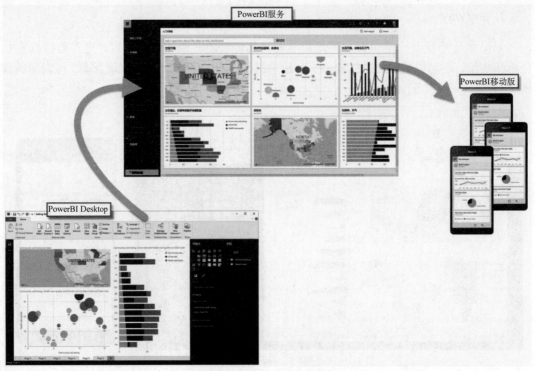

图4-6　PowerBI的应用模式

## 4.2.2　PowerBI系列组件

微软 PowerBI 的前身可以追溯到 Power Pivot for Excel 2010/2013。当年微软开发出的 Power Pivot 引擎被称为 x Velocity 分析引擎，它是一个列式存储的内存数据库。Power Pivot 将自助式商务智能引入每个员工的桌面，使得原先使用 Excel 数据透视表的业务分析人员能够执行更复杂的数据分析，它是数据分析的一场真正革命。到 Excel 2013 的时候，Power View 交互式报表、Power Map 三维地图和负责抓取整理数据的 Power Query 一起出现，PowerBI 家族的成员增加到了 4 位。PowerBI Desktop 则整合了前面 4 个插件，成为真正意义上的 self-service 自助式 BI 分析工具和数据可视化神器。它使最终用户在无须 BI 技术人员介入的情况下，只要掌握简单的工具就能快速上手商业数据分析及数据可视化，实现了全员 BI、人人 BI 的理念。

PowerBI Desktop 与 Power Query、Power Pivot、Power View、Power Map 4 个插件的关系如下。

- PowerBI Desktop 通过调用 Power Query 来获取和整理数据。
- PowerBI Desktop 通过调用 Power Pivot 进行数据建模和建立各类分析数据。
- PowerBI Desktop 通过调用 Power View 和 Power Map 进行数据可视化，生成各类交互式报表和地图。

PowerBI 系列组件如图 4-7 所示。

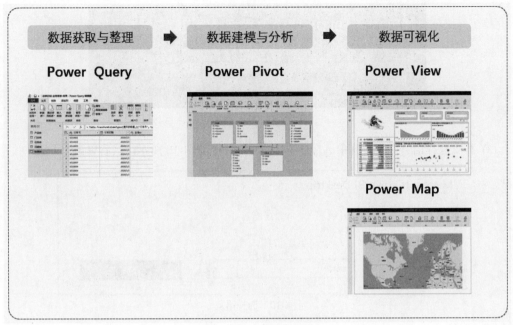

图4-7　PowerBI系列组件

## 4.3　PowerBI Desktop安装与账号注册

### 4.3.1　PowerBI Desktop安装

微软 PowerBI Desktop 是一款完全免费的产品，用户可登录 PowerBI 官方网站下载安装程序，在本地计算机自行安装。

PowerBI Desktop下载安装程序的基本步骤如下。

(1) 打开微软 PowerBI 主页 https://powerbi.microsoft.com/zh-cn/，将主页下拉到最后，在下载列表中单击 PowerBI Desktop 选项，如图 4-8 所示。

图4-8　PowerBI Desktop安装

(2) 单击"免费下载"按钮，如图 4-9 所示。

图4-9　单击下载

（3）在"选择语言"列表框中选择"中文(简体)"，如图4-10所示，然后单击"下载"按钮。

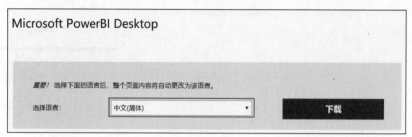

图4-10　选择语言

（4）根据自己计算机的操作系统选择32位或64位的安装包，如图4-11所示，然后单击Next按钮，即可进行安装包的下载。

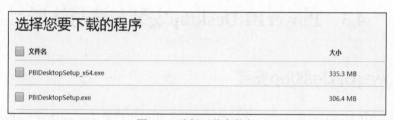

图4-11　选择下载安装包

安装包下载后，双击安装包程序，根据系统提示安装即可。如果是Windows 10系统，则可以在微软store中找到PowerBI Desktop应用直接安装。

安装完成后，在桌面会生成图标，双击此图标启动PowerBI Desktop应用程序，系统会提示注册PowerBI账号。用户若只想使用PowerBI Desktop，则可以不注册PowerBI账号；用户若还想使用PowerBI Online-Service和PowerBI Mobile则必须注册PowerBI账号。

## 4.3.2　PowerBI账号注册

用户若想将PowerBI Desktop制作的可视化报表进行在线发布、查看和编辑，则需启动PowerBI Online-Service在线服务功能；在线的可视化报表若想在手机中查看，则需使用PowerBI Mobile功能。而进行PowerBI Online-Service和PowerBI Mobile应用，则必须注册PowerBI账号。

在启动PowerBI Desktop时，会要求注册并登录PowerBI账号，也可在PowerBI官网中进行账号的注册。PowerBI官网提供免费使用60天的PowerBI Pro专业版账号。下面介绍的是在官网中注册账号的方法。

PowerBI 账号注册的步骤如下。

（1）打开微软 PowerBI 主页 https://powerbi.microsoft.com/zh-cn/，单击"开始免费使用"按钮，如图 4-12 所示。

图4-12　打开微软PowerBI主页

（2）单击"免费试用"按钮，如图 4-13 所示。

图4-13　免费试用

（3）注册账号，如图 4-14 所示。

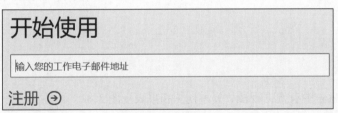

图4-14　注册账号

（4）注册账号时必须输入工作电子邮件地址，即企业邮箱。注意，163、126、qq 等公共邮箱和个人邮箱均不能注册，个人用户若想申请企业邮箱请自行查询相关方法。

（5）根据系统提示输入密码和个人信息。其中密码必须包含大写字母、小写字母、数字和规定的特殊符号。

账号注册成功后，不仅可使用 PowerBI Desktop 功能，也可使用 PowerBI Online-Service 和 PowerBI Mobile 功能。

## 4.4 PowerBI Desktop界面

PowerBI Desktop界面由菜单栏、视图和报表编辑器三部分构成，如图4-15所示。

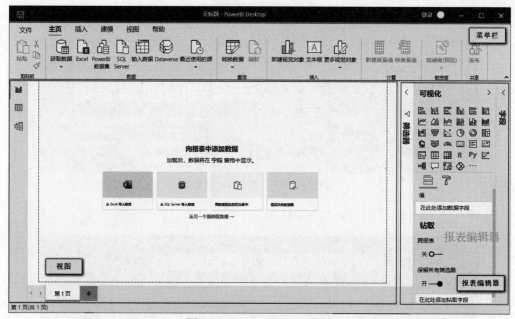

图4-15　PowerBI Desktop界面

### 4.4.1 菜单栏

菜单栏可用于数据可视化的基本操作，主要有"文件""开始""视图""建模""帮助"等菜单。

### 4.4.2 视图

PowerBI Desktop中有数据视图、关系视图和报表视图3种。下面按照操作的一般顺序介绍这3种视图。

**1. 数据视图**

数据视图显示的是获取并整理后的数据，通过视图有助于检查、浏览和了解PowerBI Desktop模型中的数据。在数据视图中显示的是加载到模型中的数据，当在需要创建度量值和计算或需要识别数据类型时，数据视图非常重要。

单击数据视图的图标 ▦ ，打开数据视图，如图4-16所示。

**2. 关系视图**

关系视图用于显示模型中的所有表、列和关系。在关系视图中可以建立表和表之间的关联，即数据建模。数据建模是数据可视化的基础,因此非常重要。

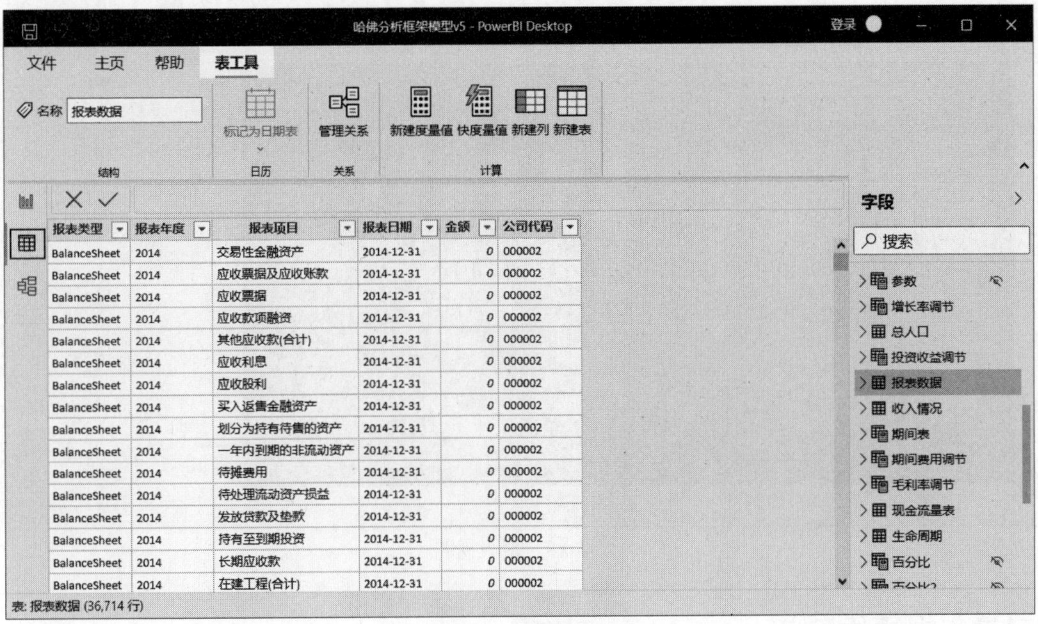

图4-16 数据视图

单击关系视图的图标 ,打开关系视图,如图 4-17 所示。

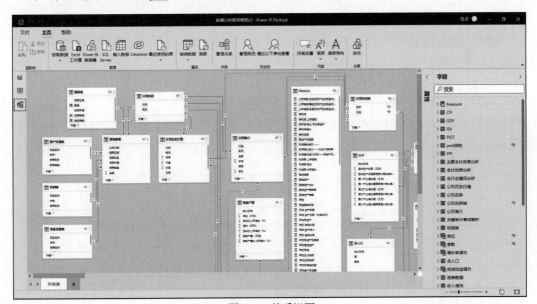

图4-17 关系视图

## 3. 报表视图

报表视图中,可以创建任何数量的具有可视化图表的表页,每一表页初始状态就是一张空白的画布,在画布上可以插入文本、图形、图片、条形图、柱形图、地图等各种可视化对象。

单击报表视图的图标 ,打开报表视图,如图 4-18 所示。

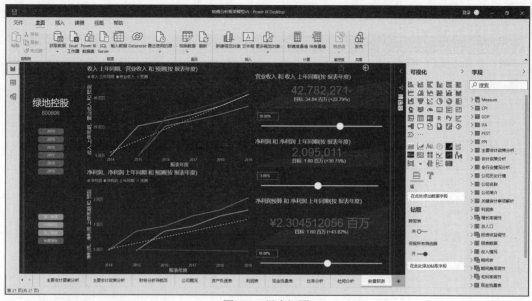

图4-18 报表视图

### 4.4.3 报表编辑器

报表编辑器由"可视化""筛选器""字段"3个窗格组成。"可视化"和"筛选器"用于控制可视化对象的外观和编辑交互，包括可视化图表类型、格式设置、筛选等；"字段"则管理用于可视化效果的基础数据。此外，报表编辑器各个窗格中显示的内容会随着报表画布中可视化对象的不同而发生变化。

1. "可视化"窗格

在可视化窗格中，可选择可视化图表的类型，如饼图、折线图、散点图、地图、切片器等，如图4-19所示。

图4-19 "可视化"窗格

单击可视化图表类型下方的图标 ▦，可以设置可视化图表的参数；单击可视化图表类型下方的图标 ⌨，可以设置可视化图表的格式。

2. "筛选器"窗格

"筛选器"窗格主要用于查看和设置视觉级、页面级和报告级筛选器，对可视化图表对象之间的编辑交互范围进行控制，如图 4-20 所示。

图4-20 "筛选器"窗格

3. "字段"窗格

"字段"窗格主要用于显示数据模型中表、字段和度量值，根据需要将相应的字段和度量值拖放到"可视化"窗格的参数设置或"筛选器"窗格的筛选设置中，用以创建动态可视化效果，如图 4-21 所示。

图4-21 "字段"窗格

## 【本章小结】

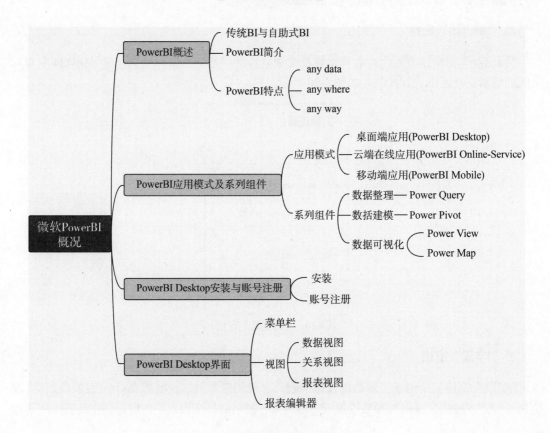

## 【本章习题】

一、单选题

1. PowerBI 的 Windows 桌面应用程序是(    )。
   A. PowerBI Online-Service         B. PowerBI Mobile
   C. PowerBI App                    D. PowerBI Desktop
2. PowerBI Desktop 是安装在(    )的桌面应用程序。
   A. 移动端                          B. PC 端
   C. 网络端                          D. 服务器端
3. PowerBI Desktop 通过调用(    )进行数据建模和建立各类分析数据。
   A. Power Query                    B. Power Map
   C. Power Pivot                    D. Power View
4. (    )显示的是获取并整理后的数据,通过视图有助于检查、浏览和了解 PowerBI Desktop 模型中的数据。
   A. 报表视图      B. 编辑视图      C. 数据视图      D. 关系视图

5. 报表视图的图标是( )。

A. ![] B. ![] C. ![] D. ![]

二、多选题

1. PowerBI 的 3A 特点有( )。
   A. any time     B. any data     C. any where     D. any way
2. 2021 年国际著名咨询机构 Gartner 公司发布的《商业智能和分析平台魔力象限》中，处于 LEADERS 区域的公司有( )。
   A. Tableau     B. Microsoft     C. Qlik     D. SAP
3. PowerBI 应用模式包括( )。
   A. 桌面端应用     B. 联机在线应用     C. 授权应用     D. 移动应用
4. PowerBI 实际上是整合了( )插件。
   A. Power Query     B. Power Pivot     C. Power View     D. Power Map
5. PowerBI Desktop 的视图类型包括( )。
   A. 报表视图     B. 编辑视图     C. 数据视图     D. 关系视图

三、判断题

1. 自助式 BI 不再面向 IT 部门的技术人员，而是面向不具备 IT 背景的业务分析人员。( )
2. PowerBI Online-Service 实际上是一种 PaaS 应用。( )
3. PowerBI Desktop 通过调用 Power Query 来获取和整理数据。( )
4. 账号注册成功后，仅可使用 PowerBI Desktop 功能，不能使用 PowerBI Online-Service 和 PowerBI Mobile 功能。( )
5. "可视化"和"筛选器"用于控制可视化对象的外观和编辑交互，包括可视化图表类型、格式设置、筛选等。( )

四、思考题

1. 传统式 BI 和自助式 BI 的特点是什么？
2. PowerBI 的应用模式有哪几种？有什么区别？
3. PowerBI Desktop 的系列组件包括哪些？各有什么作用？
4. PowerBI Desktop 的视图包括哪 3 种？各有什么作用？

五、实训题

1. 请下载并安装桌面端程序 PowerBI Desktop。
2. 注册 PowerBI Desktop 账号，具体注册方法请百度搜索。

# 第 5 章

# PowerBI基本应用

**学习目标**
- 了解数据维度表和事实表的区别;
- 了解仪表板设计和在线发布;
- 掌握自助式商务智能分析工具的一般流程(数据获取与整理、数据建模、数据可视化);
- 掌握卡片图、条形图、柱状图、散点图等常见可视化元素的使用。

## 引导案例

### "烘焙工坊"6月销售额为何下降

**一、案例简介**

"烘焙工坊"是一家起源于吉林省长春市的全国连锁烘焙店,在全国20个省份共拥有22家店铺,主要制作并销售面包和饼干两类产品,同时代销部分饮料产品。其制作并销售的面包包括吐司面包、牛角面包和全麦面包3种,饼干包括曲奇饼干和苏打饼干两种;其代销的饮料包括可乐和果汁两种。"烘焙工坊"从其各店的POS信息系统中提取并整理了门店数据、日期数据、产品数据和销售数据(2019年和2020年)。

"烘焙工坊"连锁店希望利用PowerBI的可视化分析功能,通过各店相关数据的横向、纵向对比分析,找到存在的问题,发现新的销售增长点。"烘焙工坊"数据可视化的结果如图5-1所示。

说明:本案例为模拟案例。

第 5 章 PowerBI 基本应用

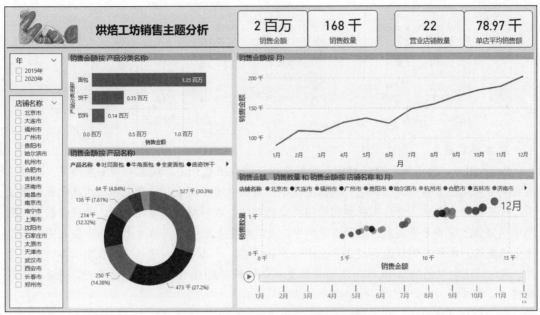

图5-1 "烘焙工坊"数据可视化的结果

二、案例数据

**【案例数据】案例数据\第5章\5-1-案例数据.xlsx**

1. 查看数据

"5-1-案例数据.xlsx"共包含产品表、日期表、门店表和销售表4张工作表。

1) 产品表

产品表包括产品分类ID、产品分类名称、产品ID、产品名称和单价5个字段，包含7条数据(记录)，如图5-2所示。

2) 日期表

日期表包括日期、年、月和季度4个字段，包含731条数据，如图5-3所示。

| | A | B | C | D | E |
|---|---|---|---|---|---|
| 1 | 产品分类ID | 产品分类名称 | 产品ID | 产品名称 | 单价 |
| 2 | 11 | 面包 | 1001 | 吐司面包 | 23 |
| 3 | 11 | 面包 | 1002 | 牛角面包 | 18 |
| 4 | 11 | 面包 | 1003 | 全麦面包 | 12 |
| 5 | 12 | 饼干 | 2001 | 曲奇饼干 | 8 |
| 6 | 12 | 饼干 | 2002 | 苏打饼干 | 6 |
| 7 | 13 | 饮料 | 3001 | 可乐 | 2 |
| 8 | 13 | 饮料 | 3002 | 果汁 | 4 |

图5-2 产品表

| | A | B | C | D |
|---|---|---|---|---|
| 1 | 日期 | 年 | 月 | 季度 |
| 2 | 2019/1/1 | 2019年 | 1月 | 第1季度 |
| 3 | 2019/1/2 | 2019年 | 1月 | 第1季度 |
| 4 | 2019/1/3 | 2019年 | 1月 | 第1季度 |
| 5 | 2019/1/4 | 2019年 | 1月 | 第1季度 |
| 6 | 2019/1/5 | 2019年 | 1月 | 第1季度 |
| 7 | 2019/1/6 | 2019年 | 1月 | 第1季度 |
| 8 | 2019/1/7 | 2019年 | 1月 | 第1季度 |

图5-3 日期表

3) 门店表

门店表包括店铺ID、店铺名称和省份名称3个字段(说明：店铺名称简化为城市名，方便进行地图可视化)。门店表包含22条数据，如图5-4所示。

4) 销售表

销售表包括订单号、订单日期、店铺ID、产品ID、会员ID和数量6个字段。销售表包含24812条数据，如图5-5所示。

85

| | A | B | C |
|---|---|---|---|
| 1 | 店铺ID | 店铺名称 | 省份名称 |
| 2 | 101 | 哈尔滨市 | 黑龙江省 |
| 3 | 102 | 长春市 | 吉林省 |
| 4 | 103 | 吉林市 | 吉林省 |
| 5 | 104 | 沈阳市 | 辽宁省 |
| 6 | 105 | 大连市 | 辽宁省 |
| 7 | 106 | 北京市 | 北京市 |

图5-4 门店表

| | A | B | C | D | E | F |
|---|---|---|---|---|---|---|
| 1 | 订单号 | 订单日期 | 店铺ID | 产品ID | 会员ID | 数量 |
| 2 | N2000001 | 2019/1/1 | 111 | 3002 | 1495 | 3 |
| 3 | N2000002 | 2019/1/1 | 104 | 3002 | 8769 | 2 |
| 4 | N2000003 | 2019/1/1 | 110 | 3002 | 3613 | 5 |
| 5 | N2000004 | 2019/1/1 | 110 | 1001 | 5860 | 8 |
| 6 | N2000005 | 2019/1/1 | 104 | 2002 | 4684 | 6 |
| 7 | N2000006 | 2019/1/1 | 102 | 3002 | 9356 | 5 |

图5-5 销售表

**2. 理解数据**

PowerBI中，为了便于数据建模和数据分析，将数据表分为维度表和事实表两类。维度表的主要特点是包含类别属性信息，数据量较小。案例中的产品表、日期表和门店表就属于维度表。事实表的主要特点是含有的多列数值类型的数据，能够提取度量值信息，数据量较大。案例中的销售表就属于事实表。在数据分析中，通过维度表中的不同维度来分析事实表中的各类度量值数据。本章案例就是通过产品表中的产品分类、产品名称，通过日期表中的年、月、季度，通过门店表中的门店(城市)、省份等维度来分析事实表(销售表)中的销售金额、销售数量等数据。

**三、分析思路**

本案例分析思路如图5-6所示。

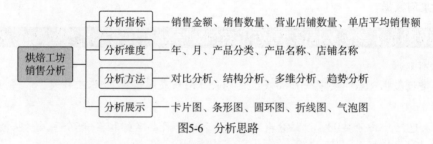

图5-6 分析思路

## 5.1 数据获取与整理

数据获取是指从各种数据源获取数据。整理数据也叫数据清理或数据清洗，是指通过各种方法将获取的数据处理成正确的数据格式和内容，保证数据满足可视化的要求。

### 5.1.1 数据获取

PowerBI可以从文件、数据库、Web网页等几十种数据源中获取各类数据，其中从Excel工作簿中获取数据为常见的方式。本案例将从"5-1-案例数据.xlsx"中获取可视化分析的数据。

**步骤1**：执行"主页→Excel"命令，或者从视图窗格中单击"从 Excel 导入数据"，如图5-7所示。

图5-7 导入数据

**步骤2**：打开"案例数据\第5章"文件夹，选择"5-1-案例数据.xlsx"文件，如图5-8所示。单击"打开"按钮。

图5-8 选择文件

**步骤3**：单击选中"产品表、门店表、日期表、销售表"4张表，如图5-9所示。单击"加载"按钮。

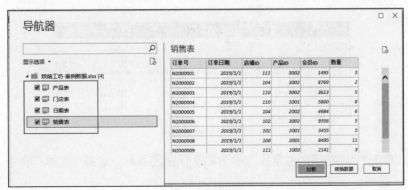

图5-9 加载数据

**步骤 4**：单击左上角的  命令，选择相应的存储位置，输入文件名"烘焙工坊-快速可视化分析"(扩展名默认为 pbix)，如图 5-10 所示。单击"保存"按钮。

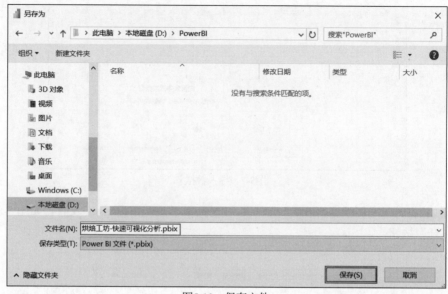

图5-10　保存文件

## 5.1.2　数据整理

### 1. 调整字段类型

通常，导入 PowerBI 中的数据表，原表格数据类型可能会改变，另外表中可能存在空行、空值等情况，需要在集成的 Power Query 中整理数据。整理数据的方法有筛选、填充、替换、转置、列操作等。本案例数据整理的思路如下。

(1) 产品表、门店表和销售表数据相对完整，不需调整。

(2) 日期表中数据，"年、月"字段类型变为了日期型，需将"年、月"字段由日期型调整为文本型，与原表类型一致。

**步骤 1**：执行"主页→转换数据→转换数据"命令，如图 5-11 所示，进入 Power Query 编辑器窗口。

图5-11　编辑查询

**步骤 2**：单击"日期表"，再单击"年"字段前的 图标，选择"文本"命令，如图 5-12 所示。

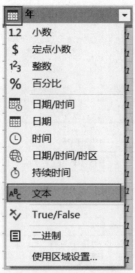

图5-12 调整数据格式

**步骤 3**：单击"替换当前转换"按钮，同理，调整"月"字段为文本型，调整后结果如图 5-13 所示。

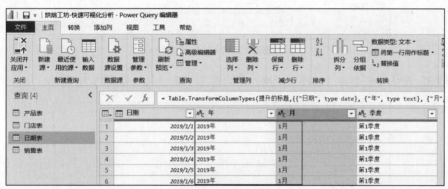

图5-13 调整后结果

## 2. 添加月份排序依据列

月份字段默认是按文本排序的，因此顺序不正确。设置排序依据列后，对月份字段按月份排序依据列排序才是正确的。表 5-1 所示为默认月份排序和设置月份排序依据列的区别。

表5-1 按月份升序排序

| 排序方式(升序) | 排序结果 |
| --- | --- |
| 默认 | 10月、11月、12月、1月、2月、3月、4月、5月、6月、7月、8月、9月 |
| 设置排序依据列 | 1月、2月、3月、4月、5月、6月、7月、8月、9月、10月、11月、12月 |

本案例需将月份字段复制一份，然后将数据中的"月"字拆分掉，只保留整数部分作为月份排序的依据。

**步骤 1**：单击"月"字段，执行"添加列→重复列"命令，如图 5-14 所示。

图5-14 重复列

**步骤2**：自动添加与月份数据相同的列，执行"转换→拆分列→按字符数"命令，如图5-15所示。

图5-15 按字符数转换

**步骤3**：输入字符数1，选择"一次，尽可能靠右"选项，如图5-16所示。

图5-16 设置选项

**步骤4**：单击"确定"按钮，将复制的月份列拆分成月份整数单独一列、"月"字单独一列，如图5-17所示。

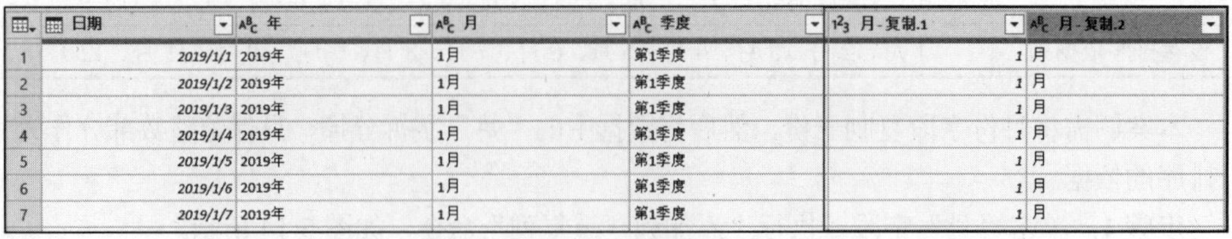

| | 日期 | ABC 年 | ABC 月 | ABC 季度 | 1.2 月-复制.1 | ABC 月-复制.2 |
|---|---|---|---|---|---|---|
| 1 | 2019/1/1 | 2019年 | 1月 | 第1季度 | 1 | 月 |
| 2 | 2019/1/2 | 2019年 | 1月 | 第1季度 | 1 | 月 |
| 3 | 2019/1/3 | 2019年 | 1月 | 第1季度 | 1 | 月 |
| 4 | 2019/1/4 | 2019年 | 1月 | 第1季度 | 1 | 月 |
| 5 | 2019/1/5 | 2019年 | 1月 | 第1季度 | 1 | 月 |
| 6 | 2019/1/6 | 2019年 | 1月 | 第1季度 | 1 | 月 |
| 7 | 2019/1/7 | 2019年 | 1月 | 第1季度 | 1 | 月 |

图5-17 设置结果

**步骤 5**：选中"月-复制 2"列，右击删除该列，然后双击"月-复制 1"列，将其改名为"月排序依据"，如图 5-18 所示。

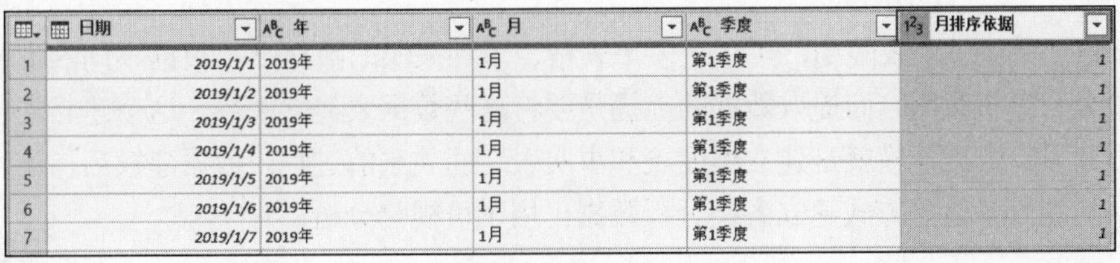

| | 日期 | ABC 年 | ABC 月 | ABC 季度 | 1 2 3 月排序依据 |
|---|---|---|---|---|---|
| 1 | 2019/1/1 | 2019年 | 1月 | 第1季度 | 1 |
| 2 | 2019/1/2 | 2019年 | 1月 | 第1季度 | 1 |
| 3 | 2019/1/3 | 2019年 | 1月 | 第1季度 | 1 |
| 4 | 2019/1/4 | 2019年 | 1月 | 第1季度 | 1 |
| 5 | 2019/1/5 | 2019年 | 1月 | 第1季度 | 1 |
| 6 | 2019/1/6 | 2019年 | 1月 | 第1季度 | 1 |
| 7 | 2019/1/7 | 2019年 | 1月 | 第1季度 | 1 |

图5-18　重命名列

**提示：**

Power Query 编辑器窗口中，系统会自动记录操作过的步骤，若要回退，可在窗口右侧右击删除操作过的步骤，如图 5-19 所示。

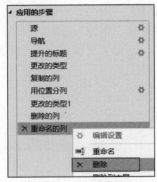

图5-19　应用步骤

### 3. 删除空行、错误

当导入的数据表，尤其是事实表(如销售表)数据较多时，可能存在未发现的空行及错误数据，可以通过 Power Query 删除。此操作多用于行数较多的数据表。

**步骤 1**：选中"销售表"，执行"主页→删除行→删除空行→删除错误"命令，如图 5-20 所示。

图5-20　删除空行和删除错误命令

**步骤 2**：执行"文件→关闭并应用"命令，退出 Power Query 编辑器。

## 5.2 数据建模

PowerBI 突破了单表限制,可以从多个表格、多种来源的数据中,根据不同的维度、不同的逻辑来聚合分析数据,而提取数据的前提是要将这些数据表建立关系,这个建立关系的过程就是数据建模。数据建模就是建立维度表和事实表之间关系的过程。数据建模后,还可以通过新建列、新建度量值等方式建立各类分析数据,用于可视化分析。

### 5.2.1 建立数据模型

本案例将建立维度表(产品表、日期表和门店表)与事实表(销售表)之间的关联,有相同字段的两张表会自动建立关联关系。产品表通过"产品 ID"与销售表自动关联;门店表通过"店铺 ID"与销售表自动关联;日期表通过"日期"与销售表中的"订单日期"对应,建立与销售表的关联。

我们可以通过产品分类、产品名称、年份、月份、季度、门店名称、所在省份等维度来分析店铺的各类销售数据及相关数据。维度表与事实表的关联如图 5-21 所示。

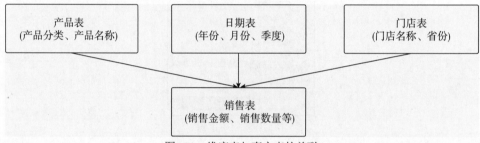

图5-21 维度表与事实表的关联

**步骤 1**:单击 PowerBI 窗口左侧的模型图标,即可显示表之间的关联关系,其中产品表、门店表与销售表自动关联,然后将维度表拖放到事实表的上方,如图 5-22 所示。

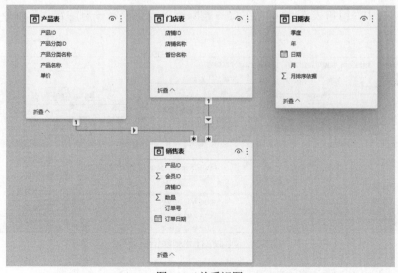

图5-22 关系视图

**步骤 2：** 单击日期表中的"日期"，拖动鼠标到销售表中的"订单日期"，建立日期表与销售表之间的关联，如图 5-23 所示。

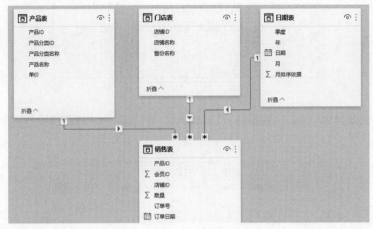

图5-23　创建关系

## 5.2.2　新建列

由于本案例的销售表中只有数量列，为了便于计算销售金额，所以将产品表中的单价列引入销售表中并新建金额列，反映每笔订单的销售金额。新建的两列均需设置 DAX(data analysis expression)公式，DAX 公式将在第 7 章中详细介绍。单价和金额的计算公式如下。

单价=RELATED('产品表'[单价])

金额='销售表'[数量]*'销售表'[单价]

**步骤 1：** 单击 PowerBI 窗口左侧的数据图标▦，选择窗口右侧的"销售表"，单击订单号右侧的▼按钮，选择"以升序排序"，如图 5-24 所示。

图5-24　字段排序

**步骤 2：** 执行"表工具→新建列"命令，如图 5-25 所示。

图5-25　新建列命令

**步骤3：** 在公式编辑器窗口，输入公式"单价=RELATED('产品表'[单价])"(系统会启动智能感知功能，选择输入公式)，如图5-26所示。

图5-26 输入"单价"公式

**步骤4：** 继续新建列，在公式编辑器窗口，输入公式"金额 = '销售表'[数量]*'销售表'[单价]"，如图5-27所示。

图5-27 输入"金额"公式

## 5.2.3 新建度量值

度量值是 PowerBI 数据建模的"灵魂"，创建度量值的公式称为DAX公式。度量值是用DAX公式创建一个虚拟字段的数据值，它不改变源数据，也不改变数据模型，度量值可以随着不同维度的选择而变化，一般在报表交互时使用，因此度量值又被称为移动的公式。

本案例共设置4个度量值，分别是销售金额、销售数量、营业店铺数量、单店平均销售额，可以按门店名称(即城市)、日期、产品名称等维度计算并查看这4个度量值。销售金额、销售数量、营业店铺数量和单店平均销售额度量值的 DAX 公式如下。

销售金额=SUM('销售表'[金额])

销售数量=SUM('销售表'[数量])

营业店铺数量=DISTINCTCOUNT('销售表'[店铺ID])

单店平均销售额=[销售金额]/[营业店铺数量]

**【任务实现】**

**步骤1：** 选择"销售表"，执行"表工具→新建度量值"命令，如图5-28所示。在"主页"菜单下，也可以找到"新建度量值"命令。

图5-28 新建度量值

**步骤 2**：在公式编辑栏中输入度量值公式"销售金额 = SUM('销售表'[金额])",如图 5-29 所示。

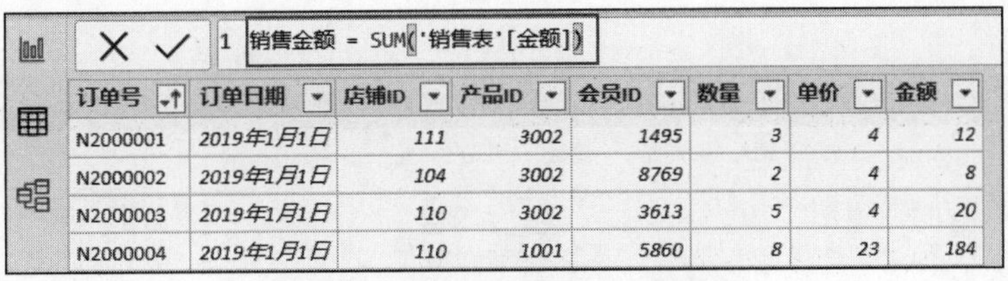

图5-29 新建"销售金额"度量值

**步骤 3**：在右侧字段栏下方可查看到新增加的"销售金额"度量值,如图 5-30 所示。

图5-30 查看"销售金额"度量值

**步骤 4**：同理,设置销售数量、单店平均销售额、营业店铺数量 3 个度量值的公式。

## 5.3 数据可视化

数据可视化就是在 PowerBI 报表页面中插入各种图表等可视化元素来展示数据。PowerBI 自带的图表元素有条形图、柱形图、散点图、折线图、卡片图、地图、切片器等。用户也可以到网站中下载个性化的图表元素,进行更加炫酷的可视化展示。

### 5.3.1 插入图片、文本框、形状

为了体现不同公司的可视化内容和风格,通常会在可视化界面加上公司的 Logo,此时会用到插入图片和文本框功能,而通过插入竖线、横线等形状将不同可视化元素进行分割,可使可视化界面更加清晰、明确。

本案例将插入"烘焙工坊"的 Logo 图片和文字。图片与本章案例源文件来自同一文件夹。

在Logo下插入一条横线，操作步骤如下。

**步骤1**：单击窗口左侧的报表 图标，分别执行"插入→图像、文本框、形状"等命令，如图5-31所示。

图5-31 设置图表元素

**步骤2**：选中线条，在右侧格式设置栏中，设置如图5-32所示的线条颜色和线条粗细。

**步骤3**：将添加的元素调整到合适位置、合适的大小，结果如图5-33所示。

图5-32 设置图表属性

图5-33 设置后结果

## 5.3.2 插入卡片图

卡片图通常用于突出显示可视化分析的关键数据，如收入、利润、完成率等指标。本案例将销售金额、销售数量、营业店铺数量、单店平均销售额4个度量值以卡片图反映。

**步骤1**：双击窗口右侧可视化栏中的卡片图 图标，将窗口右侧字段栏销售表中的销售金额度量值拖放到卡片图中；再单击  按钮，在数据标签下，设置文本大小为25磅，打开边框并设置半径为7像素。插入卡片图如图5-34所示。

图5-34 插入卡片图

**步骤2**：同理，设置其他3个度量值的卡片图，调整其大小及位置。

## 5.3.3 插入环形图

环形图是饼图的一种变化，即中间挖空的饼图，它依靠环形的长度来表达比例的大小。本案例将在环形图中显示不同产品的销售金额占比情况。环形图可视化参数如表 5-2 所示。

表5-2　环形图可视化参数

| 参数 | 图例 | 值 |
| --- | --- | --- |
| 值 | 产品名称 | 销售金额 |

**步骤 1**：双击窗口右侧可视化栏中的 ◎ 图标，根据表 5-2 将窗口右侧字段栏的相关字段拖放到可视化栏的相应参数中，如图 5-35 所示。

**步骤 2**：设置环形图可视化后，将其调整到合适位置并设置数据显示格式，如图 5-36 所示。

图5-35　设置环形图属性

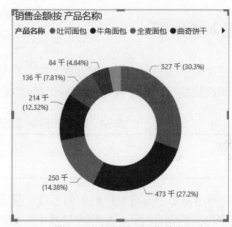

图5-36　环形图可视化效果

## 5.3.4 插入条形图

条形图利用条状的长度反映数据的差异，适用于多个项目分类排名比较。本案例将在条形图中显示不同产品分类下的销售额，并按销售额大小进行排序。条形图的可视化参数如表 5-3 所示。

表5-3　条形图的可视化参数

| 参数 | 轴 | 值 |
| --- | --- | --- |
| 值 | 产品分类名称 | 销售金额 |

**步骤 1**：单击窗口右侧可视化栏中的堆积条形图 ▤ 图标，根据表 5-2 将窗口右侧字段栏的相关字段拖放到可视化栏的相应参数中，如图 5-37 所示。

**步骤 2**：设置条形图可视化后，单击对象右上角的 … 图标，将销售金额按升序或降序排序；设置图形格式，将数据标签打开，然后将图形调整到合适位置，如图 5-38 所示。

图5-37 设置条形图属性图

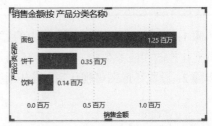

图5-38 条形图可视化效果

## 5.3.5 插入折线图

折线图可以显示随时间而变化的连续数据，非常适用于显示在相等时间间隔下的数据变化趋势。折线和簇状柱形图的可视化参数如表 5-4 所示。

表5-4 折线和簇状柱形图的可视化参数

| 参数 | 轴 | 值 |
|---|---|---|
| 值 | 月 | 销售金额 |

**步骤 1**：单击窗口右侧可视化栏中的折线和簇状柱形图  图标，根据表 5-4 将窗口右侧字段栏的相关字段拖放到可视化栏的相应参数中，如图 5-39 所示。

图5-39 设置折线和簇状柱形图属性

**步骤 2**：可视化设置后，单击对象右上角的 ⋯ 图标，选择以升序排序，排序方式按月，如图 5-40 所示。

**步骤 3**：选中日期表中的"月"字段，再执行"列工具→按列排序"命令，选择"月排序依据"，如图 5-41 所示。

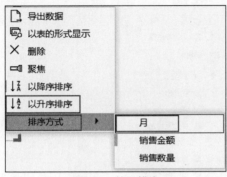
图5-40 按月排序

图5-41 月排序依据

**步骤 4**：设置后的折线和簇状柱形图，如图 5-42 所示。

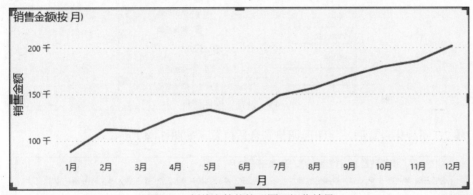
图5-42 折线和簇状柱形图可视化效果

## 5.3.6 插入气泡图

气泡图是一种特殊的散点图，其常用于展现数据的分布情况，可通过横纵坐标值、气泡大小展示数据，表现数据的维度多、图形美观、欣赏性强，也可通过增加时间轴动态展示数据。本案例将在气泡图中显示不同月份的销售金额和销售数量的动态变化情况。气泡图的可视化参数如表 5-5 所示。

表5-5 气泡图的可视化参数

| 参数 | 图例 | X轴 | Y轴 | 大小 | 播放轴 |
|---|---|---|---|---|---|
| 值 | 店铺名称 | 销售金额 | 销售数量 | 销售金额 | 月 |

**步骤 1**：单击窗口右侧可视化栏中的散点图 图标，根据表 5-5 将窗口右侧字段栏的相关字段拖放到可视化栏的相应参数中，如图 5-43 所示。

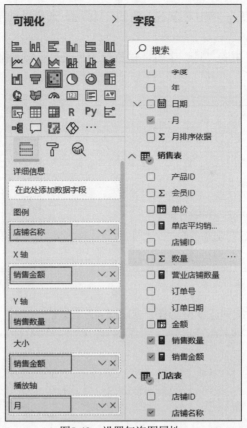

图5-43 设置气泡图属性

**步骤2：** 可视化设置后，将图形调整到合适位置，如图5-44所示。

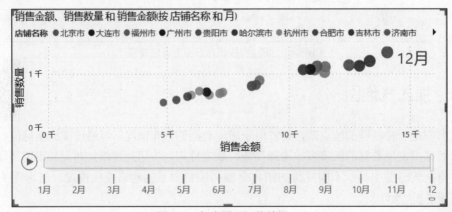

图5-44 气泡图可视化效果

## 5.3.7 插入切片器

切片器是画布中的视觉筛选器，是报表中的一种可视化图形元素。切片器本身不为了展示数据，而是作为展示数据时的各种维度选择。本案例设置年度和店铺名称(城市)切片器，通过切片器中不同年度、不同店铺的选择展示各类分析数据。

**步骤1**：单击窗口右侧可视化栏中的切片器 图标，将日期表中的"年"拖放到字段参数中，如图5-45所示。

图5-45  设置切片器属性

**步骤2**：选中切片器，单击可视化栏中的格式图标，将切片器边框打开，如图5-46所示。
**步骤3**：可视化设置后，将图形调整到合适位置，如图5-47所示。

图5-46  设置切片器格式

图5-47  "年"切片器可视化效果

**步骤4**：同理，设置店铺名称切片器。

## 5.3.8  图表美化

设置好报表中的各类可视化元素后，需调整各类可视化元素的位置、格式、主题风格等内容，使其更加美观、醒目。本案例将设置可视化元素标题背景色，并调整标题文字大小。设置页面背景色为灰色的操作步骤如下。

**步骤1**：分别选中圆环图、条形图、折线和柱形图、散点图，单击可视化栏中的格式 图标，背景色设置为"白色，20%较深"，文本大小为"12磅"，如图5-48所示。

**步骤2**：单击报表空白处，设置页面背景色为"白色，10%较深"，美化后的报表(整体)如图5-48所示。

**步骤3**：单击左侧切片器，选择年和店铺，则图表数据会联动变化。

图5-48 美化后的报表

## 5.4 在线应用

### 5.4.1 在线发布

PowerBI 在线服务同样可以利用数据集进行在线报表的制作，包括数据获取与整理、数据建模与数据可视化，其应用体验与本地 PowerBI Desktop 基本一致，但功能上没有 PowerBI Desktop 强大。一般情况下，用户是在 PowerBI Desktop 中将报表制作好，再发布到 PowerBI 在线服务(即云端)中。在此不再讲解报表制作的过程，重点讲解 PowerBI 在线服务的独特应用。在线发布需要用事先注册的账号登录 PowerBI Desktop。

**步骤1：**执行"主页→发布"命令，选择工作区，如图 5-49 所示。

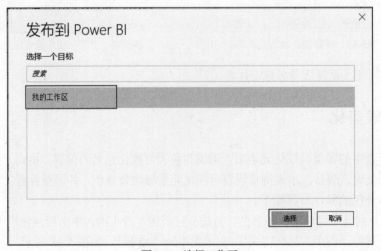

图5-49 选择工作区

**步骤2：**单击"选择"按钮，发布成功后，单击"在 PowerBI 中打开'烘焙工坊-快速可视化分析.pbix'"选项，或者登录 http://app.powerbi.com 网站，在"我的工作区"中，选择"烘焙工坊-快速可视化分析"选项，即可打开在 PowerBI Desktop 中制作的图表数据，如图 5-50 所示。

第 5 章　PowerBI 基本应用

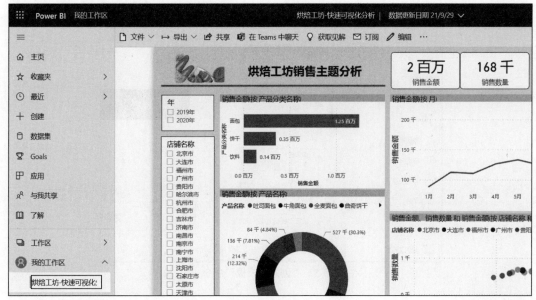

图5-50　图表数据

## 5.4.2　制作仪表板

PowerBI"仪表板"是通过可视化效果进行数据表达的单个页面，常被称为画布。仪表板只是 PowerBI 服务的一个功能，PowerBI Desktop 中无此功能。仪表板上的可视化效果称为"磁贴"，可以将报表中的可视化图表作为"磁贴"固定到仪表板中。单击仪表板上的"磁贴"可链接到其所基于的报表和数据集。

仪表板是监控业务及查看所有重要指标的最佳方法。仪表板上的可视化效果可能来自一个或许多个基础数据集，也可能来自一个或多个基础报表。

仪表板与报表经常混淆，虽然两者在表现形式上都是在画布上列出各种可视化对象，并都是可视化元素的组合，但是两者有很大的区别。报表就是在 PowerBI Desktop 中设计好的可视化图表，每张报表有不同的表页，每张表页含有不同的可视化图形。通常情况下，仪表板是将报表中的关键可视化元素放入其中，便于用户快速浏览关键数据。单击仪表板中的某个可视化对象可以快速切换到可视化对象来源的那张报表。

创建仪表板(将报表中的卡片图、条形图、圆环图、卡片图、仪表图放入仪表板中)的步骤如下。

**步骤 1**：在 PowerBI 在线服务的"我的工作区"中，单击"仪表板"选项卡，执行"新建→仪表板"命令，如图 5-51 所示。

**步骤 2**：输入仪表板名称"烘焙工坊关键指标"，如图 5-52 所示，单击"创建"按钮。

**步骤 3**：打开报表"烘焙工坊-快速可视化分析"，单击第一张卡片图右上方的 📌 图标，如图 5-53 所示。单击"固定"按钮，将条形图固定到仪表板中。

**步骤 4**：同理，将销售金额和销售数量的卡片图、条形图、折线图固定到仪表板中，并将它们拖放到合适位置，如图 5-54 所示。单击仪表板中的可视化对象，则可以快速链接到可视化对象来源的报表。

图5-51 "创建仪表板"命令

图5-52 输入仪表板名称

图5-53 固定到仪表板

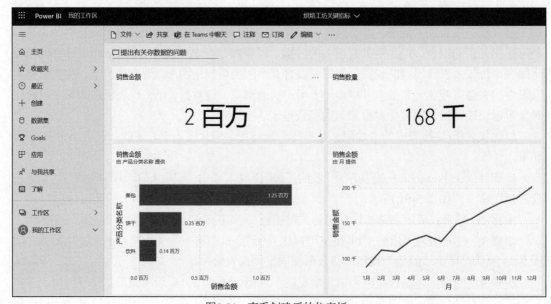

图5-54 查看创建后的仪表板

## 5.4.3 发布到Web

报表的分享有两种方式：第一种方式为公开链接，即发布到 Web，直接登录网页地址浏览报表，没有权限控制；第二种方式是生成 QR 码(一种二维码)。

将报表发布到 Web 的操作步骤如下。

**步骤 1**：在 PowerBI 在线服务的"我的工作区"中，打开报表"烘焙工坊-快速可视化分析"，单击"编辑"按钮，执行"文件→发布到 Web"命令，如图 5-55 所示。

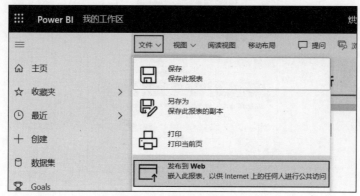

图5-55 "发布到Web"命令

**步骤 2**：单击"创建嵌入代码"按钮。

**步骤 3**：单击"发布"按钮，生成链接地图，再单击"复制"按钮，复制链接地址，然后单击"关闭"按钮。将复制的链接地址粘贴在浏览器的地址栏中，即可在 Web 页面中查看报表。

## 5.4.4 移动应用

将可视化报表发布到 PowerBI 在线服务后，在手机端 PowerBI App 中可以查看可视化报表。报表的默认样式与 PC 端制作的报表样式一样。默认报表样式由于在一页内显示内容较多，所以不方便在手机端查看。因此可以从已经制作好的报表对象中选择关键的、主要的报表对象设置移动端显示样式，这样更加方便在手机端查看报表。

**步骤 1**：在 PowerBI Desktop 中，单击 PowerBI 窗口左侧的报表视图 图标，执行"视图→移动布局"命令，如图 5-56 所示。

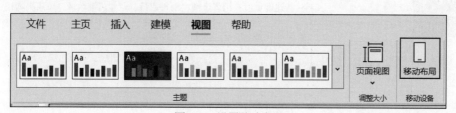

图5-56 设置移动布局

**步骤 2**：根据需要，将报表中相应可视化对象拖放到手机画布中，并调整到相应的位置和大小，如图 5-57 所示。

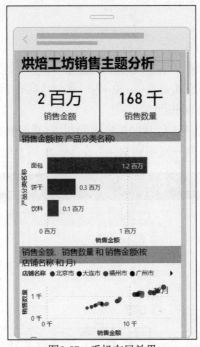

图5-57　手机布局效果

**步骤3**：将制作好的可视化报表文件"烘焙工坊-快速可视化分析"再次保存，并重新发布到 PowerBI 在线服务中。在手机上打开 App，单击"工作区"选项，即可查看设计的图表。手机上的可视化对象也可以实现编辑交互。

## 【本章小结】

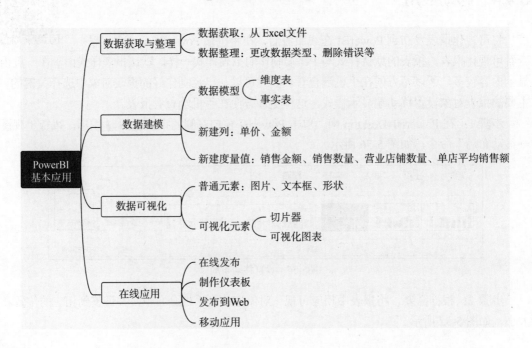

# 【本章习题】

## 一、单选题

1. 在"烘焙工坊"案例中,下列属于事实表的有( )?
   A. 产品表　　　　B. 销售表　　　　C. 日期表　　　　D. 门店表
2. 生成的 PowerBI 文件的扩展名是( )。
   A. xlsx　　　　　B. docx　　　　　C. pbix　　　　　D. pptx
3. 日期表的"月份"字段类型为文本型,其值包含"3月,5月,1月,10月",若对"月份"字段按升序排序,则排序后的结果为( )。
   A. 1月,3月,5月,10月
   B. 1月,10月,3月,5月
   C. 3月,5月,10月,1月
   D. 10月,1月,3月,5月
4. 在DAX公式"营业店铺数量=DISTINCTCOUNT('销售表'[店铺ID])"中,DISTINCTCOUNT的含义是( )。
   A. 计数　　　　　B. 求和　　　　　C. 重复计数　　　D. 不重复计数
5. 在如图 5-58 所示的条形图中,若要不同产品分类名称的条形显示不同的颜色,则需要将产品分类名称设置到( )属性中。

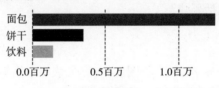

图5-58　条形图

   A. 轴　　　　　　B. 分类　　　　　C. 图例　　　　　D. 值

## 二、多选题

1. 在"烘焙工坊"案例中,下列属于维度表的有( )?
   A. 销售表　　　　B. 产品表　　　　C. 日期表　　　　D. 门店表
2. PowerBI 的数据类型有( )。
   A. 小数　　　　　B. 整数　　　　　C. 数组　　　　　D. 日期
3. PowerBI 的数据整理的方法有( )。
   A. 筛选　　　　　B. 填充　　　　　C. 替换　　　　　D. 转置
4. 下列关于度量值的说法正确的有( )。
   A. 是用 DAX 公式创建一个虚拟字段的数据值
   B. 通常取自维度表
   C. 不改变源数据
   D. 改变数据模型

5. 下列关于切片器的说法正确的有(　　)。
   A. 不是报表中的一种可视化图形元素
   B. 切片器本身不为了展示数据
   C. 切片器是展示数据时的各种维度选择
   D. 通过切片器可以实现数据的动态展示

### 三、判断题

1. 数据建模也叫数据清理或数据清洗，是指通过各种方法将获取的数据整理成正确的数据格式和内容。　　　　　　　　　　　　　　　　　　　　　　　　　　　(　　)
2. PowerBI 只能从 Excel 工作簿中获取数据。　　　　　　　　　　　　　(　　)
3. 在 Power Query 编辑器窗口中，返回上一步的操作是单击⤺按钮。　　(　　)
4. 数据建模就是建立维度表和事实表之间关系的过程。　　　　　　　　(　　)
5. 仪表板和报表的关系是：可以将仪表板中的关键可视化元素放入报表中。(　　)

### 四、思考题

1. 请说一说维度表和事实表有何区别？本项目案例中哪些表属于维度表，哪些表属于事实表？
2. PowerBI 商务智能分析的一般处理流程是什么？
3. 在对本项目案例进行数据可视化时，用到了哪些可视化元素？它们的作用是什么？
4. 在线应用的内容包括哪些？

### 五、实训题

1. 请完成本项目的任务学习后，将图 5-1 中的报表显示结果重新设计，包括选择新的可视化元素、重新排列位置、更改可视化元素的格式等。
2. 请对自行车销售记录数据进行探索性分析。数据来源：案例数据\第 5 章\5-2-案例数据.xlsx。

分析后，请思考并回答下列问题。
(1) 本案例用到了哪些数据清洗(数据整理)功能？
(2) 本案例是否用到了数据建模？本案例是否新建了度量值？
(3) 本案例使用了哪几种可视化元素？
(4) 本案例设置了哪两种切片器？
(5) 在条形图可视化中，如何对销售额排名前 5 的销售代表进行排序？
(6) 在地图可视化中，设置了哪些可视化属性，才能达到视频中的效果？

# 第 6 章

# PowerBI数据获取与整理

**学习目标**
- 了解合并查询中表的各种链接方式；
- 熟悉PowerBI获取数据的常用方法；
- 熟悉PowerBI数据整理的常用方法；
- 掌握PowerBI数据的拆分、提取和合并的常用操作；
- 掌握PowerBI数据透视和逆透视的操作；
- 掌握PowerBI追加查询与合并查询操作。

## 引导案例

### 面对各种数据源，该如何进行数据整理呢

本章旨在重点讲解数据分析中数据处理环节的各种方法，很难用一个案例介绍大部分数据处理方法，因此本章案例数据比较分散。

本章案例数据的类型包括Excel文件格式、文本文件格式、数据库(mdb)文件格式、文件夹格式。

本章案例数据原型如下。
- 某连锁店销售数据。
- 空气质量检测数据。
- 某市年度财政收入数据。
- 某公司ERP系统中的财务数据。
- NBA中国官方网站常规赛球员数据。
- 淘宝某店铺的日访问量和日销售数据。
- 某健身会所的会员信息。

- 某电子公司产品销售数据。
- 某公司会议邀请信息和参会信息数据。

例如，空气质量检测数据如图6-1所示。

| | A | B | C | D | E | F | G | H |
|---|---|---|---|---|---|---|---|---|
| 1 | 城市 | 地区 | 城市AQI | PM2.5浓度 | PM10浓度 | 首要污染物 | 污染等级 | 地区AQI |
| 2 | 鞍山实时空气质量指数 | 明达新区 | 177 | 125μg/m³ | 228μg/m³ | PM2.5 | 轻度污染 | 165 |
| 3 | 鞍山实时空气质量指数 | 千山 | 177 | 117μg/m³ | 145μg/m³ | PM2.5 | 轻度污染 | 153 |
| 4 | 鞍山实时空气质量指数 | 深沟寺 | 177 | 138μg/m³ | 244μg/m³ | PM2.5 | 轻度污染 | 183 |
| 5 | 鞍山实时空气质量指数 | 太平 | 177 | 126μg/m³ | 239μg/m³ | PM2.5 | 轻度污染 | 166 |
| 6 | 鞍山实时空气质量指数 | 太阳城 | 177 | 142μg/m³ | 242μg/m³ | PM2.5 | 轻度污染 | 189 |
| 7 | 鞍山实时空气质量指数 | 铁西工业园区 | 177 | 156μg/m³ | 324μg/m³ | PM2.5 | 中度污染 | 206 |
| 8 | 鞍山实时空气质量指数 | 铁西三道街 | 177 | 134μg/m³ | 223μg/m³ | PM2.5 | 轻度污染 | 178 |

图6-1　空气质量检测数据

# 6.1　一维表和二维表

目前，大部分企事业单位从不同信息系统中获取的数据，一般都会导出为Excel格式进行数据分析。Excel的表格大多为清单型表格，即是按照一定的顺序，清晰明了地保存最原始数据的表格，包括一维表和二维表。

在数据分析过程中，请尽量使用一维表，实际工作中，如果取得的数据是二维表，则可以采用一定的方法将其处理成一维表。处理方式有两种：第一种是利用Excel数据透视表中的多重数据透视功能进行处理；第二种是在PowerBI中利用“逆透视列”功能将二维表迅速转换为一维表。

**【案例数据】案例数据\第6章\6-1-数据整理.xlsx**

本案例为4个地区4个季度的销售数据，sheet1表为二维表，sheet2表为一维表。

**步骤1：** 打开“6-1-数据整理.xlsx”文件，单击sheet1工作表，查看二维表的展现形式，如图6-2所示。

**步骤2：** 单击sheet2工作表，查看一维表的展现形式，如图6-3所示。

| | A | B | C | D | E |
|---|---|---|---|---|---|
| 1 | 地区 | 第1季 | 第2季 | 第3季 | 第4季 |
| 2 | 东部 | 300 | 320 | 400 | 450 |
| 3 | 西部 | 100 | 130 | 150 | 180 |
| 4 | 南部 | 320 | 350 | 460 | 500 |
| 5 | 北部 | 210 | 290 | 310 | 370 |

图6-2　二维表

| | A | B | C |
|---|---|---|---|
| 1 | 地区 | 季度 | 销售额 |
| 2 | 东部 | 第1季 | 300 |
| 3 | 东部 | 第2季 | 320 |
| 4 | 东部 | 第3季 | 400 |
| 5 | 东部 | 第4季 | 450 |
| 6 | 西部 | 第1季 | 100 |
| 7 | 西部 | 第2季 | 130 |
| 8 | 西部 | 第3季 | 150 |
| 9 | 西部 | 第4季 | 180 |
| 10 | 南部 | 第1季 | 320 |
| 11 | 南部 | 第2季 | 350 |
| 12 | 南部 | 第3季 | 460 |
| 13 | 南部 | 第4季 | 500 |
| 14 | 北部 | 第1季 | 210 |
| 15 | 北部 | 第2季 | 290 |
| 16 | 北部 | 第3季 | 310 |
| 17 | 北部 | 第4季 | 370 |

图6-3　一维表

东部地区第 1 季的销售额为 300，在图 6-2 的二维表中对应第 1 季与东部两个维度；而在图 6-3 的一维表中，其只对应销售额一个维度，同一行的东部对应地区、第 1 季对应季度。

从上可以看出，一维表就是简单的字段、记录的罗列；而二维表则是从两个维度来描述记录属性，并且两个字段属性存在一定关系。从数据分析的角度来看，一维表是最适于数据分析的数据结构，因此采集原始数据或录入数据时，应尽量采用一维表形式。虽然 PowerBI 在建立模型时，可以使用一维表，也可以使用二维表，但最好使用一维表，以降低数据的冗余，而数据呈现则可以更多地使用二维表或多维表形式。

## 6.2　数据获取

使用 PowerBI Desktop 可以连接许多不同的数据源，包括文件、文件夹、数据库、Azure(如微软公有云上的 Azure SQL 数据库、Azure SQL 数据仓库、Azure 云端 Hadoop 的 HDinsight 等)、联机服务(如 Salesforce、Dynamic365 等在线服务)、其他(如 Web 网页、R 脚本、Python 脚本、Hadoop 文件系统 HDFS 等)。

### 6.2.1　从文件导入

PowerBI 可以获取的数据源是"文件"类型的数据，获取的文件格式包括 Excel、文本、CSV、XML、JSON、PDF 等。工作中，技术人员需要把 ERP 系统中的业务、财务数据导出为 Excel 文件或其他文件格式，将其交给业务、财务部门的相关人员，然后由业务、财务部门的相关人员将文件加载到 PowerBI 中。

在实际工作中，获取 Excel 格式的数据最为常见，除了 Excel 格式的文件，还会用到以下格式的文件。

(1) 文本文件：是指以 ASCII 码方式(也称文本方式)存储的文件，如英文字母、数字等字符。

(2) CSV(comma-separated values)文件：用逗号作为分隔符(有时也称为字符分隔值，因为分隔字符也可以不是逗号)的文件，其文件以纯文本形式存储表格数据(数字和文本)。CSV 文件由任意数目的记录组成，记录间以某种换行符分隔；每条记录由字段组成，字段间的分隔符是逗号。

(3) XML(extensible markup language，可扩展标记语言)：它非常适合万维网传输，提供统一的方法来描述和交换独立于应用程序或供应商的结构化数据。

(4) JSON(javascript object notation，JS 对象简谱)：其是一种轻量级的数据交换格式。它基于 ECMAScript(欧洲计算机协会制定的 js 规范)的一个子集，采用完全独立于编程语言的文本格式来存储和表示数据。

(5) PDF(Portable Document Format，便携式文档格式)：其是 Adobe Systems 用于与应用程序、操作系统、硬件无关的方式进行文件交换所发展出的文件格式。PDF 文件以 PostScript 语言图像模型为基础，无论在哪种打印机上都可保证精准的颜色和打印效果，即 PDF 会忠实地再现原稿的每一个字符、颜色及图像。

下面介绍 Excel 格式文件的获取方法。

📖 【案例数据】案例数据\第6章\6-2-数据整理.xlsx

本案例为空气质量检测数据。

操作步骤如下。

**步骤1**：打开 PowerBI 应用程序，执行"开始→获取数据→Excel"命令，如图6-4所示。

图6-4 获取数据—Excel文件

**步骤2**：打开"案例数据\第6章"文件夹，选择"6-2-数据整理.xlsx"文件，单击"打开"按钮。

**步骤3**：单击选中 sheet1 表，表数据如图6-5所示。

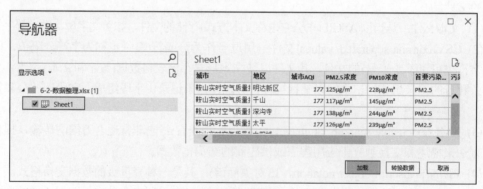

图6-5 表数据

**步骤4-1**：若单击选中"转换数据"按钮，则进入查询编辑器界面，如图6-6所示，可对数据处理，使数据规范化，再单击"关闭并应用"按钮，将数据加载到 PowerBI Desktop 中。

**步骤4-2**：若单击选中"加载"按钮，则将数据直接加载到 PowerBI Desktop 中，如图6-7所示，可以执行"开始→转换数据→转换数据"命令，进入查询编辑器界面，对数据进行处理。

# 第 6 章 PowerBI 数据获取与整理

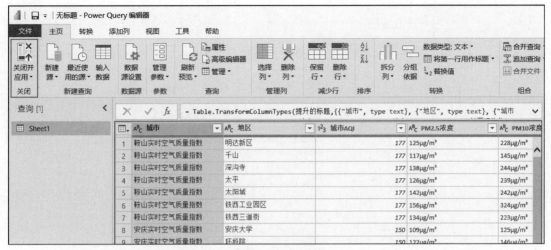

图6-6　查询编辑器

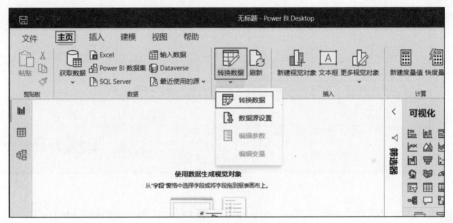

图6-7　加载数据

## 6.2.2　从文件夹导入

有些单位或企业有很多分支机构，经常需要汇总一些业务或经营数据，总部下发表单模板至各分支机构，再由各分支机构填写后返回总部，由总部进行汇总。这种情况下，如果人工汇总数据，不仅费时、费力，而且容易出现差错。这时，可采用 PowerBI 文件夹导入数据，再进行汇总，则处理更加方便。

> 📖 【案例数据】"案例数据\第6章\6-3-数据整理"文件夹
>
> 此文件夹下共有北京市、天津市、上海市、重庆市 4 个直辖市的年度财政收入数据，分别存放在 4 个 Excel 工作簿中。

**步骤1**：打开 PowerBI 应用程序，执行"主页→获取数据"命令，单击"更多…"菜单，选择"文件夹"选项，如图 6-8 所示。

113

图6-8 从文件夹获取数据

**步骤2**：单击"连接"按钮，再单击"浏览"按钮，设置需要连接的文件夹，如图6-9所示。

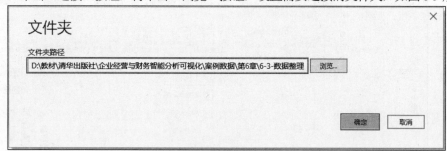

图6-9 选择文件夹

**步骤3**：单击"确定"按钮，显示4个被连接的Excel文件，如图6-10所示。

图6-10 组合文件

**步骤4**：单击"组合"下的"合并并转换数据"选项，将4个文件合并，进入查询编辑器窗口，对数据进行整理，如图6-11所示。再单击"组合"下的"合并和加载"选项，将4个文件合并加载到PowerBI Desktop中。

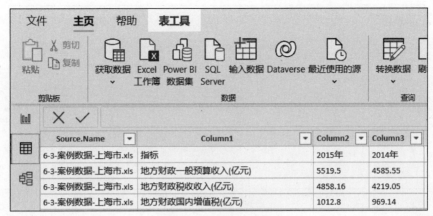

图 6-11 合并后的数据

## 6.2.3 从数据库导入

PowerBI 对市面上所有关系型数据库如 Access、SQL Server、MySQL、Oracle、SAP HANA、SAP BW 等都提供非常好的支持。

**【案例数据】案例数据\第6章\6-4-数据整理.mdb**

"6-4-数据整理.mdb"是 Access 数据库文件，为从某公司 ERP 系统中获取的财务数据。

**步骤 1**：打开 PowerBI 应用程序，执行"主页→获取数据"命令，单击"更多..."菜单，选择"Access 数据库"选项，如图 6-12 所示。

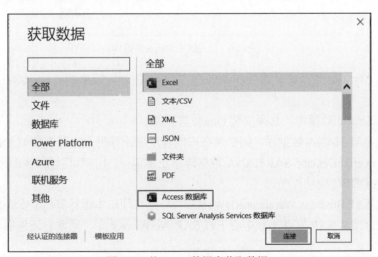

图6-12 从Access数据库获取数据

**步骤 2**：单击"连接"按钮，选择"6-4-数据整理"文件。

**步骤 3**：单击"打开"按钮，选择 4 张表，如图 6-13 所示。单击"加载"或"编辑"按钮。

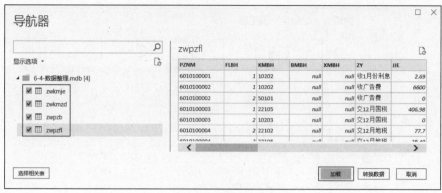

图6-13　加载数据库

若要导入 SQL Server 数据库，需在"开始"功能区选项中单击获取数据下拉按钮，选择 SQL Server，输入 SQL Server 服务器地址后再输入数据库名称，数据连接模式可以选择导入模式或 DirectQuery(直接查询)模式，如图 6-14 所示。

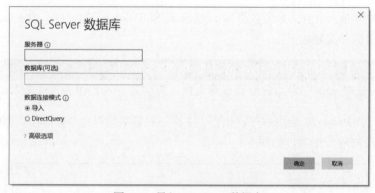

图6-14　导入SQL Server数据库

若要导入 MySQL 数据库，需先在 MySQL 官网下载相应版本的 Connet/Net 驱动程序并进行安装。

若要导入 Oracle 数据库，必须安装 Oracle 客户端。

若要导入 SAP HANA 数据库，则必须在本地客户端计算机上安装 SAP HANA ODBC 驱动程序，以使 PowerBI Desktop SAP HANA 数据连接正常运行。用户可以从 SAP 软件下载中心下载 SAP HANA ODBC 驱动程序。

若要导入 SAP Business Warehouse(BW)数据库，则必须在本地计算机上安装 SAP NetWeaver 库。用户可以直接从 SAP 软件下载中心下载 SAP NetWeaver 库，通常它还包括在 SAP 客户端工具中。

### 6.2.4　从网站查询导入

对于外部数据的抓取，PowerBI 提供了从网页直接提取数据的服务。

## 第6章 PowerBI 数据获取与整理

📖 **【案例数据】** 案例数据\第6章\6-5    https://china.nba.com/statistics/

此网页为NBA中国官方网站的当年常规赛球员数据，如图6-15所示。

| 排名 | 球员 | 球队 | 场数 | 先发 | 场均得分 | 场均篮板 | 场均助攻 | 分钟 | 效率 | % | 三分% | 罚 |
|---|---|---|---|---|---|---|---|---|---|---|---|---|
| 1 | 布拉德利 比尔 | 奇才 | 43 | 43 | 30.9 | 4.9 | 4.8 | 35.2 | 26.5 | 48.6 | 34.3 | 9 |
| 2 | 斯蒂芬 库里 | 勇士 | 44 | 44 | 29.7 | 5.5 | 6 | 33.9 | 28.3 | 47.9 | 40.8 | 9 |
| 3 | 乔尔 恩比德 | 76人 | 34 | 34 | 29.4 | 11.1 | 3.1 | 32.4 | 32.6 | 51.6 | 38.2 | 8 |
| 4 | 达米安 利拉德 | 开拓者 | 49 | 49 | 29.1 | 4.3 | 7.7 | 35.9 | 27.2 | 44.2 | 37.7 | |

图6-15    NBA中国官方网站数据

**步骤1**：打开PowerBI应用程序，执行"主页→获取数据→Web"命令，如图6-16所示。

图6-16    从Web获取数据

**步骤2**：在URL中输入Web地址 https://china.nba.com/statistics/，如图6-17所示。

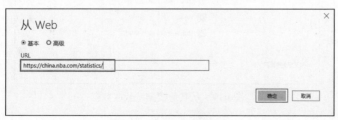

图6-17    输入Web地址

117

**步骤 3**：单击"确定"按钮，选择表 1，单击"加载"或"编辑"按钮，如图 6-18 所示。

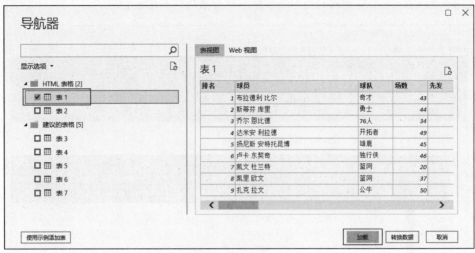

图6-18 加载数据

## 6.2.5 从其他数据源导入

PowerBI 还可以从 Spark、Hadoop 文件(HDFS)、R 脚本、Python 脚本等更多数据源获取数据，如图 6-19 所示。

图6-19 从其他数据源获取数据

## 6.2.6 重新设定数据源

当移动已经设定数据源的文件时(如发送给其他人员查询、编辑，购书用户下载演示文件后打开等情形)，因设定数据源文件绝对路径发生变化，则有可能重新设定数据源。

执行"主页→转换数据→数据源设置"命令，如图6-20所示，单击"更改源"按钮，可根据实际情况更改数据源。

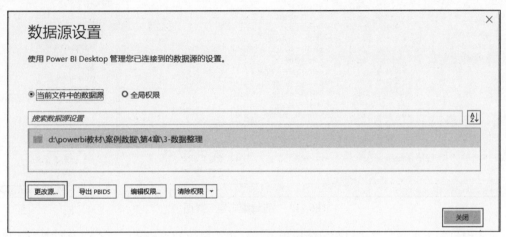

图6-20　重新设定数据源

# 6.3　数据整理

数据整理也叫数据处理、数据清洗，是对从各类数据源导入的数据，通过一定的方法将其整理成符合要求的数据，然后加载到数据模型中进行数据可视化。PowerBI Desktop获取数据后，可以通过查询编辑器对数据进行整理和清洗，如对数据做类型转换、拆分、提取、归并等操作，以满足可视化分析的需要。

## 6.3.1　查询编辑器和M语言

**1. 查询编辑器**

查询编辑器Power Query是集成在PowerBI Desktop中的一个应用程序，当需要对数据进行整理和清洗时，系统就会打开查询编辑器Power Query。

当PowerBI Desktop已经导入数据表后，执行"主页→转换数据→转换数据"命令，结果如图6-21所示。

"查询编辑器"界面主要分为"菜单栏""数据显示区"和"查询设置区"3个区域，如图6-21所示。

"菜单栏"部分包括文件、主页、转换、添加列、视图、工具、帮助等菜单项，主要包含对数据进行清理的各类操作。

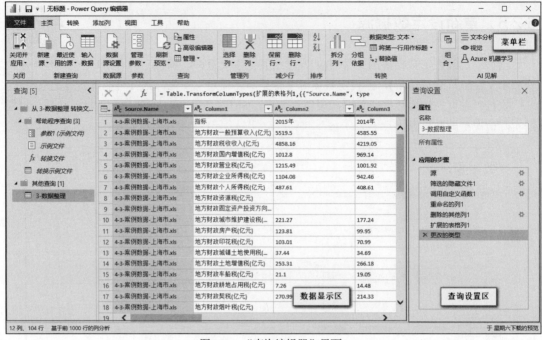

图6-21 "查询编辑器"界面

"数据显示区"部分显示每张表的编辑查询结果,可将编辑后的、符合要求的查询结果通过"关闭并应用"命令上载到数据模型中。

"查询设置区"包括"属性"和"应用的步骤"两部分。其中,在"应用的步骤"中会自动记录查询编辑器的每一步操作,若想删除某一步,则单击步骤前的按钮即可。用户也可单击步骤名称,查看此步骤的操作结果。

2. M语言

在查询编辑器窗口,通过鼠标进行的每一步操作,后台都会记录下来并生成 M 语言代码。执行"主页→高级编辑器"命令,可查看自动生成的 M 语言代码,如图 6-22 所示。

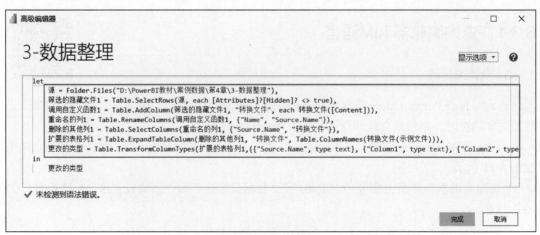

图6-22 M语言代码

M 语言的公式函数非常庞大且相对复杂，对于初学用户来说，大部分的数据清洗都可以通过鼠标操作来实现，整个清洗整理流程都是可视化、可恢复的，因此不建议使用 M 语言代码。如果是高级用户，并有较复杂的数据清洗，则可以直接在高级编辑器中编写 M 代码。

## 6.3.2 数据的行、列操作和筛选

通过数据的行、列操作和筛选，将原始数据表中符合要求的数据保留，并上载到数据模型中进行数据可视化。

### 1. 数据的行操作

查询编辑器中行操作主要包括删除行和保留行，两者操作思路类似，操作结果相反，即一个是对选中行删除，一个是对选中行保留。删除行的操作如表 6-1 所示。

表6-1 删除行的操作

| 操作 | 含义 |
| --- | --- |
| 删除最前面几行 | 删除表中的前 N 行 |
| 删除最后几行 | 删除表中的后 N 行 |
| 删除间隔行 | 删除表中从特定行开始固定间隔的行 |
| 删除重复项 | 删除当前选定列中包含重复值的行 |
| 删除空行 | 从表中删除所有空行 |
| 删除错误 | 删除当前选定列中包含错误 error 的行 |

【案例要求】删除表中不需要的行，并将删除行后的表格首行提升为列标题。

【案例数据】案例数据\第6章\6-6-数据整理.xlsx
此案例数据原型为 2006—2015 年国家财政收入年度数据。

步骤 1：加载案例数据后，在查询编辑器中，执行"开始→删除行→删除最前面几行"命令，如图 6-23 所示。

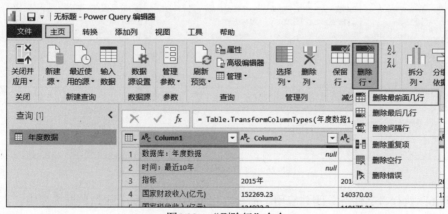

图6-23 "删除行"命令

**步骤 2**：输入要删除的行数 2，如图 6-24 所示。

图6-24 输入行数

**步骤 3**：单击"确定"按钮。同理，删除最后两行。
**步骤 4**：执行"转换→将第一行用作标题"命令，如图 6-25 所示。

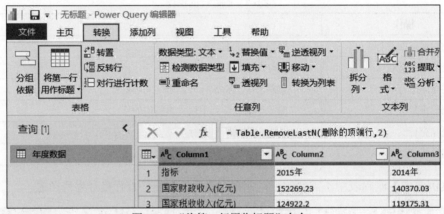

图6-25 "将第一行用作标题"命令

**步骤 5**：将首行提升为列标题的结果如图 6-26 所示。

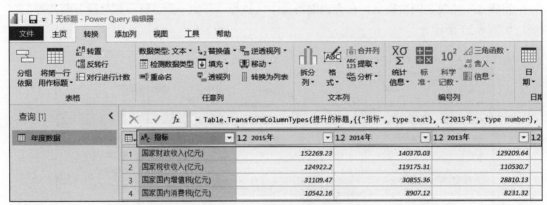

图6-26 将首行提升为列标题

**步骤 6**：执行"文件→关闭并应用"命令，将整理好的数据上载到数据模型中。
【案例要求】删除表中的错误行。

📖 **【案例数据】**案例数据\第6章\6-7-数据整理.xlsx
此案例数据原型为淘宝某店铺的日访问量和日销售数据。

**步骤1**：加载案例数据后，在查询编辑器中，单击日期字段前的 ABC123，将数据类型改为整数，则表中出现两行 error 行，如图 6-27 所示。

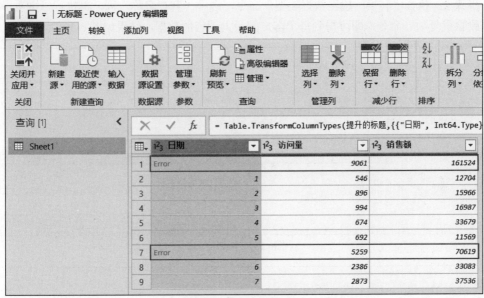

图6-27　查看表中错误行

**步骤2**：执行"主页→删除行→删除错误"命令，结果如图 6-28 所示。

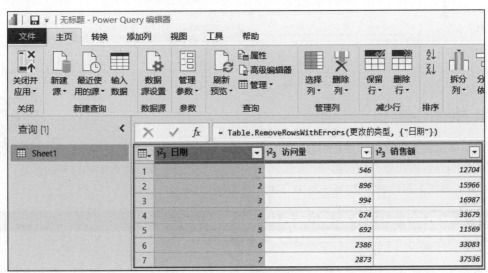

图6-28　删除错误行

**【案例要求】**删除表中的重复项。

# 企业经营与财务智能分析可视化

📖 【案例数据】案例数据\第6章\6-8-数据整理.xlsx

此案例数据原型为某连锁店的销售数据，需要将客户的最大订单销售额保留在查询表中。

**步骤 1**：加载案例数据后，在查询编辑器中，单击客户名称、金额字段后的▼按钮，将客户名称字段升序排序，将金额字段降序排序，如图6-29所示。

**步骤 2**：执行"转换→检测数据类型"命令，选中"客户名称"列，再执行"主页→删除行→删除重复项"命令，即可得到每个客户的最大销售额数据，结果如图6-30所示。

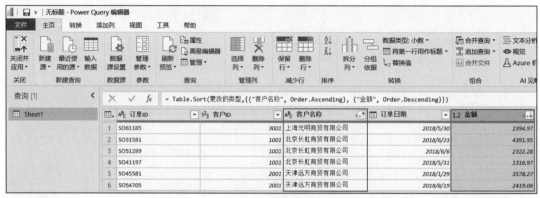

图6-29 字段排序

图6-30 删除重复项

**2. 数据的列操作**

查询编辑器中列操作主要包括选择列和删除列。选择列可以通过选择的方式将需要的列保留在查询编辑器中；删除列可以删除选中的列或删除选中列以外的列。

【案例要求】删除表中2006—2010年的年度数据。

📖 【案例数据】案例数据\第6章\6-9-数据整理.xlsx

此案例为2006—2015年国家财政收入年度数据。

**步骤 1**：加载案例数据后，在查询编辑器中将首行升为标题，按住 ctrl 键，单击列标题，选中2006—2010年度列，执行"开始→删除列→删除列"命令，如图6-31所示。

第 6 章　PowerBI 数据获取与整理

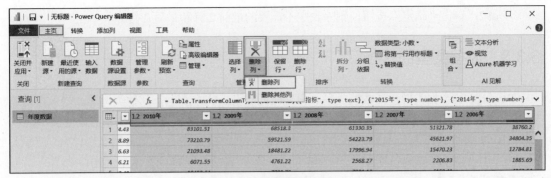

图6-31　"删除列"命令

**步骤 2**：删除列后，只保留 2011—2015 年度数据。若选择"删除其他列"命令，则删除 2011—2015 年度数据，保留 2006—2010 年度数据。

### 3. 数据的筛选操作

数据的筛选操作实质上是行操作的一种情况。通过筛选操作将需要的、符合要求的数据行保留在查询编辑器中。

【**案例要求**】删除表中不需要的数据行。

📖 【**案例数据**】案例数据\第6章\6-10-数据整理.xlsx
此案例数据原型为 2006—2015 年国家财政收入年度数据。

**步骤 1**：加载案例数据后，在查询编辑器中，单击第一个字段右侧的 ▼ 按钮，显示空值行排在最后，单击不选择最后 4 个空值行，如图 6-32 所示。

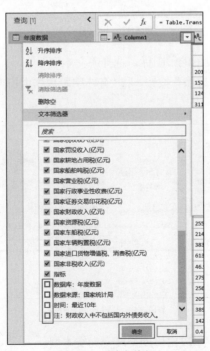

图6-32　删除空值行

**步骤 2**：单击"确定"按钮，删除表中不需要的最前 2 行和最后 2 行。

## 6.3.3 数据类型的转换

PowerBI 的数据类型包括数值类型、日期时间类型、文本类型、其他类型等。导入查询编辑器中的数据类型与源表相比可能会发生变化。例如，编码字段在源表中是数值类型，在 PowerBI 中要将其作为文本型数据进行处理；年份字段在源表中是文本型"2017 年"，导入 PowerBI 中会自动转换为日期型"2017 年 1 月 1 日"，需将其转换为文本型"2017 年"。

【案例要求】将年度、月份字段数据恢复成源表中的文本型数据。

📖 【案例数据】案例数据\第6章\6-11-数据整理.xlsx

此案例数据原型为 2017 年 1 月份的日期表数据。

**步骤 1**：加载案例数据后，在查询编辑器中，日期表如图 6-33 所示。

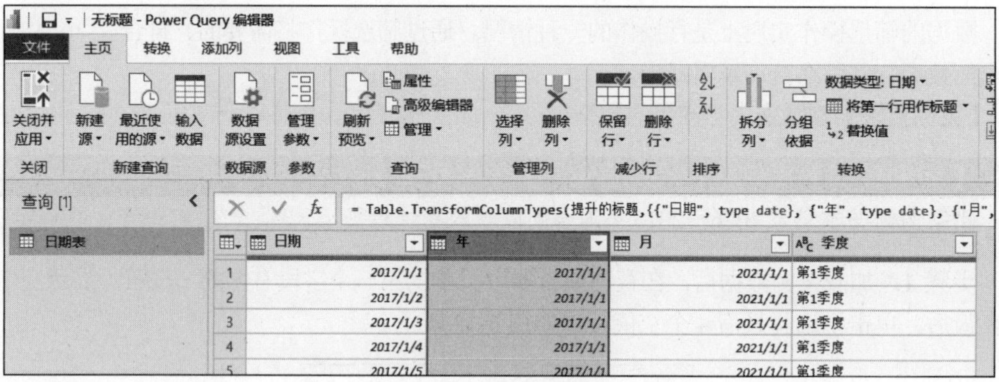

图6-33 导入日期表

**步骤 2**：单击"年"字段前的 图标，选择"文本"。

**步骤 3**：单击"替换当前转换"按钮，将"年"字段数据由日期型转变为文本型，如图 6-34 所示。

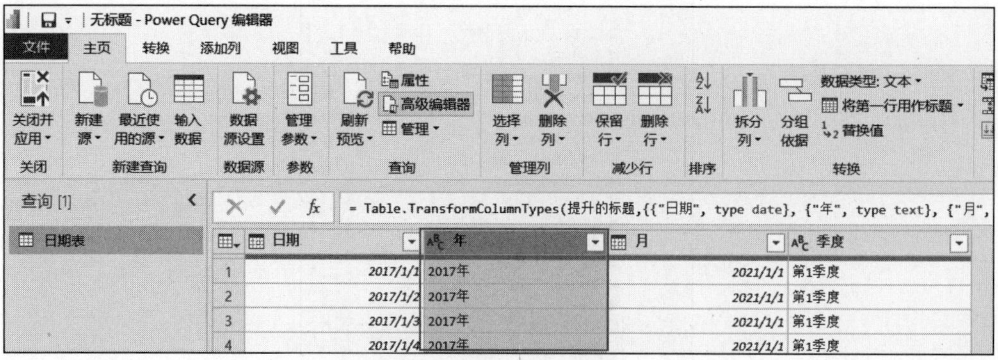

图6-34 设置后显示结果

**步骤 4**：同理，将"月"字段由日期型转变为文本型。

## 6.3.4 数据格式的转换

在对数据行列操作和筛选后，通常要对数据的格式进行转换。因为在实际工作中，很多数据是人工输入的，所以会有不规范的情况，如名字后带空格、单元格中带多行回车、英文名字大小写不统一等。

常见的格式操作如表 6-2 所示。

表6-2 常见的格式操作

| 操作 | 含义 |
| --- | --- |
| 小写 | 将所选列中的所有字母都转换为小写字母 |
| 大写 | 将所选列中的所有字母都转换为大写字母 |
| 每个字词首字母大写 | 将所选列中的每个字词的第一个字母替换成大写字母(适用于英文名字的首字母) |
| 修整 | 从所选列的每个单元格中删除前导空格和尾随空格 |
| 清除 | 清除所选单元格中的非打印字符(如多行回车符) |
| 添加前缀 | 向所选列中的每个值开头添加指定的字符(如在所有编码前加字符 Num) |
| 添加后缀 | 向所选列中的每个值末尾添加指定的字符 |

【案例要求】删除表中不正确的格式。

【案例数据】案例数据\第6章\6-12-数据整理.xlsx

此案例数据原型为某健身会所会员信息。表中不正确的格式有：①中文名字前后有空格；②中文名字中有多行回车符；③英文姓氏都为大写；④出生年份字段中存在多余的"年"字。

**步骤1：** 加载案例数据后，在查询编辑器中，分别执行"转换→格式→修整""转换→格式→清除"命令，如图 6-35 所示。

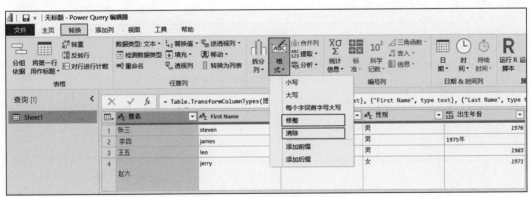

图6-35 "修整和清除"命令

**步骤2：** 清除中文名字中的前后空格及回车符，结果如图 6-36 所示。

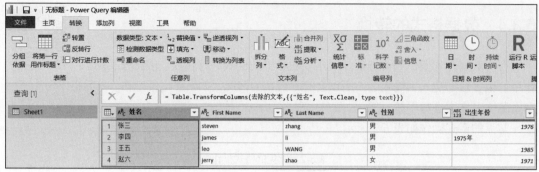

图6-36 清除后的结果

**步骤3**：选中First Name 和Last Name两列，执行"转换→格式→小写"命令，将英文名字先转换成小写，再执行"转换→格式→每个字词首字母大写"命令，将英文名字首字母变为大写，如图6-37所示。

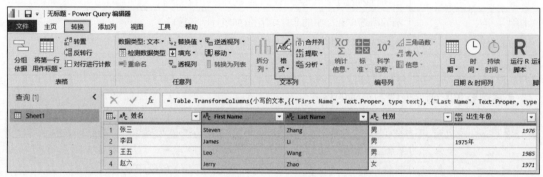

图6-37 大小写转换

**步骤4**：将出生年份字段先变成文本型，再执行"转换→替换值"命令，输入要查找的值"年"，替换为空，如图6-38所示。

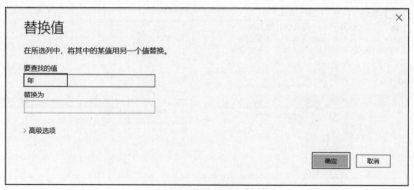

图6-38 数据替换

**步骤5**：单击"确定"按钮，再将出生年份字段变为整数类型，如图6-39所示。

图6-39 调整后结果

## 6.3.5 数据的拆分、提取和合并

数据的拆分、提取和合并会经常用于数据整理中,从而得到符合数据分析需要的数据。在Excel中,通过函数可以完成一定的数据拆分、提取和合并工作。在PowerBI的Power Query中,可以只通过鼠标操作完成上述功能。

在"转换"菜单和"添加列"菜单中都有提取和合并列操作。其中,"转换"菜单中的提取和合并列操作后,原列不保留;"添加列"菜单中的提取和合并列操作后,原列保留,并生成新的列。

### 1. 数据的拆分

数据的拆分是指将一列的内容拆分至多列中。常用的拆分操作如表6-3所示。

表6-3 常用的拆分操作

| 操作 | 含义 |
| --- | --- |
| 按分隔符拆分 | 按指定的分隔符拆分列,选项有:<br>• 最左侧的分隔符<br>• 最右侧的分隔符<br>• 每次出现分隔符时 |
| 按字符数拆分 | 按指定的字符数拆分列,选项有:<br>• 一次,尽可能靠左<br>• 一次,尽可能靠右<br>• 重复 |
| 其他拆分 | • 按照大写到小写(或小写到大写)的转换<br>• 按照数字到非数字(或非数字到数字)的转换 |

【案例要求】将表中的中文名字字段拆分成姓和名两个字段。

【案例数据】案例数据\第6章\6-13-数据整理.xlsx

此案例数据原型为某健身会所的会员信息。

**步骤1**：加载案例数据后，在查询编辑器中，选中"姓名"列，执行"添加列→重复列"命令，将姓名列复制一份，如图6-40所示。

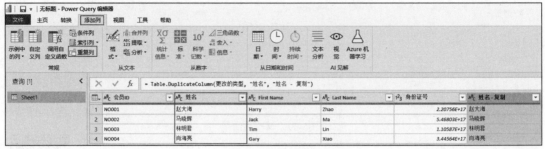

图6-40 重复列操作

**步骤2**：选中"姓名-复制"列，执行"转换→拆分列→按字符数"命令，输入拆分字符数1，选择拆分模式"一次，尽可能靠左"，如图6-41所示。

图6-41 设置重复列属性

**步骤3**：将"姓名-复制"字段拆分成两列，修改拆分后的字段名改为"姓"和"名"，如图6-42所示。

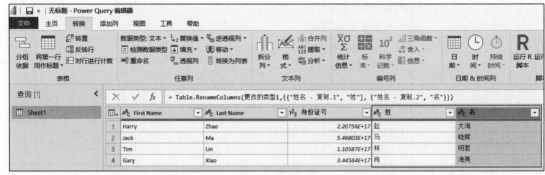

图6-42 拆分列

### 2. 数据的提取

数据的提取是从文本中提取某些需要的字符。数据的提取方式及含义如表6-4所示。

表6-4 数据的提取方式及含义

| 方式 | 含义 |
| --- | --- |
| 长度 | 提取字符串的长度 |
| 首字符 | 提取数据开始的 N 个字符(类似 Excel 中的 Left 函数) |
| 尾字符 | 提取数据结尾的 N 个字符(类似 Excel 中的 Right 函数) |
| 范围 | 提取数据中间的 N 个字符(类似 Excel 中的 Mid 函数) |
| 分隔符控制的文本 | 提取分隔符之前(之后、之间)的文本 |

【案例要求】从表中的身份证号码字段中提取出生年份信息。

【案例数据】案例数据\第6章\6-14-数据整理.xlsx
此案例数据原型为某健身会所的会员信息。

**步骤 1：** 加载案例数据后，在查询编辑器中，选中"身份证号"列，将其数据类型转换为文本型，如图 6-43 所示。

图6-43 选中"身份证号"列

**步骤 2：** 执行"添加列→提取→范围"命令，输入"起始索引"为 6(起始索引为要提取的字符前面的字符数)，"字符数"为 4，如图 6-44 所示。

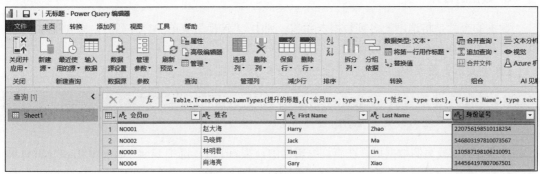

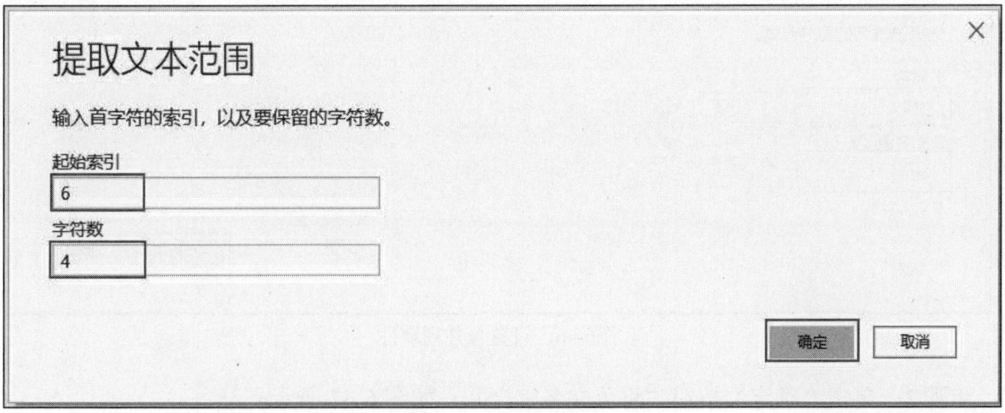

图6-44 设置提取属性

**步骤3**：将提取的年份字段名修改为"出生年份"，执行"转换→格式→添加后缀"命令，输入值"年"，单击"确定"按钮，如图6-45所示。

图6-45　添加后缀

### 3. 数据的合并

数据的合并是将选中的多列数据合并到一列中。"转换"菜单的合并列后，原列删除；"添加列"菜单的合并列后，原列保留。

【案例要求】将表中的英文名字合并成一列，原列删除。

📖 【案例数据】案例数据\第6章\6-15-数据整理.xlsx
此案例数据原型为某健身会所的会员信息。

**步骤1**：加载案例数据后，在查询编辑器中，按 ctrl 键，选中 First Name 和 Last Name 两列，执行"转换→合并列"命令，选择"分隔符"为"空格"，输入"新列名"为 Name，如图 6-46 所示。

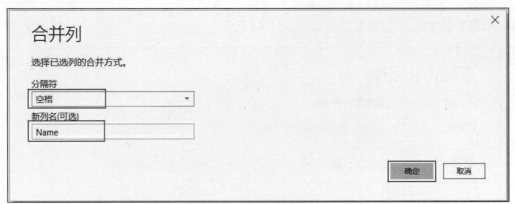

图6-46　设置合并列属性

**步骤2**：单击"确定"按钮，将英文名字合并，如图 6-47 所示。

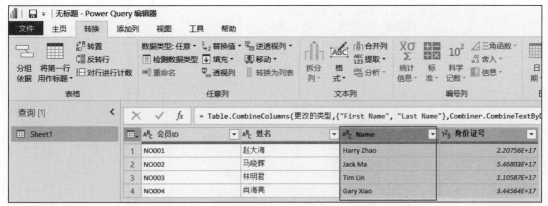

图6-47　合并后效果

## 6.3.6　数据的转置和反转

### 1. 数据的转置

数据的转置能实现数据的行列互换，即行变成列、列变成行。

【案例要求】将表中的数据进行列互换。

📖 【案例数据】案例数据\第6章\6-16-数据整理.xlsx
此案例数据原型为某公司各月的销售数据。

**步骤1**：加载案例数据后，在查询编辑器中，执行"转换→转置"命令，转换结果如图6-48所示。

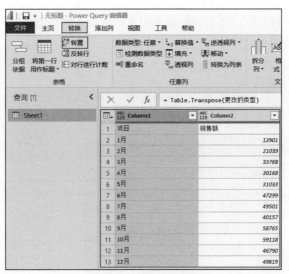

图6-48　"转置"命令

**步骤2**：执行"转换→将第一行用作标题"命令，将项目字段的数据类型改为"文本"，结果如图6-49所示。

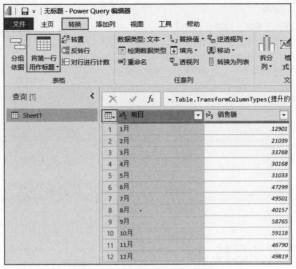

图6-49　将首行提升为标题

### 2. 数据的反转

反转行是将行的顺序颠倒，将最后一行变为第一行，将倒数第二行变为第二行，以此类推。例如，在客户购买记录表中，若想保留每位客户最近一次购买记录，则可以先反转行，再删除重复项。

【案例要求】在数据表中进行反转行操作。

【案例数据】案例数据\第6章\6-17-数据整理.xlsx
此案例数据原型为某公司各月的销售数据。

**步骤1**：加载案例数据后，在查询编辑器中先将项目字段数据类型改为文本型。

**步骤2**：执行"转换→反转行"命令，反转结果如图 6-50 所示。

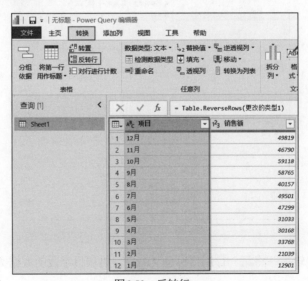

图6-50　反转行

## 6.3.7 数据的透视和逆透视

数据的透视和逆透视是 Power Query 中非常重要的功能,主要实现的是二维表和一维表之间的转换。

### 1. 数据的透视

透视列可以将一维表转换成二维表。在数据分析中,若没有特殊情况,一般使用一维表数据,特殊情况下,才需要将一维表数据转换为二维表数据,这就用到透视列的操作了。

【案例要求】将一维表透视成二维表。

📖 【案例数据】案例数据\第6章\6-18-数据整理.xlsx

此案例数据原型为某公司 4 种产品各月的销售数据。

**步骤 1**:加载案例数据后,在查询编辑器中,将月份字段更改为"文本"型,执行"转换→透视列"命令,"值列"选择"销售额",如图 6-51 所示。

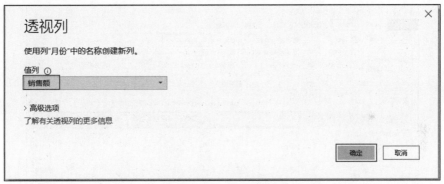

图6-51　设置透视列属性

**步骤 2**:单击"确定"按钮,将一维表数据透视成二维表数据,结果如图 6-52 所示。

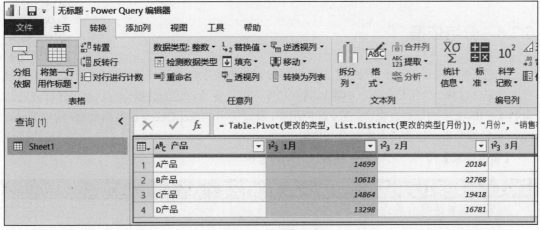

图6-52　数据的透视

## 2. 数据的逆透视

将二维表转换为一维表的过程称为逆透视。在实际工作中，拿到的报表往往是二维表，在做数据分析时，最好将二维表转换成一维表，此时就要用到数据的逆透视操作。此操作在数据分析中尤为重要。

【案例要求】将二维表透视成一维表。

📖 【案例数据】案例数据\第6章\19-数据整理.xlsx
此案例数据原型为某公司4种产品各月的销售数据。

**步骤1**：加载案例数据后，在查询编辑器中，执行"转换→将第一行用作标题"命令，将首行提升为标题。

**步骤2-1**：按住shift键，选中1月～12月列，执行"转换→逆透视列"命令，将"属性"字段改为"月份"，"值"字段改为"销售额"，结果如图6-53所示。

**步骤2-2**：用户也可选中产品列，执行"转换→逆透视列→透视其他列"命令，将"属性"字段改为"月份"，"值"字段改为"销售额"。

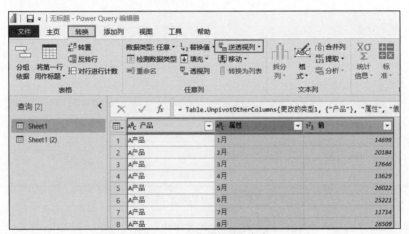

图6-53 "逆透视列"命令

## 6.3.8 分组依据

分组依据类似于Excel中分类汇总功能。分组依据可以按照某一分类对某行数据或某列数据进行聚合运算。分组依据不仅有数据清洗功能，也具备了一定的数据分析功能，这部分功能与Power Pivot中的功能有重合。在实际应用中，最好使用Power Query做数据处理，使用Power Pivot做数据分析，将这两个功能分开使用。

【案例要求】按客户名称统计各客户的销售总额。

📖 【案例数据】案例数据\第6章\6-20-数据整理.xlsx
此案例数据原型为某公司的产品销售数据。

**步骤1**：加载案例数据后，在查询编辑器中，执行"转换→分组依据"命令，选择"分组依据"为"客户名称","新列名"为"销售总额","操作"为"求和","柱"为"金额",如图 6-54 所示。

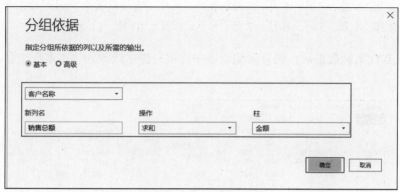

图6-54 设置分组依据属性

**步骤 2**:单击"确定"按钮,结果如图 6-55 所示。

图6-55 设置后的结果

## 6.3.9 添加列

当对数据进行整理时,有时需要添加一些辅助列,以帮助进行后续的数据分析。常用添加列的形式和含义如表 6-5 所示。

表6-5 常用添加列的形式和含义

| 形式 | 含义 |
| --- | --- |
| 示例中的列 | 使用示例在表中创建新列 |
| 自定义列 | 通过公式创建新列 |
| 条件列 | 按照某一条件创建新列,类似于 Excel 中的 if 函数 |
| 索引列 | 创建一个新列,其中索引从某一个数值开始 |
| 重复列 | 基于某列复制一个新的列 |

【案例要求】对月份字段创建索引列,对月份字段排序时按照索引序号作为排序依据。

📖 【案例数据】案例数据\第6章\6-21-数据整理.xlsx

此案例数据原型为常用维度表日期表数据。月份默认的排序依据为10月、11月、12月、1月、2月、3月、4月、5月、6月、7月、8月、9月；通过设置索引列，按正常顺序排序为1月、2月、3月、4月、5月、6月、7月、8月、9月、10月、11月、12月。

**步骤1**：加载案例数据后，在查询编辑器中，将月份字段改为"文本"类型，如图6-56所示。

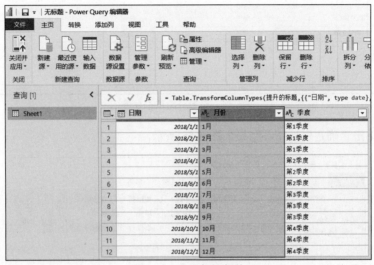

图6-56 更改字段类型

**步骤2**：执行"添加列→索引列→从1"命令，将索引字段名改为"月排序依据"，结果如图6-57所示。在PowerBI数据分析中，当需要对月份排序时，选择排序依据为"月排序依据"，即可按正常月份顺序显示数据。

图6-57 设置索引列

## 6.3.10 日期和时间的整理

对于日期和时间的整理,是对日期和时间维度表经常进行的操作。常用日期和时间整理各参数的含义如表 6-6 所示。

表6-6 常用日期和时间整理各参数的含义

| 参数 | 含义 |
| --- | --- |
| 年限 | 现在(now)和所选日期之间的持续时间 |
| 仅日期 | 提取日期部分 |
| 分析 | 从文本格式的日期数据中提取正确的日期格式 |
| 年 | 年:提取日期中的年份数据<br>年份开始值:提取日期中的年份第一天<br>年份结束值:提取日期中的年份最后一天 |
| 月份 | 月份:提取日期中的月份数据,并显示为数值<br>月份开始值:提取日期中的月份第一天<br>月份结束值:提取日期中的月份最后一天<br>一个月的某些日:提取月份中包含的天数<br>月份名称:提取日期中的月份数据,并显示为文本 |
| 季度 | 季度:提取日期中的年份数据<br>年份开始值:提取日期中的季度第一天<br>年份结束值:提取日期中的季度最后一天 |
| 周 | 一年的某一周:计算年初到当前日期的周数<br>一月的某一周:计算月初到当前日期的周数<br>星期开始值:提取日期所在星期的第一天<br>星期结束值:提取日期所在星期的最后一天 |
| 天 | 天:提取日期中的天<br>一年的某一日:计算年初到当前日期的天数<br>每周的某一天:计算每周到当前日期的天数<br>星期几:提取日期为星期几 |
| 最早、最新 | 多列日期中保留最早、最晚的一天 |

时间、持续时间(时间段)的整理思路与日期的整理思路类似。

【案例要求】提取日期字段中的年、月、季度和星期几信息,并添加到新建列中。

【案例数据】案例数据\第6章\6-22-数据整理.xlsx

此案例数据原型为某日期表数据,根据日期表中的日期构建年、月、日、星期几等字段列。

**步骤1**:加载案例数据后,在查询编辑器中,选中日期列,执行"添加列→日期→年→年"命令,得到年份数据如图 6-58 所示。

**步骤2**：选中日期列，执行"添加列→日期→月→月"命令，得到月份数据如图6-59所示。

**步骤3**：选中日期列，执行"添加列→日期→季度→一年的某一季度"命令，得到季度数据如图6-60所示。

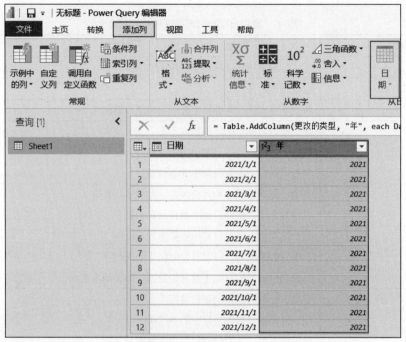

图6-58 添加列—年

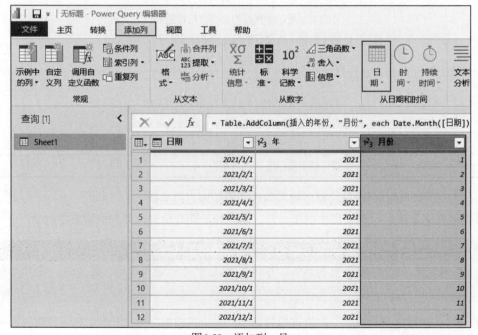

图6-59 添加列—月

# 第 6 章 PowerBI 数据获取与整理

图6-60　添加列—季度

**步骤 4**：选中日期列，执行"添加列→日期→天→星期几"命令，得到星期几数据如图 6-61 所示。

图6-61　添加列—星期

## 6.3.11　数据的基本数学运算

数据的基本数学运算包括标准运算、科学运算、三角函数、舍入和信息操作。数学运算的功能和含义如表 6-7 所示。

表6-7 数学运算的功能和含义

| 功能 | 含义 |
|---|---|
| 标准运算 | 加、减、乘、除、整除、商、模(余数) |
| 科学运算 | 绝对值、幂、平方根、对数、阶乘等 |
| 三角函数 | 正弦、余弦、正切等 |
| 舍入 | 向上舍入、向下舍入、四舍五入 |
| 信息 | 奇数、偶数、符号 |

【案例要求】数据的基本数学运算。

【案例数据】案例数据\第6章\6-23-数据整理.xlsx
此案例数据原型为某公司产品定价数据。

**步骤1**：加载案例数据后，在查询编辑器中，选中"售价-美元"列，执行"添加列→标准→乘"命令，输入汇率值6.5，如图6-62所示。

**步骤2**：单击"确定"按钮，更改新列字段名为"售价-人民币"，如图6-63所示。

**步骤3**：选中"售价-人民币"列，执行"转换→舍入→舍入"命令，输入小数位数1，如图6-64所示。

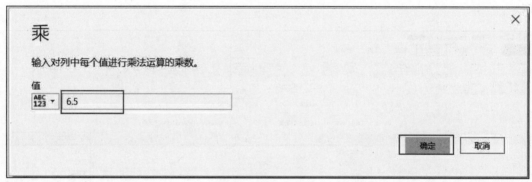

图6-62 输入汇率值

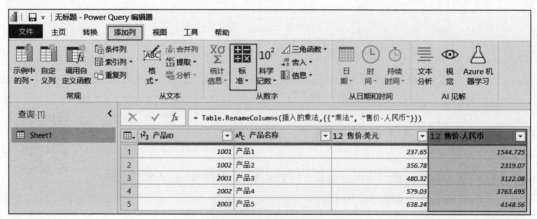

图6-63 更改新列字段名

# 第6章 PowerBI 数据获取与整理

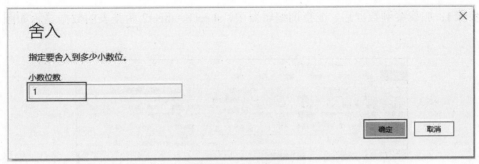

图6-64　输入小数位

**步骤4**：单击"确定"按钮，四舍五入后的数据如图 6-65 所示。

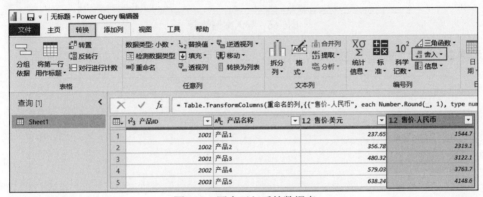

图6-65　四舍五入后的数据表

## 6.3.12　数据的组合

数据的组合主要包括追加查询与合并查询。

### 1. 追加查询

追加查询是表与表之间的纵向组合。一般情况下，追加查询是把字段一样的数据追加到一张表中，相同字段的数据追加到同一个字段下。若两张表中存在不同的字段，则不同字段的数据单列。

追加查询时应注意以下方面。

(1) 两张表的列名必须一致。

(2) 两张表的列顺序可以不一致。

(3) 某张表中独有的列会单独呈现。

【案例要求】将两张表做追加查询。

【案例数据】案例数据\第6章\6-24-数据整理.xlsx

此案例数据原型为某电子公司产品销售数据。表sheet1包括订单编号、金额、客户名称3个字段，包含6条记录；表sheet2包括订单编号、客户名称、客户身份、金额4个字段，包含5条记录。

**步骤1**：加载案例数据后，在查询编辑器中，sheet1、sheet2两张表的数据显示如图6-66所示。

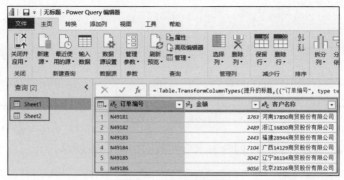

图6-66　导入案例数据

**步骤2**：执行"主页→追加查询"命令，选择要追加的表sheet2，如图6-67所示。

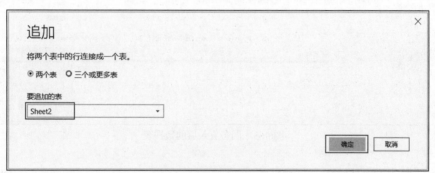

图6-67　选择要追加的表

**步骤3**：单击"确定"按钮，被追加后的表sheet1如图6-68所示。

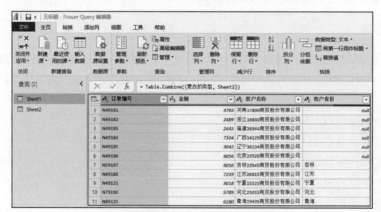

图6-68　被追加后的表sheet1

## 6.3.13　合并查询

合并查询是表与表之间的横向组合，这需要两张表之间有相互关联的字段。合并查询的新表中,会生成两张表的所有字段,而生成哪些数据记录要看两张表的链接关系。合并查询中,表的链接关系有左外部、右外部、完全外部、内部、左反、右反 6 种,如图 6-69 所示。

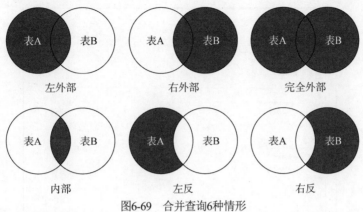

图6-69　合并查询6种情形

【案例要求】将两张表做合并查询(左外部链接)。

【案例数据】案例数据\第6章\6-25-数据整理.xlsx

此案例数据原型为某公司会议邀请信息和参会信息数据。邀请表(1 表)包括姓名和邀请时间 2 个字段,包含 5 条记录,邀请人分别是 ABCDE;参会表(2 表)包括参会人和参会时间 2 个字段,包含 4 条记录,参会人分别是 DEFG。两张表的各种链接方式合并后的结果及表达的含义,如表 6-8 所示。

表6-8　两张表的各种链接方式合并后的结果及表达的含义

| 链接形式 | 结果 | 含义 |
| --- | --- | --- |
| 左外部 | ABCDE | 1 表所有行,2 表匹配行(所有邀请人的参会信息) |
| 右外部 | DEFG | 2 表所有行,1 表匹配行(所有参会人的邀请信息) |
| 完全外部 | ABCDEFG | 1、2 表中所有行(所有邀请及参会信息) |
| 内部 | DE | 1、2 表中匹配行(既邀请又参会信息) |
| 左反 | ABC | 1 表中去掉 2 表匹配行(邀请未参会信息) |
| 右反 | FG | 2 表中去掉 1 表匹配行(参会未邀请信息) |

**步骤1**:加载案例数据后,在查询编辑器中,邀请表和参会表数据显示如图 6-70 所示。

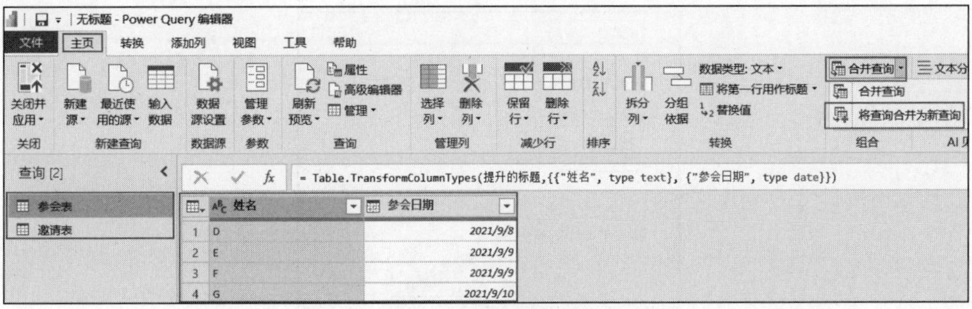

图6-70　案例数据显示

**步骤 2**：执行"开始→合并查询→将查询合并为新查询"命令，选择要合并的邀请表和参会表，双击两表的姓名字段，选择链接种类"左外部"，如图 6-71 所示。

图6-71　合并查询

**步骤 3**：单击"确定"按钮，生成新的合并表如图 6-72 所示。

图6-72　生成新的合并表

**步骤 4**：单击参会表字段右侧的 按钮，选择参会日期字段，如图 6-73 所示。

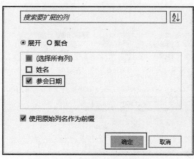

图6-73　选择参会日期字段

步骤5：单击"确定"按钮，展开字段后的合并表如图6-74所示。

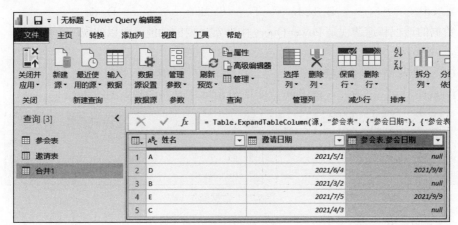

图6-74 展开字段后的合并表

## 【本章小结】

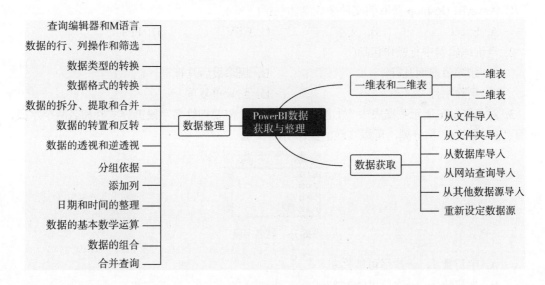

## 【本章习题】

一、单选题

1. CSV 文件，主要是用(　　)作为分隔符的文件。
   A. 逗号　　　　B. 分号　　　　C. 句号　　　　D. 冒号
2. Power Query 中通过鼠标进行的每一步操作，都会自动生成(　　)语言代码。
   A. C　　　　　B. M　　　　　C. python　　　　D. DAX
3. 某数据表中的数据为 abcdefg，现要从该字符串中提取数据，起始索引为3，字符数为2，则提取的字符串为( )。

A. cd  B. bcd  C. def  D. de

4. 数据的透视和逆透视是 Power Query 中非常重要的功能，可以实现( )。

A. 行变列  B. 列变行
C. 二维表和一维表转换  D. 首行和尾行互换

5. PowerBI 中，下列( )操作可以实现图 6-75 中从左图到右图的功能。

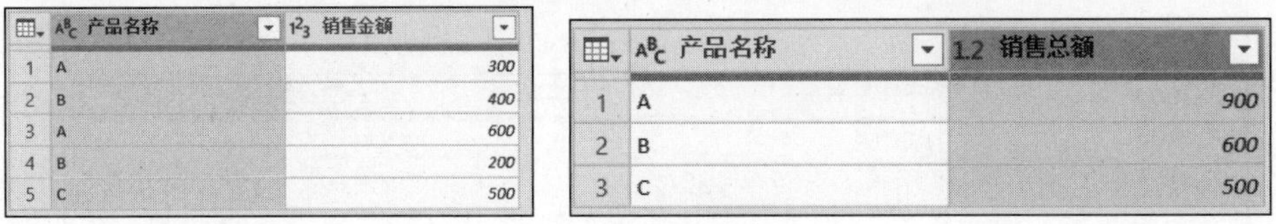

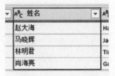

图6-75　数据操作

A. 分类汇总  B. 分组查询
C. 分类求和  D. 分组依据

## 二、多选题

1. PowerBI Desktop 获取的文件格式具体包括( )。

A. Excel  B. 文本  C. CSV  D. PPT

2. 查询编辑器中行操作包括( )。

A. 删除最前面几行  B. 删除最后几行
C. 删除空行  D. 删除重复项

3. 对于图6-76所示数据表中"姓名"字段的数据，需要把姓名字段拆分成姓和名两个字段，采用"按字符数"拆分列，可以实现的操作有( )。

图6-76　姓名字段

A. 字符数1，一次尽可能靠左
B. 字符数2，一次尽可能靠左
C. 字符数2，一次尽可能靠右
D. 字符数1，一次尽可能靠右

4. 关于追加查询，下列说法正确的有( )。

A. 追加时，两张表的列顺序必须一致
B. 追加时，两张表的列顺序可以不一致
C. 追加时，某张表中独有的列会单独呈现
D. 追加时，某张表中独有的列不会单独呈现

5. 合并查询，表的链接方式有( )。

A. 左外部  B. 右外部  C. 完全外部  D. 内部

## 三、判断题

1. PowerBI Desktop 中，不能从文件夹获取数据。　　　　　　　　　　　(  )
2. 数据整理也叫数据处理、数据清洗，是对从各类数据源导入的数据，通过一定的方法将其整理成符合要求的数据，然后加载到数据模型中。　　　　　　　(  )
3. 数据的转置和反转功能是一样的。　　　　　　　　　　　　　　　　(  )
4. 创建一个索引列，其索引值可以从 1 开始，也可以从其他整数开始。　(  )
5. 追加查询是表与表之间的横向组合。　　　　　　　　　　　　　　　(  )

## 四、思考题

1. 请说一说从文件获取数据的情形有哪几种？
2. 请说一说数据的拆分、提取和合并操作都有哪些？
3. 数据的透视和逆透视可以实现什么样的功能？请举例说明。
4. 什么是数据的追加查询？应注意什么问题？
5. 数据的合并查询中，表的 6 种链接方式是什么？请举例说明。

## 五、实训题

请确定一个分析主题，然后确定其分析思路(分析思路可以不断调整优化)，完成下列操作。

1. 数据获取。

(1) 直接从网页获取数据。

(2) 从相关网站下载数据(如国家统计局网站、微软 PowerBI 网站等)。

(3) 至少整理出两张数据表，以满足数据建模要求。

2. 数据整理。

对于获取的数据，进行适当的数据整理，以满足数据建模与可视化要求。

# 第 7 章

# PowerBI数据建模与DAX公式

**学习目标**

- 熟悉PowerBI两种关系模型及模型的创建方法;
- 掌握新建列和新建度量值的操作;
- 理解DAX公式的语法;
- 熟悉DAX常见函数;
- 掌握CALCULATE、DIVIDE、FILLTER、时间智能等函数的用法。

## 引导案例

### 数据建模中的事实表和维度表,你分清楚了吗

本章仍然以"烘焙工坊"案例数据为基础,增加了维度表"会员表"。

本章案例有4个维度表(产品表、日期表、门店表和会员表)和1个事实表(销售表),主要介绍如下。

- 产品表:包括产品分类ID、产品分类名称、产品ID、产品名称和单价共5个字段,包含7条数据(记录)。
- 日期表:包括日期、年、月和季度共4个字段,包含731条数据。
- 门店表:包括店铺ID、店铺名称和省份名称共3个字段(说明:店铺名称简化为城市名,方便进行地图可视化),包含22条数据。
- 会员表:包括会员ID、性别两个字段,包含3111条数据。
- 销售表:包括订单号、订单日期、店铺ID、产品ID、会员ID和数量共6个字段,包含24812条数据。

本案例通过维度表(产品表、日期表、门店表、会员表)中各种维度来分析事实表(销售表)中的各类销售数据。即通过产品表中的产品分类、产品名称,通过日期表中的年、月、季度,

通过门店表中的门店(城市)、省份，通过会员表中的会员ID、性别等维度来分析事实表(销售表)中的销售金额、销售数量等度量值信息。

新增的会员表如图7-1所示。

| | A | B |
|---|---|---|
| 1 | 会员ID | 性别 |
| 2 | 1002 | 女 |
| 3 | 1006 | 女 |
| 4 | 1009 | 男 |
| 5 | 1010 | 男 |
| 6 | 1012 | 女 |
| 7 | 1019 | 女 |
| 8 | 1020 | 男 |

图7-1 会员表

## 7.1 管理关系

### 7.1.1 认识表

在微软 PowerBI 中，数据分析之前，需先了解表的类型及它们之间的关联关系。

为了便于数据建模和数据分析，PowerBI 中将表分为维度表和事实表两类。维度表的主要特点是包含类别属性信息，数据量较小；事实表的主要特点是含有多列数值类型的数据，能够提取度量值信息，数据量较大。维度表和事实表的关系是，通过维度表中的不同维度来分析事实表中的各类度量值数据。事实表和维度表的区别如表 7-1 所示。

表7-1 事实表和维度表的区别

| 区别项 | 维度表 | 事实表 |
|---|---|---|
| 特征 | 通常存放各种分类信息，数据较少 | 又叫数据表，有较多数值型字段，行数较多 |
| 举例 | 日期、地域、客户、产品等 | 销售数据、存货数据、预算数据等 |
| 用途 | 生成分析表的行或列、生成筛选器和切片器 | 数值型字段可生成各种分析指标，即度量值 |
| 关系视图 | "1"的一端 | "*"的一端，箭头指向的一端 |

【案例要求】认识维度表和事实表。

【案例数据】案例数据\第7章\7-1-数据建模.xlsx

步骤1：打开"7-1-数据建模.xlsx"文件，查看维度表(产品表、日期表、门店表、会员表)。
步骤2：查看事实表(销售表)。

### 7.1.2 认识关系及关系模型

1. 认识关系

数据建模中，首先需要进行数据关系的管理。数据关系指的是事实数据之间的关系。在不同表中的数据之间创建关系，可以增强数据分析的能力。在微软 PowerBI 中，关系就是两个数据表之间建立在每个表中的一个列的基础上的联系。

在图 7-2 的维度表(门店表)和事实表(销售表)中，通过店铺 ID 可以建立两表之间的关联，即关系。

在微软 PowerBI 中，根据关系的不同，可以将其分成以下 3 类。

(1) 一对多(1:*)：一对多是指一个表(通常是维度表)中的列具有一个值的一个实例，而与其关联的另一张表(通常是事实表)的列具有一个值的多个实例。例如，门店表中的店铺 ID 具有唯一值，而销售表中对于相同的店铺 ID 具有多个值。门店表通过店铺 ID 和销售表建立关系，即是一对多(1:*)的关系。

(2) 多对一(*:1)：其与一对多相反，指的是一个表(通常为事实表)中的列可具有一个值的多个实例，而与之相关的另一张表(通常为维度表)仅具有一个值的一个实例。例如，销售表通过店铺 ID 和门店表建立关系，即是多对一(*:1)的关系。

(3) 一对一(1:1)：其指一个表(事实表)对应另一个表(维度表)的记录有一一对应的关系。例如，产品表中的产品 ID 与产品分类表中的产品 ID 即是一对一(1:1)的关系。

在 PowerBI 关系设置中，还需对关系的交叉筛选器方向进行设置。对于大多数关系，交叉筛选方向均设置为"双向"筛选。双向筛选是将连接表的所有方面均视为同一个表进行操作，设置为"单向"适用于依据维度表维度单向对事实表数据进行汇总。默认情况下，PowerBI Desktop 会将筛选设置为"双向"，但是如果从 Excel、Power Pivot 导入数据，则会默认将所有关系设置为"单向"。

### 2. 关系模型的布局

关于布局模式的理论来源于数据仓库的方法论。在微软 PowerBI 中，关系模型的布局是指建立了关联的维度表与事实表的摆放样式。关系模型布局模式有两种：星型(star)和雪花型(snowflake)。

1) 星型布局模式

星型布局模式的特点是在事实表外侧只有一层维度表，所有维度表都直接与事实表关联，呈现的形状就像星星。

2) 雪花型布局模式

雪花型布局模式的特点是在事实表外侧有多层维度表，每个维度可能串起多个维度表，就像雪花一样由中心向外延伸。

3) 两种模式的应用选择

星型模式和雪花型模式的区别是，星型布局模式在事实表外侧只有一层维度表，而雪花型布局模式在事实表外侧有多层维度表。显然，星型布局模式较为简单，并且更容易掌控，所以一般建议采用星型布局模式。如果在一个维度上又有多个维度，则需想办法把它们合并到一张维度表上，从而简化维度表结构。例如图 7-4 中，产品分类表和产品表可以合并到一个维度表中，门店表和门店省份表可以合并到一张维度表中。

星型布局模式属于一种理想化的布局模式，在实际工作中，应尽量使用此种模式，当不可避免地用到多层维度表时，再选择雪花型布局模式。原则上，这种基于叠加的多层维度表的雪花型模式尽量不使用。

第 7 章　PowerBI 数据建模与 DAX 公式

【案例要求】认识关系模型的星型布局模式(星型分布)。

【案例数据】案例数据\第7章\7-2-数据建模.pbix

本案例的 4 个维度表(产品表、日期表、门店表和会员表)和一个事实表(销售表)呈星型布局模式(星型分布)。

步骤：打开"7-2-数据建模.pbix"文件，单击模型视图 图标，查看星型布局模式的关系视图(星型分布)，如图 7-2 所示。

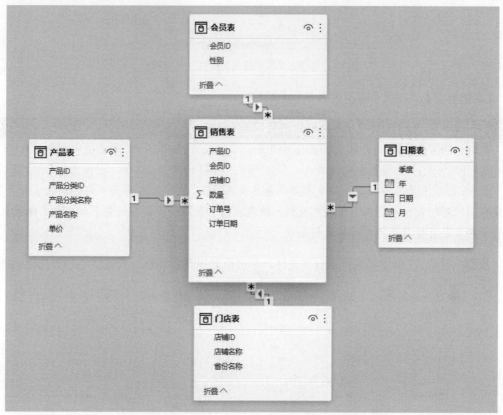

图7-2　星型布局模式的关系视图(星型分布)

在实际应用中，星型布局模式的样式可以从星型分布变为上下分布。通常将星型布局模式的维度表放在事实表的上方，依次排开，事实表放在维度表的下方，呈上下分布，而不是将维度表摆放在事实表的周围，呈星型分布。

【案例要求】认识关系模型的星型布局模式(上下分布)。

【案例数据】案例数据\第7章\7-3-数据建模.pbix

本案例的 4 个维度表(产品表、日期表、门店表和会员表)和一个事实表(销售表)呈星型布局模式(上下分布)。

步骤：打开"7-3-数据建模.pbix"文件，单击模型视图 图标，查看星型布局模式的关系视图(上下分布)，如图 7-3 所示。

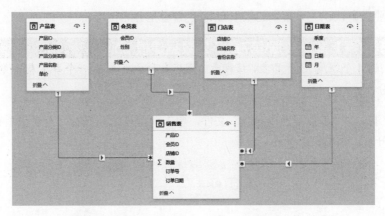

图7-3　星型布局模式的关系视图(上下分布)

【案例要求】认识关系模型的雪花型布局模式。

> 【案例数据】案例数据\第7章\7-4-数据建模.pbix
>
> 本案例的6个维度表(产品表、产品分类表、日期表、门店表、门店省份表和会员表)和1个事实表(销售表)呈雪花型布局模式。
>
> 其中，维度表产品分类表和维度表产品表先关联，维度表产品表再和事实表销售表相关联；维度表门店省份表和维度表门店表先关联，维度表门店表再和事实表销售表相关联；维度表日期表和会员表直接与事实表销售表相关联。

**步骤**：打开"7-4-数据建模.pbix"文件，单击模型视图 图标，查看雪花型布局模式的关系视图，如图7-4所示。

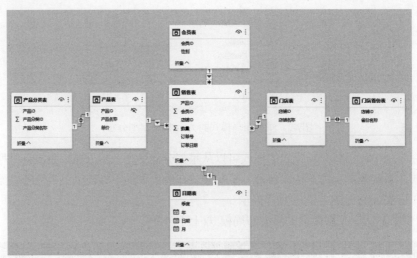

图7-4　雪花型布局模式的关系视图

## 7.1.3　创建关系

在微软 PowerBI 中，单表是最简单的模型，不需要创建关系；若是多表，则需要创建关系。

创建关系就是建立表和表之间的关联，也叫数据建模，数据建模建立的是数据模型而非算法模型。在导入数据的过程中，PowerBI Desktop 会自动创建关系。如果同时导入两个或多个表格，则 PowerBI Desktop 在加载数据时，将尝试查找并创建关系，并将自动设置基数、交叉筛选方向和活动属性，PowerBI Deskop 查看表格中正在查询的列名，以确定是否存在任何潜在关系，若存在，则将自动创建这些关系。如果 PowerBI Desktop 无法确定存在匹配项，则不会自动创建关系。对于没有创建关系的数据表，可以通过鼠标拖动或设置属性的方式手动创建关系。

【案例要求】创建关系。

【案例数据】案例数据\第7章\7-5-数据建模.xlsx

本案例导入表格数据为 4 个维度表(产品表、日期表、门店表和会员表)和 1 个事实表(销售表)，查看并创建维度表和事实表之间的关系。

### 1. 创建关系—自动创建

**步骤 1：** 在 PowerBI Desktop 中，导入 "7-5-数据建模.xlsx" 文件，单击模型视图 图标，将关系视图呈上下排列，查看自动创建关系的报表，如图 7-5 所示。

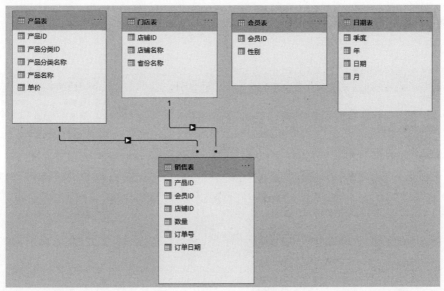

图7-5 创建关系—自动创建

**步骤 2：** 从图 7-5 中可以看出，一般情况下，因为有相同的字段名称，维度表与事实表会自动创建 1:*关系。这里产品表、门店表与销售表自动创建了关系，会员表与销售表没有自动创建关系；日期表与销售表没有相同的字段名称，因此没有自动创建关系。

### 2. 创建关系—鼠标拖动

**步骤 1：** 在模型视图窗口中，日期表的日期与销售表的订单日期可以建立关联。单击日期表中 "日期" 字段，拖动鼠标到销售表中的 "订单日期" 字段，手工建立日期表与销售表之间的 1:*关系。同理，根据会员 ID 手工建立会员表与销售表之间的 1:*关系，如图 7-6 所示。

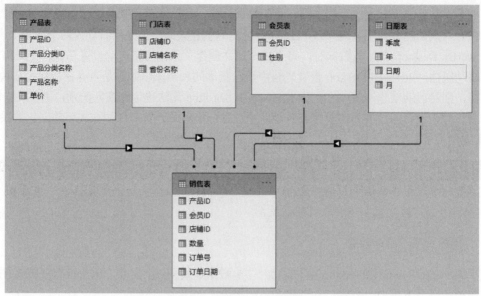

图7-6 创建关系—鼠标拖动

**步骤2**：在模型视图窗口中，右击关系连接线，选择"删除"命令，删除建立的关系，如图7-7所示。

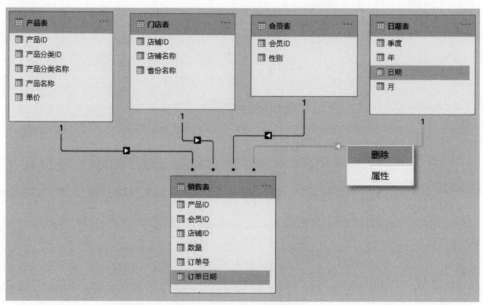

图7-7 创建关系—删除操作

### 3. 创建关系—设置属性

**步骤1**：在模型视图窗口中，执行"主页→管理关系"命令，如图7-8所示。

**步骤2**：显示"管理关系"对话框，如图7-9所示。单击"新建"按钮。

**步骤3**：在"创建关系"对话框中，事实表选择"销售表"，维度表选择"日期表"，分别单击量表的订单日期和日期字段，"基数"(即关系模型)默认为"多对一"，"交叉筛选器方向"

默认为"单一",如图 7-10 所示。

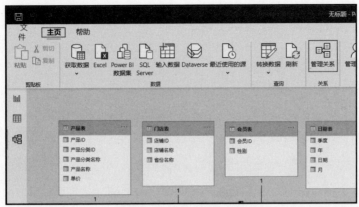

图7-8 "管理关系"命令

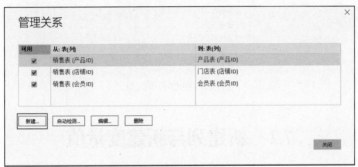

图7-9 "管理关系"对话框

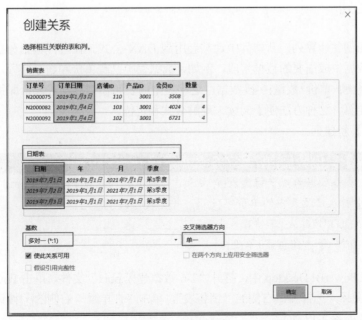

图7-10 创建关系

**步骤 4**：单击"确定"按钮，销售表与日期表通过设置属性的方式创建了关系，其结果如图 7-11 所示。

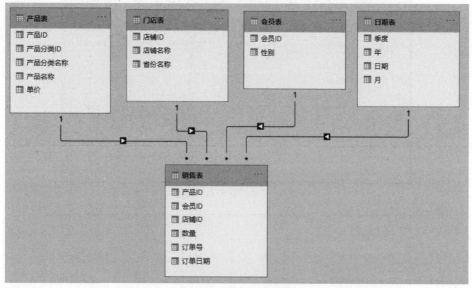

图7-11　创建关系结果

## 7.2　新建列与新建度量值

### 7.2.1　新建列

新建列也叫创建计算列，新建列中通常会用到 DAX 公式。在进行数据分析时，通常需要凭借现有的元数据生成需要的数据字段，例如，数据表中已有单价和数量字段，通过两个字段可以生成金额(金额=单价*数量)字段数据。这种类型的表叫作列存储式表，即每一列都是按照一个公式逻辑计算，这种方法便于阅读、理解公式和定位。

【案例要求】新建列。

📖【案例数据】案例数据\第7章\7-6-数据建模.pbix

本案例导入表格数据为 4 个维度表(产品表、日期表、门店表和会员表)和 1 个事实表(销售表)，在销售表中引入产品表中的单价字段列，并生成金额字段列。

单价=RELATED('产品表'[单价])
金额='销售表'[数量]*'销售表'[单价]

**步骤 1**：在 PowerBI Desktop 中，打开"7-6-数据建模.pbix"文件，单击 PowerBI 窗口左侧的数据视图 ⊞ 图标，选择窗口右侧的"销售表"，单击"订单号"右侧的 ▼ 按钮，选择"以升序排序"选项，如图 7-12 所示。

## 第7章 PowerBI 数据建模与 DAX 公式

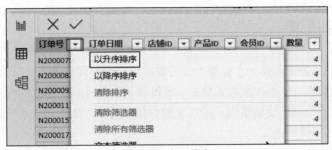

图7-12　字段排序

**步骤2**：执行"表工具或列工具→新建列"命令，如图 7-13 所示。

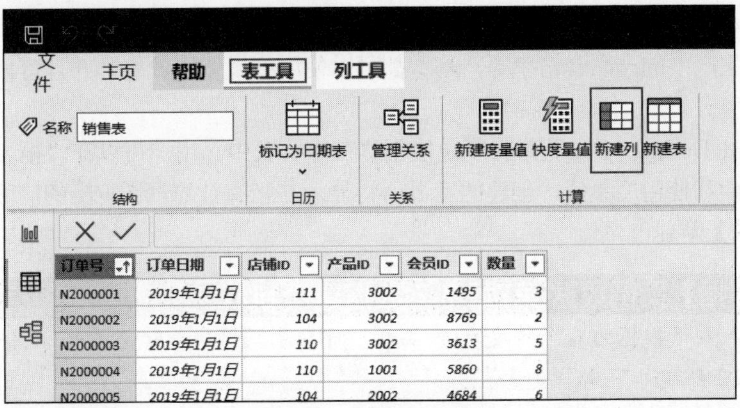

图7-13　"新建列"命令

**步骤3**：在公式编辑器窗口，输入公式"单价=RELATED('产品表'[单价])"(系统会启动智能感知功能，选择输入公式)，如图 7-14 所示。

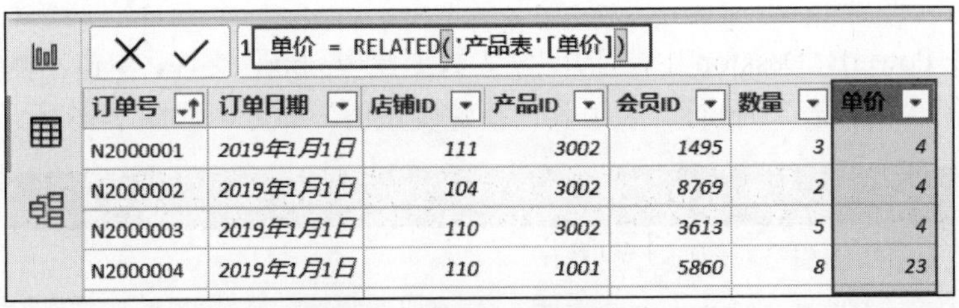

图7-14　新建"单价"列

**步骤4**：继续新建列，在公式编辑器窗口，输入公式"金额 = '销售表'[数量]*'销售表'[单价]"，如图 7-15 所示。

图7-15　新建"金额"列

159

## 7.2.2 新建度量值

度量值是用DAX公式创建一个虚拟字段的数据值,通常理解为要分析的数据指标。它不改变源数据,也不改变数据模型。度量值是PowerBI数据建模的"灵魂",创建度量值的公式称为 DAX 公式。度量值用于最常见的数据分析中,如求和、求平均值等,也可以使用DAX公式创建更高级的计算。

度量值可以随着不同维度的选择而变化,一般在报表交互时使用,以便进行快速和动态的数据浏览。例如,看不同产品、不同年度、不同门店、不同性别会员的销售数量、销售金额情况,可以瞬间生成查询数据。商业分析中用到的各类指标,如营销中用到的销售环比、同比增长率、销售毛利率;财务分析中的营业利润率、资产负债率、应收账款周转率;人力资源中的员工离职率;生产中的产品合格率等,基本都可以使用度量值来计算,并且可以任意地变换维度实现对多维度分析。

在 PowerBI Desktop 中,通常将度量值创建在事实表中。用户可以在"报表视图"或"数据视图"中创建和使用度量值,创建的度量值将显示在带有计算器图标的字段列表中。

【案例要求】新建度量值。

【案例数据】案例数据\第7章\7-7-数据建模.pbix

本案例导入表格数据为4个维度表(产品表、日期表、门店表和会员表)和1个事实表(销售表),在销售表中创建如下4个度量值。

销售金额=SUM('销售表'[金额])

销售数量=SUM('销售表'[数量])

营业店铺数量= DISTINCTCOUNT('销售表'[店铺 ID])

单店平均销售额=[销售金额]/[营业店铺数量]

**步骤1**:在PowerBI Desktop 中,打开"7-7-数据建模.pbix"文件,单击左侧的数据视图图标,选择右侧"销售表",执行"表工具→新建度量值"命令,如图7-16 所示。

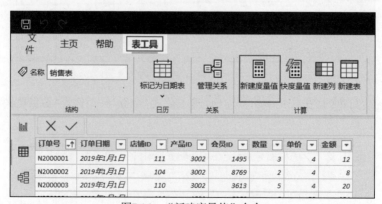

图7-16 "新建度量值"命令

**步骤2**:在公式编辑栏中输入度量值公式"销售金额 = SUM('销售表'[金额])",如图7-17所示。

图7-17 "销售金额"度量值

**步骤3**：在右侧字段栏下方可查看到新增加的"销售金额"度量值，如图7-18所示。

图7-18 查看"销售金额"度量值

**步骤4**：同理，设置销售数量、单店平均销售额、营业店铺数量3个度量值的公式。

本案例中，新建了"金额"列，在这里将其新建为度量值也是可以的。新建列和新建度量值输入的都是DAX公式。新建列会实际存储在某一张表中，占用计算机内存。如果表中数据量较大，则会影响模型的运算速度。度量值是以公式形式存储的，不使用时并不占用内存空间，只有将它拖曳到相关的属性值中，才参与运算，因此，度量值很灵活，在运算速度上有很大的优势。另外，度量值输出的是值，是通过运算得到的结果。对于像产品分类、门店名称等属性类信息，把它们放入筛选器、切片器、行和列中，就不能用度量值来输出，只能用列来完成。

初学数据建模，对新建列和新建度量值不好把握，在实际应用中，是使用新建列还是使用度量值，一个基本参考原则是：能用度量值来解决的问题，就尽量不用计算列。

## 7.3 DAX数据分析表达式

### 7.3.1 认识DAX公式

DAX(data analysis expressions，数据分析表达式)是公式或表达式中可用于计算并返回一个或多个值的函数、运算符或常量的集合。DAX是一种函数语言，这意味着完整的执行代码包含在一个函数中，在 DAX 中，函数可以包含其他内容，如嵌套函数、条件语句和值引用。DAX 中的执行从最内部函数参数开始，然后逐步向外计算。

微软在开发 DAX 时，参考了 Excel 中的很多函数，它们名称相同，参数用法也类似，因此，DAX 的基本知识简单易学，需要理解它的原理后才能熟练使用。DAX 深度应用，还是有一些难度，使用者需多加练习。

本章只介绍 DAX 的初级用法。读者可以去寻找专门的 DAX 书籍或到微软的 PowerBI 网站，详细地学习和了解 DAX，构建非常复杂的 DAX 公式，以满足业务的需求(若了解 DAX 的详细知识，可参考《DAX 权威指南》)。

### 1. DAX语法

DAX 语法包括组成公式的各种元素，简单来说就是公式的编写方式。DAX 公式的特点如下。

- 类似 Excel 函数。
- 基于列或表的计算。
- 引用"表""列"或度量值。
- 通过"'"或"["启动智能感知。

下面是某个度量值的简单 DAX 公式。

销售金额=SUM('销售表'[金额])

该 DAX 表达式中包含了如下语法元素。

- 销售金额：表示度量值名称。
- =：表示公式的开头。完成计算后将会返回结果。
- SUM：DAX 函数名。对销售表中的金额列中的所有数据求和。
- ()：括住包含一个或多个参数的表达式。所有函数都至少需要一个参数，一个参数会传递一个值给函数。
- ' '：用来引用表名。
- [ ]：用来引用列名或度量值名。
- 销售表：引用的表名。
- 金额：引用的字段列。

以上表达式可以表达为：对销售表的金额字段求和，并生成"销售金额"度量值。

### 2. DAX运算符

与 Excel 一样，DAX 公式是使用+、-、*、/等符号进行运算的，并使用小括号()来调整运算的优先次序。DAX公式的基本运算符符号及含义如表 7-2 所示。

表7-2 DAX公式的基本运算符符号及含义

| 运算符 | 符号 | 含义 |
| --- | --- | --- |
| 算术符 | + | 加法 |
|  | - | 减法 |

续表

| 运算符 | 符号 | 含义 |
| --- | --- | --- |
| 算术符 | * | 乘法 |
|  | / | 除法 |
| 比较符 | = | 等于 |
|  | <> | 不等于 |
|  | > | 大于 |
|  | >= | 大于等于 |
|  | < | 小于 |
|  | <= | 小于等于 |
| 文本连接 | & | 连接字符串 |
| 逻辑符 | && | 且(and) |
|  | \|\| | 或(or) |

3. DAX函数

DAX拥有许多可用于组织或分析数据的函数,包括聚合函数、日期函数、逻辑函数、信息函数等。

1) 聚合函数

常见的聚合函数如表7-3所示。

表7-3 常见的聚合函数

| 函数 | 说明 |
| --- | --- |
| SUM | 求和 |
| AVERAGE | 求平均值 |
| MEDIEN | 求中位值 |
| MAX | 求最大值 |
| MIN | 求最小值 |
| COUNT | 数值格式的计数 |
| COUNTA | 所有格式的计数 |
| COUNTBLANK | 空单元格的计数 |
| COUNTROWS | 表格中的行数 |
| DISTINCTCOUNT | 不重复计数 |

2) 逻辑函数

常见的逻辑函数如表7-4所示。

表7-4 常见的逻辑函数

| 函数 | 说明 |
| --- | --- |
| IF | 根据某个/几个逻辑判断是否成立,返回指定的数值 |
| IFERROR | 如果计算出错,则返回指定数值 |
| AND | 逻辑关系的"且"- && |
| OR | 逻辑关系的"或"- \|\| |
| SWITCH | 数值转换 |

3) 信息函数

常见的信息函数如表7-5所示。

表7-5 常见的信息函数

| 函数 | 说明 |
| --- | --- |
| ISBLANK | 是否空值 |
| ISNUMBER | 是否数值 |
| ISTEXT | 是否文本 |
| ISNOTEST | 是否非文本 |
| ISERROR | 是否错误 |

4) 数学函数

常见的数学函数如表7-6所示。

表7-6 常见的数学函数

| 函数 | 说明 |
| --- | --- |
| ABS | 绝对值 |
| ROUND | 四舍五入 |
| ROUNDUP | 向上舍入 |
| ROUNDDOWN | 向下舍入 |
| INT | 向下舍入到整数(取整数) |

5) 文本函数

常见的文本函数如表7-7所示。

表7-7 常见的文本函数

| 函数 | 说明 |
| --- | --- |
| FORMAT | 日期或数字格式的转换 |
| LEFT | 从左向右取 |
| RIGHT | 从右向左取 |
| MID | 从中间开始取 |

续表

| 函数 | 说明 |
|---|---|
| LEN | 返回指定字符串的长度 |
| FIND | 查找 |
| SEARCH | 查找 |
| REPLACE | 替换 |
| SUBSTITUTE | 查找替换 |
| VALUE | 转换成数值 |
| BLANK | 返回空值 |
| CONCATENATE | 连接字符串，等同于"&" |
| LOWER | 将字母转换成小写 |
| UPPER | 将字母转换成大写 |
| TRIM | 从文本中删除两个词之间除了单个空格外的所有空格 |
| REPT | 重复字符串 |

6) 转换函数

常见的转换函数如表 7-8 所示。

表7-8 常见的转换函数

| 函数 | 说明 |
|---|---|
| FORMAT | 日期或数字格式的转换 |
| VALUE | 转换成数值 |
| INT | 转换成整数 |
| DATE | 转换成日期格式 |
| TIME | 转换成时间格式 |
| CURRENCY | 转换成货币 |

7) 日期函数

常见的日期函数如表 7-9 所示。

表7-9 常见的日期函数

| 函数 | 说明 |
|---|---|
| YEAR | 返回当前日期的年份 |
| MONTH | 返回 1 到 12 的月份的整数 |
| DAY | 返回月中第几天的整数 |
| HOUR | 返回 0 到 23 的整数(小时) |
| MINUTE | 返回 0 到 59 的整数(分钟) |
| SECOND | 返回 0 到 59 的整数(秒) |

续表

| 函数 | 说明 |
| --- | --- |
| TODAY | 返回当前的日期 |
| NOW | 返回当前的日期和时间 |
| DATE | 根据年、月、日生成日期 |
| TIME | 根据时、分、秒生成日期时间 |
| DATEVALUE | 将文本格式的日期转换成日期格式 |
| TIMEVALUE | 将文本格式的时间转换成日期时间格式 |
| EDATE | 调整日期格式中的月份 |
| EOMONTH | 返回调整后的日期中月份的最后一天 |
| WEEKDAY | 返回1到7的整数(星期几)，返回参数建议使用2 |
| WEEKNUM | 当前日期在一整年中的周数(1月1日开始算) |

8) 关系函数

常见的关系函数如表7-10所示。

表7-10　常见的关系函数

| 函数 | 说明 |
| --- | --- |
| RELATED | 从"一"端提取/引用"多"端的列值 |
| RELATEDTABLE | 从"多"端提取/引用"一"端的相关行的表格 |

9) 高级聚合函数

常见的高级聚合函数如表7-11所示。

表7-11　常见的高级聚合函数

| 函数 | 说明 |
| --- | --- |
| SUMX | 求和 |
| AVERAGEX | 求平均值 |
| MAXX | 求最大值 |
| MINX | 求最小值 |
| COUNTX | 数值格式的计数 |
| COUNTAX | 所有格式的计数 |
| MEDIENX | 求中位值 |
| RANKX | 排名 |

由于这几个函数可以循环访问表的每一行并执行计算，所以也被称为迭代函数。

10) 时间智能函数

常见的时间智能函数如表7-12所示。

表7-12 常见的时间智能函数

| 函数 | 说明 |
| --- | --- |
| PREVIOUSYEAR/Q/M/D: | 上一年/季/月/日 |
| NEXTYEAR/Q/M/D | 下一年/季/月/日 |
| TOTALYTD/QTD/MTD | 年/季/月初至今 |
| SAMEPERIODLASTYEAR | 上年同期 |
| PARALLELPERIOD | 上一期 |
| DATESINPERIOD | 指定期间的日期 |
| DATEADD | 日期推移 |

利用时间智能函数,可以灵活地筛选出一段需要的时间区间,做同比、环比、滚动预测、移动平均等数据分析时,都会用到这类函数。

11) 筛选器函数

常见的筛选器函数如表7-13所示。

表7-13 常见的筛选器函数

| 函数 | 说明 |
| --- | --- |
| FILTER | 按条件筛选数据 |
| VALUES | 返回列或表去重后的结果 |
| TOPN | 返回前几名的数据 |
| ALL | 所有数据 |
| ALLEXCEPT | 所有数据除了… |
| ALLNONBLANKROW | 返回非空白的数据 |

(1) ALL 函数。

ALL 函数属于筛选函数,不能单独使用,一般与 CALCULATE 函数一起使用。ALL 函数的一般格式:ALL(表或列)。ALL 函数的功能是返回表或列的所有值。ALL 函数的作用是清除一切外部筛选,并能扩大筛选范围。

(2) FILTER 函数。

FILTER 函数也属于筛选函数,被称作高级筛选器函数,其不能单独使用,一般与 CALCULATE 函数一起使用,它的作用是按指定筛选条件返回一张表。利用 FILTER 函数可以实现更加复杂的筛选。

FILTER 函数的一般格式:FILTER(表,筛选条件)。

- 第一个参数是要筛选的表。
- 第二个参数是筛选条件。
- 返回的是一张表,不能单独使用,需要与其他函数(通常是 CALCULATE 函数)结合使用。

### 7.3.2 认识CALCULATE函数

CALCULATE 函数被称作 DAX 中最强大的计算器函数。

CALCULATE 函数的一般格式：CALCULATE(表达式,条件1,条件2…)。

- 第一个参数是计算表达式，可以执行各种聚合运算。
- 从第二个参数开始，是一系列筛选条件，可以为空；如果有多个筛选条件，用逗号分隔。
- 所有筛选条件的交集形成最终的筛选数据集合。
- 根据筛选出的数据集合执行第一个参数的聚合运算并返回运算结果。

需要说明的是，CALCULATE 函数内部的筛选条件若与外部筛选条件重合，会强制删除外部筛选条件，按内部筛选条件执行。

【案例要求】生成门店为长春市的不同产品分类、不同年度的销售金额数据表。

【案例数据】案例数据\第7章\7-8-数据建模.pbix

本案例导入表格数据为4个维度表(产品表、日期表、门店表和会员表)和1个事实表(销售表)，在销售表下创建"长春市门店销售金额"度量值。

长春市门店销售金额 = CALCULATE('销售表'[销售金额],FILTER('门店表','门店表'[店铺名称]="长春市"))

说明：上述度量值因筛选条件比较简单，也可以不用 FILTER 函数作为筛选条件，简化为如下表达。

长春市门店销售金额=CALCULATE('销售表'[销售金额],'门店表'[店铺名称]="长春市")

在度量值中，若出现复杂的筛选，可使用 FILTER 函数。

**步骤1**：在 PowerBI Desktop 中，打开"7-8-数据建模.pbix"文件，单击左侧的数据视图图标，选择右侧"销售表"，执行"表工具→新建度量值"命令。

**步骤2**：在公式编辑栏输入度量值公式"长春市门店销售金额 = CALCULATE('销售表'[销售金额],FILTER('门店表','门店表'[店铺名称]="长春市"))"，如图7-19所示。

| 订单号 | 订单日期 | 店铺ID | 产品ID | 会员ID | 数量 | 单价 | 金额 |
|---|---|---|---|---|---|---|---|
| N2000075 | 2019年1月3日 | 110 | 3001 | 3508 | 4 | 2 | 8 |
| N2000082 | 2019年1月4日 | 103 | 3001 | 4024 | 4 | 2 | 8 |
| N2000092 | 2019年1月4日 | 102 | 3001 | 6721 | 4 | 2 | 8 |
| N2000117 | 2019年1月4日 | 105 | 3001 | 8058 | 4 | 2 | 8 |
| N2000157 | 2019年1月6日 | 108 | 3001 | 7370 | 4 | 2 | 8 |

图7-19 设置度量值公式

**步骤3**：单击左侧的报表视图图标，再单击可视化中的矩阵图标，设置相关参数，如图 7-20 所示。

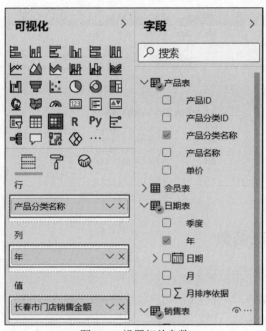

图7-20　设置相关参数

**步骤4**：单击格式图标，设置列标题、行标题、值的文本大小为15，如图7-21所示。

图7-21　设置格式

**步骤5**：生成的矩阵表，如图7-22所示。

图7-22 生成的矩阵表

### 7.3.3 认识DIVIDE函数

在做数据分析时,很多指标都是相对值,如环比增长率、利润率、存货周转率、离职率、借款逾期率等,它们的数学表达式都使用了除法,可以用运算符"/"进行除法运算,但当分母为0时,会报错。

DIVIDE函数又叫安全除法函数,其格式为:DIVIDE(分子,分母)。它的好处是当分母为0时,不报错,可以显示为空或其他特定信息。

【案例要求】计算销售金额环比增长率。

【案例数据】案例数据\第7章\7-9-数据建模.pbix

本案例导入表格数据为4个维度表(产品表、日期表、门店表和会员表)和1个事实表(销售表),在销售表下创建如下两个度量值,用以计算销售金额的环比增长率。

上月销售额 = CALCULATE('销售表'[销售金额],PREVIOUSMONTH('日期表'[日期]))

销售金额环比 = DIVIDE('销售表'[销售金额]-'销售表'[上月销售额],'销售表'[上月销售额])

**步骤1:** 在PowerBI Desktop中,打开"7-9-数据建模.pbix"文件,单击左侧的数据视图图标,选择右侧"销售表",执行"主页→新建度量值"命令。

**步骤2:** 在公式编辑栏中输入度量值公式"上月销售额 = CALCULATE('销售表'[销售金额],PREVIOUSMONTH('日期表'[日期]))",如图7-23所示。

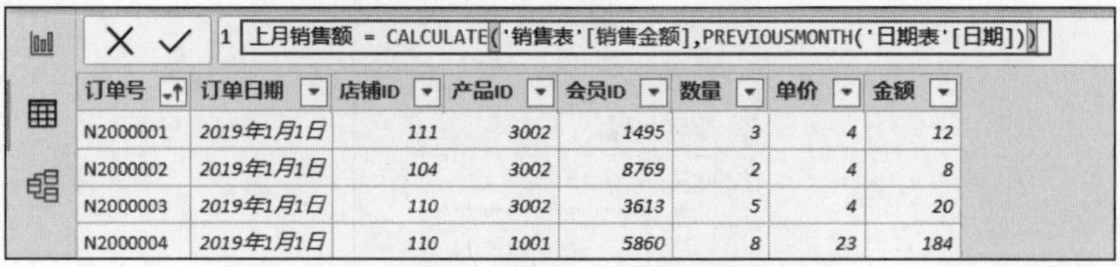

图7-23 输入度量值公式—上月销售额

**步骤3:** 继续新建度量值,在公式编辑栏中输入度量值公式"销售金额环比 = DIVIDE('销售表'[销售金额]-'销售表'[上月销售额],'销售表'[上月销售额])",如图7-24所示。

**步骤4:** 单击左侧的报表视图图标,再单击可视化中的矩阵图标,设置相关参数,如图7-25所示。

第 7 章　PowerBI 数据建模与 DAX 公式

| 订单号 | 订单日期 | 店铺ID | 产品ID | 会员ID | 数量 | 单价 | 金额 |
|---|---|---|---|---|---|---|---|
| N2000001 | 2019年1月1日 | 111 | 3002 | 1495 | 3 | 4 | 12 |
| N2000002 | 2019年1月1日 | 104 | 3002 | 8769 | 2 | 4 | 8 |
| N2000003 | 2019年1月1日 | 110 | 3002 | 3613 | 5 | 4 | 20 |
| N2000004 | 2019年1月1日 | 110 | 1001 | 5860 | 8 | 23 | 184 |

销售金额环比 = DIVIDE('销售表'[销售金额]-'销售表'[上月销售额],'销售表'[上月销售额])

图7-24　输入度量值公式—销售金额环比

图7-25　设置相关参数

**步骤 5**：选中"销售金额环比"度量值，单击"度量工具"菜单，再单击%图标，设置小数位为 2，如图 7-26 所示。

图7-26　设置数据格式

**步骤 6**：生成的表，如图 7-27 所示。

| 年 | 月 | 销售金额 | 上月销售额 | 销售金额环比 |
|---|---|---|---|---|
| 2019年 | 1月 | 34719 | | |
| 2020年 | 1月 | 53828 | 58566 | -8.09% |
| 2019年 | 2月 | 44600 | 34719 | 28.46% |
| 2020年 | 2月 | 67989 | 53828 | 26.31% |
| 2019年 | 3月 | 58384 | 44600 | 30.91% |
| 2020年 | 3月 | 52194 | 66045 | -20.97% |
| 2019年 | 4月 | 57670 | 58384 | -1.22% |
| 2020年 | 4月 | 68765 | 51763 | 32.85% |
| 2019年 | 5月 | 55752 | 57670 | -3.33% |
| 2020年 | 5月 | 77570 | 67974 | 14.12% |
| 2019年 | 6月 | 53374 | 55752 | -4.27% |
| 2020年 | 6月 | 71296 | 79118 | -9.89% |
| 2019年 | 7月 | 56581 | 53374 | 6.01% |
| 2020年 | 7月 | 92083 | 71426 | 28.92% |
| 2019年 | 8月 | 55765 | 56581 | -1.44% |
| 2020年 | 8月 | 100738 | 91165 | 10.50% |
| 2019年 | 9月 | 54795 | 55765 | -1.74% |
| 2020年 | 9月 | 114539 | 101419 | 12.94% |
| 2019年 | 10月 | 55693 | 54795 | 1.64% |
| 2020年 | 10月 | 123940 | 111766 | 10.89% |
| 2019年 | 11月 | 56224 | 55693 | 0.95% |
| 2020年 | 11月 | 129260 | 123249 | 4.88% |
| 2019年 | 12月 | 58566 | 56224 | 4.17% |
| 2020年 | 12月 | 143109 | 130020 | 10.07% |
| 总计 | | 1737434 | | |

图7-27　生成的表

## 【本章小结】

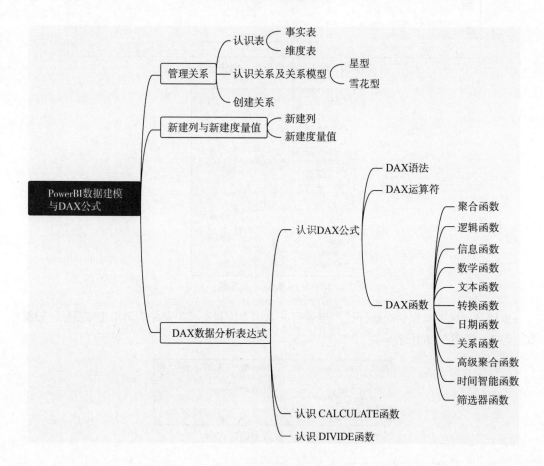

## 【本章习题】

一、单选题

1. 下列关于维度表和事实表，说法正确的有(　　)。
   A. 维度表的主要特点是包含类别属性信息，数据量较大
   B. 事实表的主要特点是含有多列数值类型的数据，能够提取度量值信息
   C. 维度表多是关系视图中"1"的一端
   D. 事实表的数据量通常较小

2. 星型布局模式的特点是在事实表外侧只有(　　)维度表。
   A. 一层　　　　B. 二层　　　　C. 三层　　　　D. 多层

3. 创建的度量值将显示在带有(　　)图标的字段列表中。
   A. ▦　　　　　B. ∑　　　　　C. 🖩　　　　　D. 📅

4. 在做同比、环比、滚动预测、移动平均等数据分析时，通常会用到(　　)函数。
   A. 聚合　　　　B. 关系　　　　C. 转换　　　　D. 时间智能

5. DIVIDE 函数又叫( )函数。
   A. 聚合　　　　　B. 安全除法　　　　C. 分解　　　　　D. 时间智能

二、多选题

1. 在微软 PowerBI 中，根据关系的不同，可以将其分成( )类。
   A. 多对多　　　　B. 一对多　　　　　C. 多对一　　　　D. 一对一
2. 在微软 PowerBI 中，关系模型的布局包括( )。
   A. 星型　　　　　B. 雪花型　　　　　C. 层次性　　　　D. 网状型
3. 图 7-28 中，属于新建度量值的是( )。

图7-28　销售表

   A. 单价　　　　　B. 销售金额　　　　C. 销售数量　　　D. 订单号
4. DAX 公式中，"[ ]"用来引用( )。
   A. 表名　　　　　B. 列名　　　　　　C. 行名　　　　　D. 度量值名
5. DAX 公式中，下列属于时间智能函数的有( )。
   A. PREVIOUSYEAR　　　　　　　　　B. TOTALYTD
   C. RANKX　　　　　　　　　　　　　D. DATEADD

三、判断题

1. 在微软 PowerBI 中，关系就是两个数据表之间建立在每个表中的一个行的基础上的联系。　　　　　　　　　　　　　　　　　　　　　　　　　　　　　　( )
2. 度量值是 PowerBI 数据建模的"灵魂"。　　　　　　　　　　　　　　　( )
3. 度量值是用 DAX 公式创建一个真实字段的数据值。　　　　　　　　　( )
4. CALCULATE 函数内部的筛选条件若与外部筛选条件重合，会强制删除内部筛选条件，按外部筛选条件执行。　　　　　　　　　　　　　　　　　　　　　　　( )
5. DIVIDE 函数的好处是当分母为 0 时，不报错，可以显示为空或其他特定信息。( )

## 四、思考题

1. 请说一说 PowerBI 中两种关系模型是什么？在应用时应如何选择？
2. 请说一说 PowerBI 数据建模中，新建列和新建度量值有何区别？在实际工作中如何应用？
3. DAX 公式的语法有何特点？
4. DAX 函数有哪些类？
5. 结合本项目案例，说一说 CALCULATE 函数和 DIVIDE 函数的用法。

## 五、实训题

结合第 6 章实训题，做如下练习。
1. 根据加载的数据表，进行数据建模(创建关系)。
2. 建立合适的度量值，以满足数据可视化要求。

# 第8章

# PowerBI数据可视化

**学习目标**

- 熟悉PowerBI默认可视化元素、常见自定义可视化元素;
- 掌握常用可视化元素的设置操作;
- 熟悉图表的美化操作;
- 掌握图表的筛选、钻取和编辑交互。

## 引导案例

### "烘焙工坊"各门店今年销售任务完成了吗

本章仍以"烘焙工坊"案例数据为基础,增加了维度表"会员表"和"任务表"。

**1. 维度表和事实表**

本案例有4个维度表(产品表、日期表、门店表和会员表)和2个事实表(销售表和任务表),主要介绍如下。

- 产品表:包括产品分类ID、产品分类名称、产品ID、产品名称和单价5个字段,包含7条数据(记录)。
- 日期表:包括日期、年、月和季度4个字段,包含730条数据。
- 门店表:包括店铺ID、店铺名称和省份名称3个字段(说明:店铺名称简化为城市名,方便进行地图可视化),包含22条数据。
- 会员表:包括会员ID、性别2个字段,包含3111条数据。
- 销售表:包括订单号、订单日期、店铺ID、产品ID、会员ID和数量6个字段,包含24812条数据。
- 任务表:包括店铺名称、年度、任务和日期4个字段,包含33条数据。

## 2. 关系模型

本案例关系模型如图8-1所示。

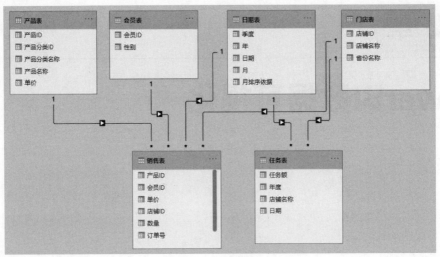

图8-1 关系模型

## 3. 度量值

本案例共新建10个度量值，分别如下。

- 销售金额 = SUM('销售表'[金额])
- 销售数量 = SUM('销售表'[数量])
- 营业店铺数量 = DISTINCTCOUNT('销售表'[店铺ID])
- 单店平均销售额 = [销售金额]/[营业店铺数量]
- 上月销售额 = CALCULATE('销售表'[销售金额],PREVIOUSMONTH('日期表'[日期]))
- 销售金额环比 = DIVIDE('销售表'[销售金额]-'销售表'[上月销售额],'销售表'[上月销售额])
- 上年销售额 = CALCULATE('销售表'[销售金额],SAMEPERIODLASTYEAR('日期表'[日期]))
- 销售金额同比 = DIVIDE('销售表'[销售金额]-'销售表'[上年销售额],'销售表'[上年销售额])
- 销售任务额 = SUM('任务表'[任务额])
- 任务额完成度 = DIVIDE('销售表'[销售金额],'任务表'[销售任务额])

# 8.1 常用可视化图表

虽然Excel也可以制作很精美的图表，但是与PowerBI相比，Excel的可视化展现还是略逊一筹。PowerBI的图表不仅可以交互，还可以钻取，在图表的样式上也大大超越了Excel。PowerBI常见的可视化图表有条形图、柱形图、折线图、面积图、散点图和地图等。

> 📖 **【案例数据】**案例数据\第8章\8-1-数据可视化-原始.pbix

**【案例结果】**案例数据\第 8 章\8-1-数据可视化-常见可视化图表.pbix

根据表 8-1 提示，完成常见可视化图表的设置练习。练习结果可对照"8-1-数据可视化-常见可视化图表.pbix"。

PowerBI 常见可视化图表含义及属性设置如表 8-1 所示。

表8-1 PowerBI常见可视化图表含义及属性设置

| 图表类型 | 含义 | 属性设置 |
| --- | --- | --- |
| 条形图 | 条形图利用条状的长度反映数据的差异，适合于多个项目分类排名比较。<br>条形图可分为简单条形图、堆积条形图、簇状条形图、百分比堆积条形图 | ● 简单条形图<br>轴：产品分类名称<br>值：销售金额<br>● 其他<br>轴：产品分类名称<br>图例：产品名称<br>值：销售金额 |
| 柱形图 | 柱形图是利用柱子的高度反映数据的差异。当数据的组数较多时，比较适合使用条形图。<br>柱形图分为简单柱形图、堆积柱形图、簇状柱形图、百分比堆积柱形图 | ● 简单柱形图<br>轴：季度<br>值：销售金额<br>● 其他<br>轴：产品分类名称<br>图例：产品分类名称<br>值：销售金额 |
| 折线图 | 折线图连接各个单独的数据点，适合显示相等时间间隔下的数据趋势，如近一年股价的变化、用户的增长趋势等。若与柱形图结合，可提供多维度的序列分析 | 轴：月<br>图例：产品分类名称<br>值：销售金额 |
| 面积图 | 面积图主要是反映各类别数据变化的趋势及占比情况，包括分区图和堆积面积图。分区图除了可以表达折线图的变化趋势，通过没有重叠的阴影面积更能反映差距变化的部分；堆积面积图中，色彩不会重叠，纵轴数据对应的是总体的值 | 轴：月<br>图例：产品分类名称<br>值：销售金额 |
| 组合图 | 将折线图和柱形图合并在一起的单个可视化效果。<br>(1) 具有 X 轴相同的折线图和柱形图；<br>(2) 比较具有不同值范围的多个度量值；<br>(3) 在一个可视化效果中说明两个度量值之间的关联；<br>分为折线和堆积柱形图、折线和簇状柱形图 | 共享轴：月<br>列序列：产品分类名称<br>列值：销售金额<br>行值：销售数量 |
| 丝带图 | 能够高效地显示排名变化，并且会在每个时间段内始终将最高排名(值)显示在最顶部 | 轴：月<br>图例：产品分类名称<br>值：销售金额 |

续表

| 图表类型 | 含义 | 属性设置 |
|---|---|---|
| 散点图 | 在直角坐标系中,用两组数据构成多个坐标点,这些点的分布图就是散点图,根据点的分布及大致趋势,判断两个变量之间是否存在某种相关关系;气泡图将数据点替换为气泡,用气泡大小表示数据的其他维度 | 图例:店铺名称<br>X 轴:销售金额<br>Y 轴:销售数量<br>大小:销售金额<br>播放轴:月 |
| 瀑布图 | 瀑布图也叫阶梯图,是根据数据的正负值来表示增加和减少,并以此来表达柱子的上升和下降,根据柱子的变化序列来展示最终数据的生成过程 | 类别:产品名称<br>值:销售金额 |
| 饼图和圆环图 | 都显示部分与整体的关系,适合展示每一部分所占全部的百分比。圆环图与饼图唯一的区别是中心为空 | 图例:产品分类名称<br>值:销售金额 |
| 树状图 | 也叫矩形树图,每一个数据以矩形表示,矩形大小按数据在整体中的比重显示,所有数据矩形错落有致地排放在一个整体的大矩形中 | 组:产品名称<br>值:销售金额 |
| 地图 | 微软的必应地图,分为三类:气泡地图、着色地图和 ArcGIS Map。<br>气泡地图,在地图上利用气泡的大小来表示不同地区的数据,气泡越大,则表示数据值越大 | 位置:店铺名称(省份或城市)<br>图例:店铺名称<br>大小:销售金额 |
| 漏斗图 | 漏斗图适于有顺序、多阶段的流程分析,通过各流程的数据变化,以及初始阶段和最终目标的两端漏斗差距,快速发现问题所在。漏斗图的每个阶段代表总数的百分比 | 组:产品名称<br>值:销售金额 |
| 仪表图 | 仪表盘形状的图。默认可视化中,实际数据总是显示在仪表盘的中间位置,而仪表盘的最小值为 0,最大值为实际数据的 2 倍;实际应用中,可设置最大值和最小值,使得实际值出现在仪表盘的右侧,接近最大值的位置。<br>仪表图广泛应用于经营数据分析、财务指标跟踪和绩效考核等方面 | ● 属性<br>值:销售金额<br>目标值:销售任务额<br>● 格式<br>测量轴-最大:2200000 |
| 卡片图和多行卡 | 卡片图,以卡片形式显示一个关键数据,关键绩效指标通常用卡片图表达;多行卡是可以同时展示多个指标数据的卡片 | 字段:销售金额<br>字段:任务额完成度 |
| KPI | 关键绩效指标。KPI 可视化对象基于特定的指标值,旨在帮助用户针对既定的目标,评估指标的当前值和状态 | 指标:销售金额<br>走向轴:年<br>目标值:销售任务额 |
| 表和矩阵 | 表实际上是一维表;矩阵实际上是二维表 | ● 表<br>值:年、月、销售金额等<br>● 矩阵<br>行:店铺名称<br>列:产品名称<br>值:销售金额 |
| 切片器 | 本质上是筛选器,其不是为了呈现数据,而是根据切片器的选择,控制其他可视化对象显示相应的数据,因此,一般将维度表的数据放入切片器中 | 字段:年、季度、月 |

## 8.1.1 新建仪表图

仪表图即类似于仪表盘形状的图形。在生活中，仪表盘常为一个半圆弧形状，而仪表图也是半圆弧形状。作为企业的领导者，经常需要关注企业的关键数据指标及该指标与预算数相比的完成度，而这种数据指标的最佳表达方式就是仪表图。在 PowerBI 的默认可视化中，实际数据总是显示在仪表盘的中间位置，而仪表盘的最小值为 0，最大值为实际数据的 2 倍，目标值根据实际数据完成情况显示在实际数据左右。

在实际应用中，通常可设置最大值和最小值，使得实际值出现在仪表盘的右侧，接近最大值的位置。

仪表图广泛应用于经营数据分析、财务指标跟踪和绩效考核等方面，如显示某个目标的进度、表示百分比指标值(如 KPI)、显示单个指标的健康状况。

【案例要求】新建数值仪表图(以仪表盘展示销售金额与任务额，从而查看销售额的完成情况)。

【案例数据】案例数据\第8章\8-1-数据可视化-原始.pbix

**步骤 1**：打开"8-1-数据可视化-原始.pbix"文件，单击 PowerBI 窗口左侧的报表视图 图标，新建表页，将其改名为"仪表图"。

**步骤 2**：单击"可视化"下的"仪表"图标，按图 8-2 设置图表属性，按图 8-3 设置图表格式，设置"测量轴-最大"为 2200000，设置"数据标签、目标、标注值"中值的小数位为 2。

图8-2 设置属性

图8-3 设置格式

**步骤 3**：生成的仪表图如图 8-4 所示。

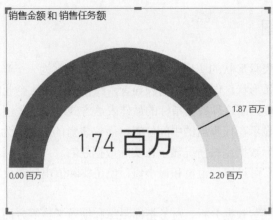

图8-4 生成的仪表图

## 8.1.2 新建百分比仪表图

当仪表盘并不需要展示具体数据，只是展示某个数据(如销售金额)的完成情况，即完成度(百分比)时，将格式"测量轴"中的最大值设置为 1 即可。

**【案例要求】**新建百分比仪表图(以仪表盘展示销售金额完成度，从而查看销售额的完成情况)。

**【案例数据】**案例数据\第8章\8-1-数据可视化-原始.pbix

**步骤1：**打开"8-1-数据可视化-原始.pbix"文件，单击 PowerBI 窗口左侧的报表视图 图标，选择"仪表图"报表页。

**步骤2：**单击"可视化"下的"仪表"图标，按图 8-5 设置图表属性，按图 8-6 设置图表格式。

图8-5 设置图表属性

图8-6 设置图表格式

步骤3：生成的百分比仪表图如图8-7所示。

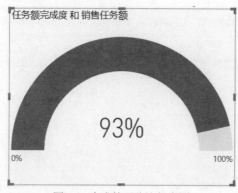

图8-7 生成的百分比仪表图

## 8.1.3 新建表

PowerBI中的表实际上是一维表的概念，可以将任何字段和度量值拖曳到表格中，查看它们之间的关系。

【案例要求】新建表(以表的形式展示不同年度、不同月份的销售金额、上月销售额、销售金额环比、上年销售额、销售金额同比等数据)。

【案例数据】案例数据\第8章\8-1-数据可视化-原始.pbix

步骤1：打开"8-1-数据可视化-原始.pbix"文件，单击 PowerBI 窗口左侧的报表视图图标，新建表页，将其改名为"表和矩阵"。

步骤2：单击"可视化"下的"表"图标，按图 8-8 设置图表属性，分别选中"销售金额环比""销售金额同比"两个度量值；在"度量工具"菜单下的"格式"列表中，设置百分比和小数位，如图 8-9 所示。

图8-8 设置图表属性

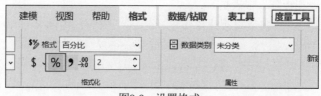

图8-9 设置格式

步骤 3：生成的表，如图 8-10 所示。

| 年 | 月 | 销售金额 | 上月销售额 | 销售金额环比 | 上年销售额 | 销售金额同比 |
|---|---|---|---|---|---|---|
| 2019年 | 1月 | 34719 | | | | |
| 2019年 | 2月 | 44600 | 34719 | 28.46% | | |
| 2019年 | 3月 | 58384 | 44600 | 30.91% | | |
| 2019年 | 4月 | 57670 | 58384 | -1.22% | | |
| 2019年 | 5月 | 55752 | 57670 | -3.33% | | |
| 2019年 | 6月 | 53374 | 55752 | -4.27% | | |
| 2019年 | 7月 | 56581 | 53374 | 6.01% | | |
| 2019年 | 8月 | 55765 | 56581 | -1.44% | | |
| 2019年 | 9月 | 54795 | 55765 | -1.74% | | |
| 2019年 | 10月 | 55693 | 54795 | 1.64% | | |
| 2019年 | 11月 | 56224 | 55693 | 0.95% | | |
| 2019年 | 12月 | 58566 | 56224 | 4.17% | | |
| 2020年 | 1月 | 53828 | 58566 | -8.09% | 34719 | 55.04% |
| 2020年 | 2月 | 67989 | 53828 | 26.31% | 48321 | 40.70% |
| 2020年 | 3月 | 52194 | 66045 | -20.97% | 56520 | -7.65% |
| 2020年 | 4月 | 68765 | 51763 | 32.85% | 56715 | 21.25% |
| 2020年 | 5月 | 77570 | 67974 | 14.12% | 56808 | 36.55% |
| 2020年 | 6月 | 71296 | 79118 | -9.89% | 52860 | 34.88% |
| 2020年 | 7月 | 92083 | 71426 | 28.92% | 57547 | 60.01% |
| 2020年 | 8月 | 100738 | 91165 | 10.50% | 55273 | 82.26% |
| 2020年 | 9月 | 114539 | 101419 | 12.94% | 54864 | 108.77% |
| 2020年 | 10月 | 123940 | 111766 | 10.89% | 56185 | 120.59% |
| 2020年 | 11月 | 129260 | 123249 | 4.88% | 55827 | 131.54% |
| 2020年 | 12月 | 143109 | 130020 | 10.07% | 56484 | 153.36% |
| 总计 | | 1737434 | | | 642123 | 170.58% |

图8-10 生成的表

## 8.1.4 新建矩阵

PowerBI 中的矩阵实际上是二维表的概念，表格是以逻辑序列的行和列表示的包含相关数据的网格，它还包含表头和合计行。因此，矩阵也可以理解为数据透视表。矩阵可以通过拖曳相关指标，了解更加明细的数据，从而起到数据透视表的功能。

【案例要求】新建矩阵(以矩阵的形式展示不同店铺、不同产品的销售金额情况)。

【案例数据】案例数据\第8章\8-1-数据可视化-原始.pbix

步骤 1：打开"1-数据可视化-原始.pbix"文件，单击 PowerBI 窗口左侧的报表视图 图标，选择"表和矩阵"报表页。

步骤 2：单击"可视化"下的"矩阵"图标，按图 8-11 设置图表属性，生成的矩阵图如图 8-12 所示。

第 8 章 PowerBI 数据可视化

图8-11 设置图表属性

| 店铺名称 | 果汁 | 可乐 | 牛角面包 | 曲奇饼干 | 全麦面包 | 苏打饼干 | 吐司面包 | 总计 |
|---|---|---|---|---|---|---|---|---|
| 北京市 | 5516 | 4136 | 33696 | 14808 | 17652 | 8238 | 30866 | 114912 |
| 大连市 | 6088 | 3344 | 28152 | 13496 | 14796 | 7824 | 32453 | 106153 |
| 福州市 | 1756 | 1064 | 11934 | 5384 | 5232 | 3102 | 14628 | 43100 |
| 广州市 | 2692 | 1644 | 15300 | 6104 | 7296 | 4452 | 14214 | 51702 |
| 贵阳市 | 2008 | 1366 | 11250 | 5600 | 6636 | 3468 | 13915 | 44243 |
| 哈尔滨市 | 5120 | 3316 | 29376 | 13344 | 15864 | 8274 | 30912 | 106206 |
| 杭州市 | 2352 | 1336 | 13788 | 6592 | 7200 | 3906 | 15410 | 50584 |
| 合肥市 | 2340 | 1212 | 12924 | 6680 | 6636 | 3390 | 14559 | 47741 |
| 吉林市 | 5180 | 3814 | 29988 | 13632 | 17580 | 8556 | 33534 | 112284 |
| 济南市 | 5372 | 3458 | 27468 | 12440 | 15048 | 9312 | 34753 | 107851 |
| 南昌市 | 2836 | 1274 | 12834 | 4936 | 7008 | 4158 | 15088 | 48134 |
| 南京市 | 2460 | 2020 | 15966 | 6216 | 9324 | 3642 | 17457 | 57085 |
| 南宁市 | 2844 | 1998 | 13770 | 7624 | 6528 | 3768 | 15433 | 51965 |
| 上海市 | 2660 | 1450 | 17082 | 6384 | 7200 | 4158 | 14881 | 53815 |
| 沈阳市 | 5440 | 3384 | 31122 | 14600 | 16692 | 7530 | 32315 | 111083 |
| 石家庄市 | 4332 | 3354 | 29898 | 11136 | 14184 | 8226 | 33856 | 104986 |
| 太原市 | 4608 | 2996 | 23256 | 10320 | 12588 | 7200 | 28198 | 89166 |
| 天津市 | 4656 | 3400 | 29322 | 11232 | 14160 | 7746 | 24104 | 94620 |
| 武汉市 | 2392 | 1278 | 11610 | 7736 | 7128 | 3450 | 14352 | 47946 |
| 西安市 | 2616 | 1470 | 12690 | 6984 | 7020 | 3570 | 16008 | 50358 |
| 长春市 | 5860 | 4320 | 32796 | 16200 | 20160 | 11724 | 40940 | 132000 |
| 郑州市 | 4928 | 3104 | 28386 | 12520 | 13896 | 10026 | 38640 | 111500 |
| 总计 | 84056 | 54738 | 472608 | 213968 | 249828 | 135720 | 526516 | 1737434 |

图8-12 生成的矩阵图

## 8.2 自定义可视化图表

除了预置的可视化图表外，PowerBI 还提供了丰富、酷炫的自定义可视化图表库，而且会不定期更新，增加新的可视化对象。

PowerBI 常用的自定义可视化图表有马表图、子弹图、文字云、桑基图等。

### 8.2.1 添加自定义可视化对象

当默认的可视化对象不能满足可视化分析的需求时，可以加载自定义的可视化对象，加载的方法有两种：一种是直接在 PowerBI Desktop 的 "可视化" 菜单中添加；另一种是登录网址 https://app.powerbi.com/visuals 下载自定义可视化对象并安装。加载自定义的可视化对象需用账号登录 PowerBI。

【案例要求】添加自定义可视化对象(子弹图、马表、文字云、桑基图)。

【案例数据】案例数据\第8章\8-1-数据可视化-原始.pbix

步骤1：打开 "8-1-数据可视化-原始.pbix" 文件，单击 "可视化" 菜单下的 ⋯ 图标，执行 "获取更多视觉对象" 命令，选择 "PowerBI 认证" 分类，再选择 "子弹图 Bullet Chart" 选项，如图 8-13 所示。

183

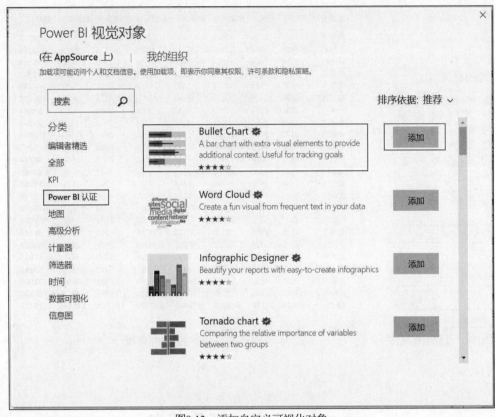

图8-13 添加自定义可视化对象

**步骤 2**：单击"添加"按钮。同理，添加"桑基图(Sankey Chart)""马表(Dial Gauge)""文字云(Word Cloud)"可视化对象，如图 8-14 所示。

图8-14 自定义可视化对象

## 8.2.2 马表图

马表图是一种带指针的仪表，通过红、黄、绿 3 种颜色的变化反映实际值与目标值的接近程度，可视化效果更加突出和有冲击力。

【案例要求】新建马表图(以马表图反映销售金额与任务额的接近程度)。

📖 【案例数据】案例数据\第8章\8-1-数据可视化-原始.pbix

在案例任务表下，新建 2 个度量值。

销售任务额最大值 ='任务表'[任务额]*1.5

销售任务额最小值 ='任务表'[任务额]*0.9

将销售任务额最小值、目标值(销售任务额)、销售任务额最大值放入马表中，可表示出红、黄、绿 3 个区域。

- 0~销售任务额最小值(0~90%)：红色区域(销售任务完成度不好)。
- 销售任务额最小值~目标值(销售任务额)(90%~100%)：黄色区域(销售任务完成度正常)。
- 目标值(销售任务额)~销售任务额最大值(100%~120%)：绿色区域(销售任务完成度很好)。

**步骤 1**：打开"8-1-数据可视化-原始.pbix"文件，根据案例数据新建 2 个度量值。

**步骤 2**：单击 PowerBI 窗口左侧的报表视图 图标，新建"马表"表页。

**步骤 3**：单击"可视化"下的"马表图"图标，按图 8-15 设置图表属性。生成的马表图如图 8-16 所示。

图8-15　设置图表属性

图8-16　生成的马表图

### 8.2.3 子弹图

子弹图是仪表的一种变化形式，可以用来展现目标的完成情况。子弹图中可以定义深红、红、黄、绿 4 种颜色，表达有待改善、一般、好和很好 4 种情况。

【案例要求】新建子弹图(以子弹图反映销售金额与任务额的接近程度)。

【案例数据】案例数据\第8章\8-1-数据可视化-原始.pbix

子弹图中的 4 个区域如下。
- 0～25%：深红色区域，有待改善。
- 25%～70%：红色区域，一般。
- 70%～100%：黄色区域，较好。
- 100%～120%：绿色区域，很好。

**步骤 1**：打开"8-1-数据可视化-原始.pbix"文件，单击 PowerBI 窗口左侧的报表视图 图标，新建"子弹图"表页。

**步骤 2**：单击"可视化"下的"子弹"图标，按图 8-17 设置图表属性，按图 8-18 设置图表数据值的格式。

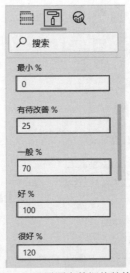

图8-17　设置图表属性　　　　图8-18　设置图表数据值的格式

**步骤 3**：生成的子弹图如图 8-19 所示。

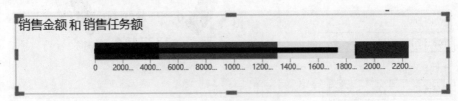

图8-19　生成的子弹图

## 8.2.4 文字云

文字云是一种很好的图形展现方式，如可以对网页或评论进行语义分析、关键词出现的频率。文字云的效果能让人们快速从一组数据中找到突出的那几个，其特别适合做文本内容挖掘的可视化，例如描绘词语出现在文本数据中频率的方式，出现频率较高的词语会以较大的形式呈现出来，而出现频率越低的词语则会以较小的形式呈现，这样使文本中出现频率较高的"关键词"呈现视觉上的突出效果，从而使观众一眼扫过文本就可以领略文本的主旨。

【案例要求】新建文字云(以文字云反映购买金额最大的会员 ID 号)。

【案例数据】案例数据\第8章\8-1-数据可视化-原始.pbix

**步骤 1**：打开"8-1-数据可视化-原始.pbix"文件，单击 PowerBI 窗口左侧的报表视图 图标，新建"文字云"表页。

**步骤 2**：单击"可视化"下的"文字云"图标，按图 8-20 设置图表属性。生成的文字云如图 8-21 所示，可以看出，购买金额最大的会员 ID 是 7663。

图8-20　设置图表属性　　　　　　图8-21　生成的文字云

## 8.2.5 桑基图

桑基图，即桑基能量分流图，也叫桑基能量平衡图，它是一种特定类型的流程图，图中延伸的分支的宽度对应数据流量的大小，通常应用于能源、材料成分、金融等数据的可视化分析。通过桑基图可以清楚地找到源头、目的地和步骤，用户可以单击链接或流程本身来进行交互。

【案例要求】新建桑基图(以桑基图反映购买不同店铺的不同产品分类的销售金额情况)。

【案例数据】案例数据\第8章\8-1-数据可视化-原始.pbix

步骤1：打开"8-1-数据可视化-原始.pbix"文件，单击PowerBI窗口左侧的报表视图图标，新建"桑基图"表页。

步骤2：单击"可视化"下的"桑基图"图标，按图8-22设置图表属性。生成的桑基图，如图8-23所示。

图8-22　设置图表属性

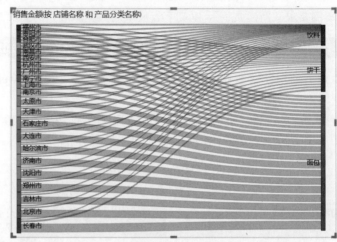

图8-23　生成的桑基图

## 8.3　图表美化

为了使生成的可视化图表更加美观，可以从切换主题和图表格式设置两个方面进行图表美化。

### 8.3.1　切换主题

PowerBI Desktop提供了默认、城市公园、教室、色盲友好、电气、高对比度、日落、黄昏等多个主题，每一个主题有不同的配色。可视化分析时，可根据数据的特点、公司的风格、公司的企业文化选择相应的主题。除了系统提供的主题外，PowerBI Desktop还提供导入主题功能。

【案例要求】切换主题(由系统默认主题切换为"城市公园"主题)。

【案例数据】案例数据\第8章\8-2-数据可视化-原始.pbix

步骤1：打开"8-2-数据可视化-原始.pbix"文件，单击PowerBI窗口左侧的报表视图图标，默认主题下的图表显示如图8-24所示。

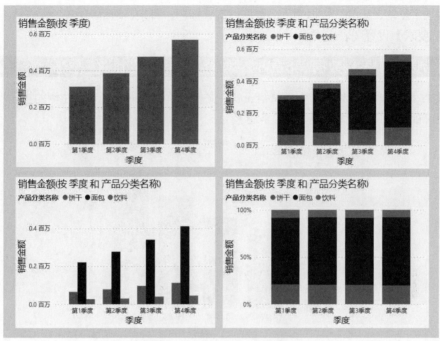

图8-24 报表主题—默认主题

**步骤2:** 执行"视图→城市公园"主题命令后,报表页的显示效果如图 8-25 所示。

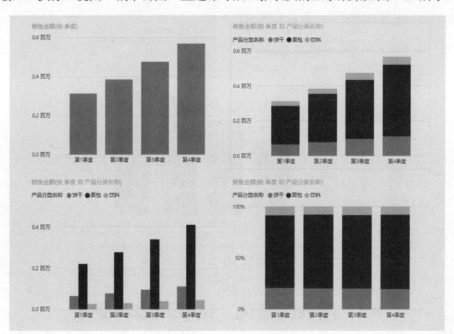

图8-25 报表主题—城市公园

## 8.3.2 设置图表格式

对于某一报表可视化对象,可以通过设置报表格式改变图表的显示风格。图表的显示风格设置有常规、X 轴、Y 轴、数据颜色、数据标签、标题、背景、边框等内容。

【案例要求】设置图表格式。

【案例数据】案例数据\第8章\8-2-数据可视化-原始.pbix

**步骤 1**：打开"8-2-数据可视化-原始.pbix"文件，单击 PowerBI 窗口左侧的报表视图 图标，选中可视化对象"柱状图"，如图 8-26 所示。

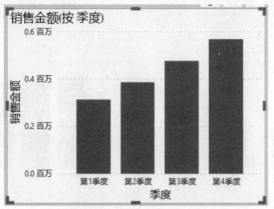

图8-26  柱状图—默认显示

**步骤 2**：选中该图表对象，执行"可视化"下的 命令后，打开图表数据标签，无显示单位，并给该图表对象加边框，设置后如图 8-27 所示。

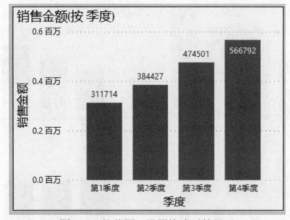

图8-27  柱状图—设置格式后的显示

## 8.4  图表的筛选、钻取和编辑交互

PowerBI Desktop 中，通过图表的筛选、钻取和编辑交互功能，可以实现更多的动态效果和对数据深入的探索。

## 8.4.1 图表的筛选

这里图表的筛选指的是通过可视化对象属性筛选器的设置而完成的筛选。准确地说，切片器和图表的钻取都属于筛选功能。

筛选器按照使用的方位可以分为视觉级筛选器、页面级筛选器和报告级筛选器。

视觉级筛选器的作用是对特定的可视化对象进行筛选后，对其他可视化对象没有影响。

页面级筛选器的作用是对特定的可视化对象进行筛选后，本报表页其他可视化对象也受到影响。

报告级筛选器的作用是对特定的可视化对象进行筛选后，所有报表页的所有可视化对象均受到影响。

根据字段类型，筛选器可以分为文本字段筛选器、数值字段筛选器、日期和时间字段筛选器，这 3 种筛选器的筛选方式如表 8-2 所示。

表8-2　3种筛选器的筛选方式

| 筛选器 | 筛选方式 |
| --- | --- |
| 文本字段筛选器 | 基本筛选：列表模式<br>高级筛选：设置复杂筛选条件(大于、小于、且和或等)<br>前 N 个：筛选该字段前 N 个数据 |
| 数值字段筛选器 | 基本筛选：列表模式 |
| 日期和时间字段筛选器 | 高级筛选：设置复杂筛选条件(大于、小于、且和或等) |

【案例要求】新建视觉级筛选器(对条形图中数据的筛选不影响本表页折线图中数据的显示)。

【案例数据】案例数据\第8章\8-3-数据可视化-原始.pbix

步骤1：打开"8-3-数据可视化-原始.pbix"文件，单击 PowerBI 窗口左侧的报表视图  图标，选择"条形图和折线图"表页。如图 8-28 所示，条形图和折线图均显示 3 个产品分类数据。

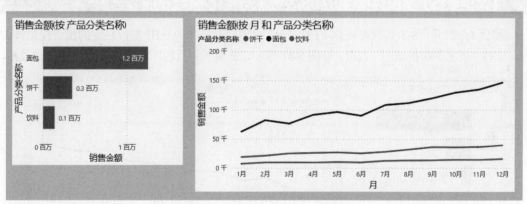

图8-28　条形图和折线图—原显示

步骤2：选中"条形图"，单击"筛选器"下的"此视觉对象上的筛选器"选项，取消选中"产品分类名称"下的"面包"选项，其他产品分类保留，如图 8-29 所示。

图8-29 设置视觉级筛选器

**步骤3**：筛选后的报表页显示效果如图8-30所示，可以看到，条形图中已经没有"面包"数据，而折线图中还有。

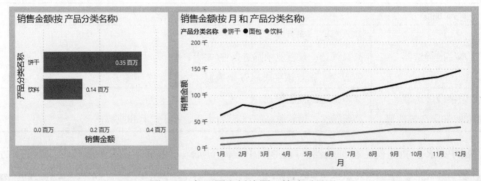

图8-30 条形图和折线图—筛选后显示

【**案例要求**】新建页面级筛选器(对条形图中数据的筛选将影响本表页折线图中数据的显示)。

【**案例数据**】案例数据\第8章\8-3-数据可视化-原始.pbix

**步骤1**：打开"8-3-数据可视化-原始.pbix"文件，单击 PowerBI 窗口左侧的报表视图 图标，选择"条形图和折线图"表页。如图8-31所示，条形图和折线图均显示3个产品分类数据。

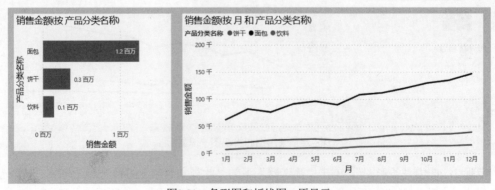

图8-31 条形图和折线图—原显示

**步骤 2**：单击"筛选器"下的"此页上的筛选器"选项，将"产品分类名称"拖曳到"此页上的筛选器"中，然后取消选中"面包"分类选项，其他产品分类保留，如图 8-32 所示。

图8-32　设置页面级筛选器

**步骤 3**：筛选后的报表页显示效果如图 8-33 所示，可以看到，条形图和折线图中均已经没有"面包"数据。

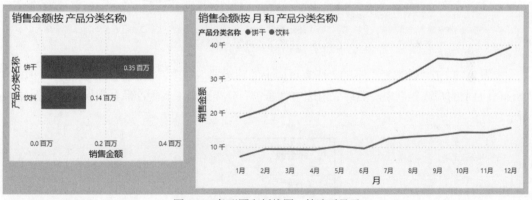

图8-33　条形图和折线图—筛选后显示

【**案例要求**】新建报告级筛选器(对条形图中数据的筛选将影响所有表页可视化对象中数据的显示)。

【**案例数据**】案例数据\第8章\8-3-数据可视化-原始.pbix

**步骤 1**：打开"8-3-数据可视化-原始.pbix"文件，单击 PowerBI 窗口左侧的报表视图 图标，"条形图和折线图"表页显示如图 8-34 所示；"柱形图和饼图"表页显示如图 8-35 所示。可以看到所有表页均显示 3 个产品分类数据。

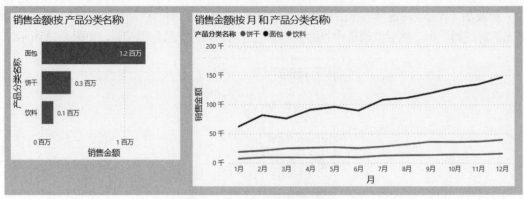

图8-34 条形图和折线图—原显示

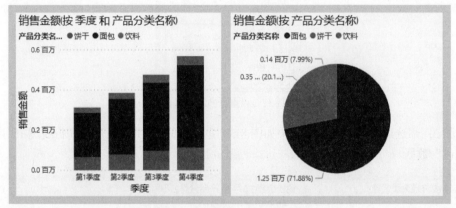

图8-35 柱形图和饼图—原显示

**步骤2：**单击"筛选器"下的"所有页面上的筛选器"选项，将"产品分类名称"拖曳到"所有页面上的筛选器"中，然后取消选中"面包"分类选项，其他产品分类保留，如图 8-36 所示。

图8-36 设置报告级筛选器

**步骤 3**：筛选后的"条形图和折线图"报表页显示效果如图 8-37 所示；筛选后的"柱形图和饼图"报表页显示效果如图 8-38 所示，可以看到，所有报表页的可视化对象中均已没有"面包"数据。

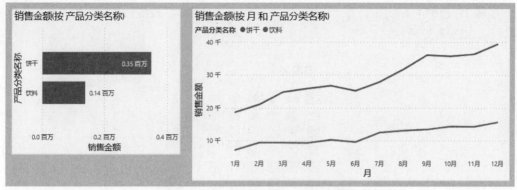

图8-37 条形图和折线图—筛选后显示

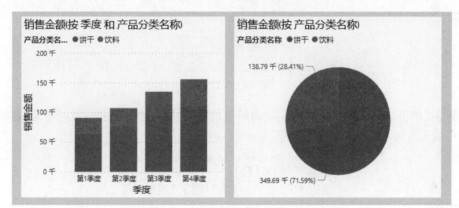

图8-38 柱形图和饼图—筛选后显示

## 8.4.2 图表的钻取

在进行可视化分析时，对当前展示的数据想看其下一层数据时，即可用到图表的钻取功能。例如，查看某一产品分类下的全部产品信息，即可用到数据的钻取。对于有层级关系的数据可以使用钻取功能，设置好钻取的层级后，在可视化对象上出现如表 8-3 所示的图标。

表8-3 各钻取图标含义

| 图标样式 | 含义 |
| --- | --- |
| ↓ | 向下钻取 |
| ↑ | 向上钻取 |
| ⇊ | 转至层次结构中的下一级别 |
| ⤓ | 转至层次结构中的所有下移级别 |

【**案例要求**】图表的钻取(对条形图中"面包"数据向下钻取，查看其具体产品名称数据)。

📖【案例数据】案例数据\第8章\8-3-数据可视化-原始.pbix

**步骤1**：打开"8-3-数据可视化-原始.pbix"文件，单击PowerBI窗口左侧的报表视图 图标，选择"条形图和折线图"表页。

**步骤2**：选中"条形图"，在"可视化"下将"产品名称"字段拖放到轴中的"产品分类名称"下，如图8-39所示。

图8-39　设置属性

**步骤3**：单击条形图上方的 ↓ 图标，再单击条形图中"面包"数据，此时不是编辑交互功能，而是展示面包下级的产品数据信息，如图8-40所示。

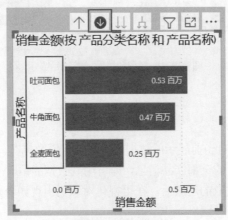

图8-40　向下钻取

### 8.4.3　图表的编辑交互

图表的编辑交互功能，是指单击某一图表的数据对象时，被单击的图表对象在本图表中突出显示，而其他图表中只显示相应的数据对象，其他数据对象不再显示，形成一种动态显示效果。图表的编辑交互功能有助于数据的联动分析，单击图表的空白处，可取消编辑交互功能。

通常，在某些时候可以控制编辑交互功能，即某一图表对象突出显示时，其他图表的相应数据并不联动变化。控制编辑交互功能的图标的含义如表 8-4 所示。

表8-4　控制编辑交互功能的图标的含义

| 图标样式 | 含义 |
| --- | --- |
| ⊘ | 单击此图标，当前图表不受编辑交互控制 |
| ⮌ | 单击此图标，当前图表恢复编辑交互控制 |

【案例要求】取消图表的编辑交互(对条形图中"面包"数据突出显示，而折线图中的数据显示不受影响)。

【案例数据】案例数据\第8章\8-3-数据可视化-原始.pbix

**步骤1**：打开"8-3-数据可视化-原始.pbix"文件，单击 PowerBI 窗口左侧的报表视图 ⮌ 图标，选择"条形图和折线图"表页。

**步骤2**：选中"条形图"中的"面包"数据，可以看到条形图中"面包"数据突出显示，而折线图中只显示"面包"数据，如图 8-41 所示。

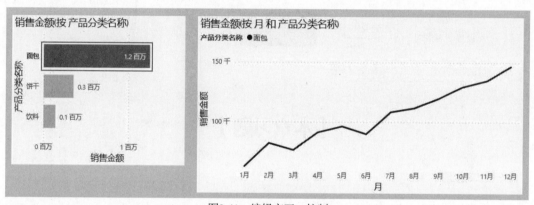

图8-41　编辑交互—控制

**步骤3**：执行"格式→编辑交互"命令，单击折线图右上角的 ⊘ 图标，则折线图不受编辑交互功能控制，如图 8-42 所示。单击折线图右上角的 ⮌ 图标，可恢复编辑交互功能。

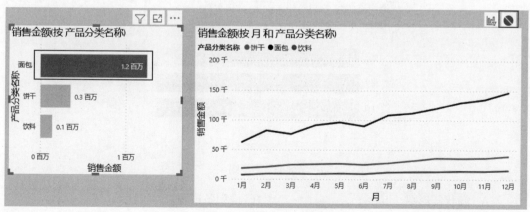

图8-42　编辑交互—非控制

## 【本章小结】

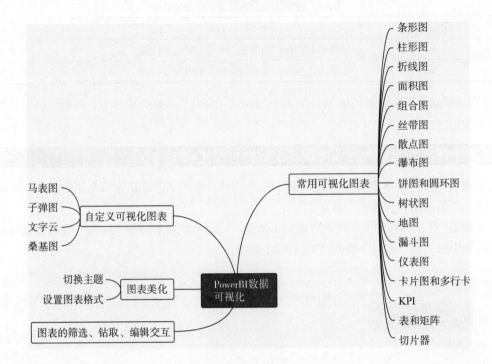

## 【本章习题】

一、单选题

1. 下列属于 PowerBI 自定义可视化元素的有(　　)。
   A. 条形图　　　　B. 桑基图　　　　C. 散点图　　　　D. 饼图
2. 图 8-43 所示的图形属于(　　)。

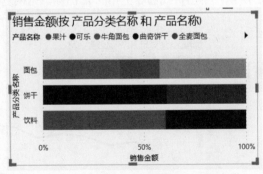

图8-43　习题图

A. 簇状条形图　　　　　　　　B. 堆积条形图
C. 百分比堆积条形图　　　　　D. 简单条形图

3. 下列可视化元素能够清晰地反映数据变化趋势的是(   )。
   A. 折线图　　　　B. 桑基图　　　　C. 散点图　　　　D. 饼图
4. 下列图形适合跟踪某产品从推广到购买转化的业务流程的是(   )。
   A. 条形图　　　　B. 漏斗图　　　　C. 树状图　　　　D. 折线图
5. 单击(   )图标，表示当前图表不受编辑交互控制。
   A. ⤒　　　　　　B. ↓　　　　　　C. 📊　　　　　　D. ⊘

## 二、多选题

1. 下列关于组合图说法正确的是(   )。
   A. 具有 Y 轴相同的折线图和柱形图
   B. 具有不同值范围的多个度量值
   C. 分区图中每种阴影的相对高度才是该序列的值
   D. 组合图分为折线和堆积柱形图、折线和簇状柱形图
2. 下列关于瀑布图说法错误的是(   )。
   A. 组成瀑布图中，既有上升方向，又有下降方向
   B. 瀑布图是根据数据的正负值来表示增加和减少，并以此来表达柱子的上升和下降
   C. 瀑布图最初由埃森哲所创
   D. 变化瀑布图使用不同颜色的柱子反映数据上升和下降变化
3. 下列关于饼图和环形图的说法正确的是(   )。
   A. 环形图表示比例的大小依靠扇形的角度
   B. 饼图和环形图都是显示部分与整体的关系
   C. 饼图一般从 12 点方向开始，按逆时针方向从大到小排列
   D. 饼图展现的是个体占总体的比例，利用扇面的角度来展示比例大小
4. 可以展示关键数据指标的可视化元素有(   )。
   A. 卡片图　　　　B. 多行卡　　　　C. KPI　　　　　D. 矩阵
5. 筛选器按照使用的方位可以分为(   )。
   A. 网络级筛选器　　　　　　　　　B. 页面级筛选器
   C. 报告级筛选器　　　　　　　　　D. 视觉级筛选器

## 三、判断题

1. 页面级筛选器的作用是对特定的可视化对象进行筛选后，所有报表页其他可视化对象也受到影响。(   )
2. 图表的筛选指的是通过可视化对象属性筛选器的设置而完成的筛选。准确地说，切片器和图表的钻取都属于筛选功能。(   )
3. PowerBI 中的矩阵实际上是二维表的概念。(   )
4. 饼图一般从 12 点方向开始，按顺时针方向从大到小排列。(   )
5. 在 PowerBI 仪表板或报表中，想要用一个数字表达重要信息，可以选择"切片器"这种可视化对象。(   )

四、思考题

1. 请说一说 PowerBI 中默认的可视化图表有哪些？项目中介绍的自定义可视化图表有哪些？

2. 在项目中介绍的所有可视化图表中，请思考并总结能够表达关键数据指标的图表有哪些？分别是如何表达的？

3. 请举例说明仪表图、百分比仪表图的应用方法。

4. 请举例说明如何在表中呈现数据的环比和同比。

5. 筛选器有哪几种？它们的区别是什么？

五、实训题

结合第 7 章实训题，做如下练习。

1. 设计至少 2 张可视化报表页。

2. 使用适当的可视化元素，进行数据可视化(至少使用 2 个自定义可视化元素)。

# 第 9 章

# 案例：上市公司财务分析可视化

**学习目标**

- 掌握财务数据分析可视化页面设计的一般思路；
- 掌握度量值的复杂表达方法；
- 掌握数据同比的应用方法；
- 掌握表和矩阵可视化中条件格式的设置。

## 引导案例

2016—2020 年，公司营收稳步增长，
而净利润却先降后升，这背后到底发生了什么

### 1. 公司简介

海信视像(股票代码：600060.SH)原名海信电器，于1997年4月在上海证交所上市，并于2019年12月更名为海信视像科技股份有限公司。

海信视像主要从事显示及上下游产业链产品的研究、开发、生产与销售，截至2019年年底，公司共有员工2.1万余人，电视产能2600万台/年；生产基地遍布中国青岛、江门、贵阳等地区，以及日本等全球多地，产品远销海内外100多个国家和地区。根据中怡康公司的统计数据，从2004年至今，海信电视已经连续十多年在中国彩电市场上占有率位居第一。2019年，海信电视在全球市场的销量突破了2000万台，在海外市场中的南非、澳洲、日本市场，海信电视的销量均获得了第一，体现出海信"大头在海外"战略布局的重要成果。

作为行业内的领先者，公司以"视像无处不在，应用无处不在，客户无处不在，关爱无处不在"为导向，构建视像行业领先的产业集群，通过基于核心科技的创新产品和服务，为用户

制造品质生活，从而为提升用户生活品质和亿万家庭的幸福做出海信的一份贡献。

**2. 获取并整理海信视像财务报表**

打开"新浪财经"网页，注册并登录新浪财经账号。搜索"海信视像"股票，找到"财务数据"栏目，下载"海信视像"的三大报表数据：资产负债表、利润表和现金流量表，如图9-1所示。

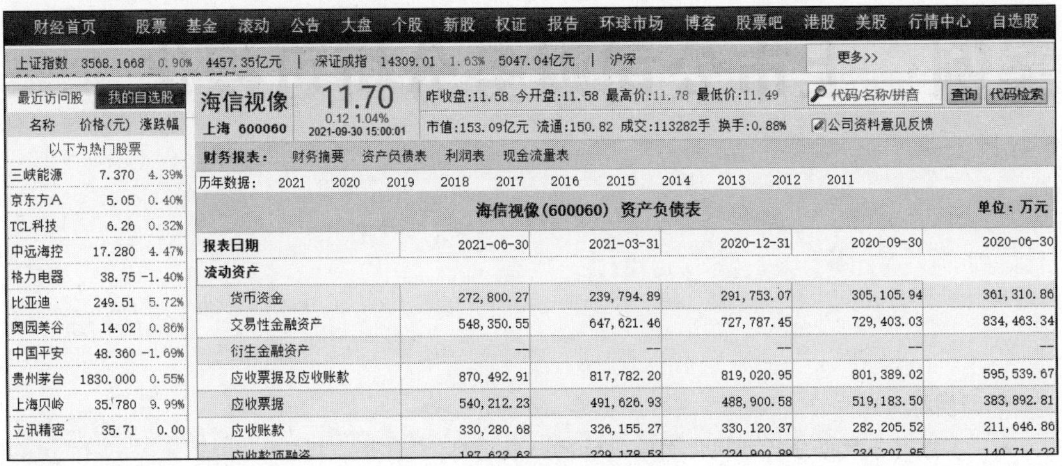

图9-1 海信视像财务报表数据

将下载的三大报表数据整理到"海信视像-财务报表.xlsx"文件中，除了资产负债表、利润表和现金流量表之外，又补充了年度、资产负债表分类、现金流量表分类3个维度表，现将各表介绍如下。

1) 资产负债表

资产负债表只保留2016—2020年度报表数据，删除了其他年度、季度数据。整理后的资产负债表如图9-2所示。

| | A | B | C | D | E | F |
|---|---|---|---|---|---|---|
| 1 | 报表项目 | 2020 | 2019 | 2018 | 2017 | 2016 |
| 2 | 流动资产 | | | | | |
| 3 | 货币资金 | 2917530735 | 3317579694 | 4043118024 | 2794123000 | 2596277344 |
| 4 | 交易性金融资产 | 7277874537 | 7987999154 | 2022500 | 0 | 0 |
| 5 | 衍生金融资产 | 0 | 0 | 0 | 0 | 0 |
| 6 | 应收票据及应收账款 | 8190209530 | 5393021766 | 10746367547 | 10932991455 | 10825905495 |
| 7 | 应收票据 | 4889005843 | 2889096333 | 8159253646 | 8584803348 | 8498557752 |
| 8 | 应收账款 | 3301203687 | 2503925432 | 2587113901 | 2348188107 | 2327347743 |
| 9 | 应收款项融资 | 2249008876 | 4180612980 | 0 | 0 | 0 |
| 10 | 预付款项 | 86705762.25 | 92269114.58 | 74490449.35 | 56624948.76 | 48217239.63 |
| 11 | 其他应收款(合计) | 41198965.24 | 61997621.79 | 33430815.48 | 9623671.96 | 11637592.12 |
| 12 | 应收利息 | 0 | 0 | 3850002.03 | 3384000 | 3380000 |

图9-2 整理后的资产负债表

2) 利润表

利润表只保留了2016—2020年度报表数据，删除了其他年度、季度数据，利润表的报表项目前添加了一个"索引"列，利润表数据展示时，报表项目按该索引顺序显示。整理后的利润表如图9-3所示。

| 索引 | 报表项目 | 2020 | 2019 | 2018 | 2017 | 2016 |
|---|---|---|---|---|---|---|
| 1 | | | | | | |
| 2 | 1 一、营业总收入 | 39314718113 | 34104738790 | 35128278184 | 33008637701 | 31832456027 |
| 3 | 2 营业收入 | 39314718113 | 34104738790 | 35128278184 | 33008637701 | 31832456027 |
| 4 | 3 二、营业总成本 | 38324619822 | 33813788332 | 35070546239 | 32314113545 | 30043887429 |
| 5 | 4 营业成本 | 32276990244 | 27978749182 | 29967929256 | 28504724934 | 26553850208 |
| 6 | 5 营业税金及附加 | 145452069.4 | 209613809.6 | 210417191.7 | 204518912.4 | 180360699.4 |
| 7 | 6 销售费用 | 3533989332 | 3605453356 | 2954129624 | 2276409104 | 2251858457 |
| 8 | 7 管理费用 | 588412453.1 | 578203173.5 | 576645797.4 | 1159287335 | 969834232.4 |
| 9 | 8 财务费用 | 39447978.4 | 15538379.21 | 89928565.44 | 110913195.1 | -24533799.54 |
| 10 | 9 研发费用 | 1740327745 | 1426230431 | 1193694778 | 0 | 0 |

图9-3 整理后的利润表

3) 现金流量表

现金流量表只保留了2016—2020年度报表数据，删除了其他年度、季度数据。整理后的现金流量表如图9-4所示。

| | 报表项目 | 2020 | 2019 | 2018 | 2017 | 2016 |
|---|---|---|---|---|---|---|
| 1 | 报表项目 | 2020 | 2019 | 2018 | 2017 | 2016 |
| 2 | 一、经营活动产生的现金流量 | | | | | |
| 3 | 销售商品、提供劳务收到的现金 | 38159209454 | 37189022620 | 37226322738 | 34796581149 | 33730918144 |
| 4 | 收到的税费返还 | 577308855.1 | 373194096.3 | 418400701.4 | 354259830.5 | 290432374.8 |
| 5 | 收到的其他与经营活动有关的现金 | 661098995.6 | 624999683.7 | 545182059.1 | 485278601.6 | 525177025.5 |
| 6 | 经营活动现金流入小计 | 39397617305 | 38187216400 | 38189905498 | 35636119581 | 34546527545 |
| 7 | 购买商品、接受劳务支付的现金 | 32121920978 | 29330791966 | 31557085736 | 28287430255 | 27055534855 |
| 8 | 支付给职工以及为职工支付的现金 | 2944264616 | 2898514370 | 2502257343 | 2040826296 | 1897159315 |
| 9 | 支付的各项税费 | 973314036.8 | 883115508.8 | 952863071.9 | 897789312.2 | 1122515906 |
| 10 | 支付的其他与经营活动有关的现金 | 3233886855 | 3290367633 | 3264837388 | 2041809189 | 2000882761 |

图9-4 整理后的现金流量表

4) 年度

年度表、资产负债表分类、现金流量表分类都属于维度表，可以在Excel表中添加，也可以在PowerBI的编辑查询中添加。添加的年度维度表如图9-5所示。

5) 资产负债表分类

构建的资产负债表分类维度表如图9-6所示。

图9-5 年度维度表

| | A | B | C | D | E |
|---|---|---|---|---|---|
| 1 | BS类别1 | BS类别2 | 报表项目 | 类别1索引 | 报表项目索引 |
| 2 | 资产 | 其他 | 流动资产 | 1 | 1 |
| 3 | 资产 | 流动资产 | 货币资金 | 1 | 2 |
| 4 | 资产 | 流动资产 | 交易性金融资产 | 1 | 3 |
| 5 | 资产 | 流动资产 | 衍生金融资产 | 1 | 4 |
| 6 | 资产 | 流动资产 | 应收票据及应收账款 | 1 | 5 |
| 7 | 资产 | 流动资产 | 应收票据 | 1 | 6 |
| 8 | 资产 | 流动资产 | 应收账款 | 1 | 7 |
| 9 | 资产 | 流动资产 | 应收款项融资 | 1 | 8 |
| 10 | 资产 | 流动资产 | 预付款项 | 1 | 9 |
| 11 | 资产 | 流动资产 | 其他应收款(合计) | 1 | 10 |
| 12 | 资产 | 流动资产 | 应收利息 | 1 | 11 |

图9-6 资产负债表分类维度表

6) 现金流量表分类

构建的现金流量表分类维度表如图9-7所示。

| | A | B | C | D | E |
|---|---|---|---|---|---|
| 1 | CF类别1 | CF类别2 | 报表项目 | 类别1索引 | 报表项目索引 |
| 2 | 经营活动 | 其他 | 一、经营活动产生的现金流量 | 1 | 1 |
| 3 | 经营活动 | 现金流入 | 销售商品、提供劳务收到的现金 | 1 | 2 |
| 4 | 经营活动 | 现金流入 | 收到的税费返还 | 1 | 3 |
| 5 | 经营活动 | 现金流入 | 收到的其他与经营活动有关的现金 | 1 | 4 |
| 6 | 经营活动 | 现金流入小计 | 经营活动现金流入小计 | 1 | 5 |
| 7 | 经营活动 | 现金流出 | 购买商品、接受劳务支付的现金 | 1 | 6 |
| 8 | 经营活动 | 现金流出 | 支付给职工以及为职工支付的现金 | 1 | 7 |
| 9 | 经营活动 | 现金流出 | 支付的各项税费 | 1 | 8 |
| 10 | 经营活动 | 现金流出 | 支付的其他与经营活动有关的现金 | 1 | 9 |
| 11 | 经营活动 | 现金流出小计 | 经营活动现金流出小计 | 1 | 10 |
| 12 | 经营活动 | 现金流量净额 | 经营活动产生的现金流量净额 | 1 | 11 |

图9-7 现金流量表分类维度表

**3. 海信视像案例模型**

本章案例数据来源于新浪财经"海信视像"股票的财务报表数据。

📖 **【案例数据】** 案例数据\第9章\海信视像-财务报表-初始.pbix

本案例有3个维度表(年度、资产负债表分类、现金流量表分类)和3个事实表(资产负债表、利润表、现金流量表),同时新建一个"度量值"空表,用来存放管理所有的度量值。

导入的资产负债表在编辑查询中,选中"报表项目"列,对其他列所逆透视,结果如图9-8所示。利润表和现金流量表操作类似。

图9-8 资产负债表编辑查询

**【案例模型】**

本案例关系模型如图9-9所示。

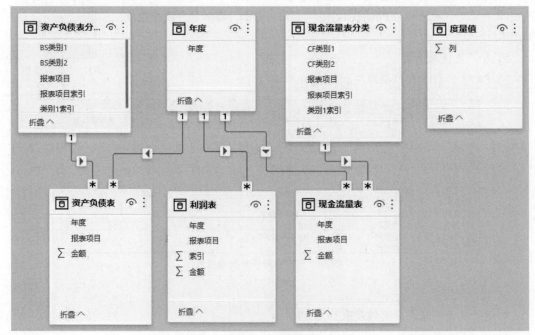

图9-9 关系模型

# 第 9 章 案例：上市公司财务分析可视化

## 9.1 资产负债表可视化

资产负债表也称财务状况表，反映企业在某一特定时点(通常为各会计期末)的财务状况(即资产、负债和业主权益的状况)的会计报表。

资产负债表分析思路如图 9-10 所示。

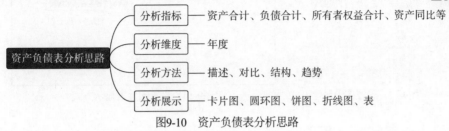

图9-10 资产负债表分析思路

资产负债表 PowerBI 可视化总览如图 9-11 所示。

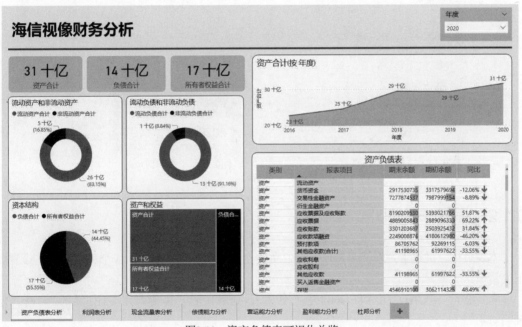

图9-11 资产负债表可视化总览

### 9.1.1 插入切片器

将维度表"年度"数据设置成切片器，通过不同年度的筛选，显示相应年度的相应数据。

**步骤 1：** 打开"海信视像-财务报表-初始.pbix"文件，单击 PowerBI 窗口左侧的报表视图图标，选择"资产负债表分析"报表页。

**步骤 2：** 单击"可视化"下的"切片器"图标，按图 9-12 设置图表属性，按图 9-13 设置切片器显示方式，按图 9-14 设置切片器格式(背景颜色、文本大小等)。

步骤 3：生成的切片器如图 9-15 所示。

图9-12　设置图表属性

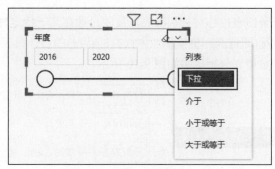

图9-13　设置切片器显示方式

图9-14　设置切片器格式

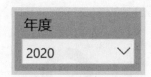

图9-15　生成的切片器

## 9.1.2　插入卡片图

本表页中，通过卡片图显示资产合计、负债合计、所有者权益合计 3 个关键数据。设置如下度量值。

资产合计 = CALCULATE(sum('资产负债表'[金额]),'资产负债表分类'[BS类别2]="资产总计")

负债合计 = CALCULATE(sum('资产负债表'[金额]),'资产负债表分类'[BS类别2]="负债合计")

所有者权益合计 = CALCULATE(sum('资产负债表'[金额]),'资产负债表分类'[BS类别2]="所有者权益合计")

步骤 1：在"资产负债表分析"报表页，先设置上述度量值。

步骤 2：单击"可视化"下的"卡片图"图标，按图 9-16 设置卡片图属性，按图 9-17 设置卡片图格式(数据标签的文本大小、背景颜色、边框半径)。

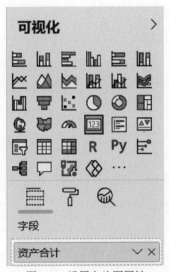

图9-16 设置卡片图属性

图9-17 设置卡片图格式

**步骤3**：生成的卡片图如图 9-18 所示。同理，设置"负债合计""所有者权益合计"卡片图。

图9-18 生成的卡片图

## 9.1.3 插入圆环图

本表页中，通过圆环图反映流动资产与非流动资产、流动负债与非流动负债的比例关系。设置如下度量值。

流动资产合计 = CALCULATE(sum('资产负债表'[金额]),'资产负债表分类'[BS类别2]="流动资产合计")

非流动资产合计 = CALCULATE(sum('资产负债表'[金额]),'资产负债表分类'[BS类别2]="非流动资产合计")

流动负债合计 = CALCULATE(sum('资产负债表'[金额]),'资产负债表分类'[BS类别2]="流动负债合计")

非流动负债合计 = CALCULATE(sum('资产负债表'[金额]),'资产负债表分类'[BS类别2]="非流动负债合计")

**步骤1**：在"资产负债表分析"报表页，设置上述度量值。

**步骤2**：单击"可视化"下的"圆环图"图标，按图 9-19 设置圆环图属性，按图 9-20 设置圆环图格式(标题文本、文本大小、图例位置、边框半径等)。

图9-19 设置圆环图属性

图9-20 设置圆环图格式

**步骤3**：生成的圆环图如图 9-21 所示。同理，设置"流动负债与非流动负债"的圆环图。

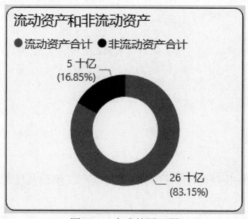
图9-21 生成的圆环图

### 9.1.4 插入饼图

本表页中，通过饼图反映资本结构负债与所有者权益的比例关系。

### 9.1.5 插入分区图

本表页中，通过分区图反映不同年度总资产的变化趋势。

**步骤1**：在"资产负债表分析"报表页，单击"可视化"下的"分区图"图标，按图 9-22 设置分区图属性，然后设置分区图格式(数据标签、边框半径等)。生成的折线图如图 9-23 所示。

图9-22 设置分区图属性

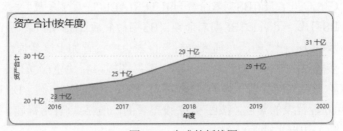

图9-23 生成的折线图

**步骤 2**：选中"切片器"对象，执行"格式→编辑交互"命令，再单击"分区图"右上角的  图标，使其变为 ，则分区图不会随着切片器年度的变化而变化。

## 9.1.6 插入树状图

本表页中，通过树状图反映资本、负债与所有者权益的平衡关系。

**步骤**：在"资产负债表分析"报表页，单击"可视化"下的"树状图"图标，按图9-24 设置树状图属性，然后设置树状图格式(数据标签、边框半径等)。生成的树状图如图 9-25 所示。

图9-24 设置树状图属性

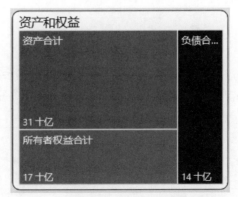

图9-25 生成的树状图

## 9.1.7 插入表

本表页中，通过"表"这种最直接的可视化对象来展现资产负债表的期末余额、期初余额、期初及期末的变动率(即同比)等信息，可以发现资产、负债、所有者权益的变动情况。本表需要的度量值如下。

209

BS期末余额 = sum('资产负债表'[金额])
BS期初余额 =
VAR reportyear=SELECTEDVALUE('年度'[年度])
RETURN
CALCULATE([BS期末余额],FILTER(ALL('年度'),'年度'[年度]=reportyear-1))
BS同比 = divide([BS期末余额]-[BS期初余额],[BS期初余额])

**步骤 1**：在"资产负债表分析"报表页中设置如上度量值。

**步骤 2**：单击"可视化"下的"表"图标，将"资产负债表分类"中的"BS 类别 1、报表名称"及"度量值"中的"BS 期末余额、BS 期初余额、BS 同比"拖曳到"值"处，并按图 9-26 设置表的属性，按图 9-27 设置表的一般格式(表格标题、列标题背景色、报表项目字段背景色、边框半径等)。

图9-26　设置表的属性

图9-27　设置表的一般格式

**步骤 3**：设置条件格式，将"期末余额、期初余额"的数据条打开，在"条件格式"下选择"同比"，单击"高级控件"选项，设置"同比"字段的条件格式，如图 9-28 所示。

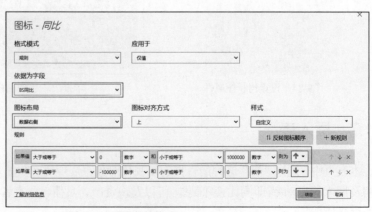

图9-28　设置条件格式

# 第 9 章 案例：上市公司财务分析可视化

**步骤 4**：生成的表如图 9-29 所示。

| 资产负债表 |||||
|---|---|---|---|---|
| 类别 | 报表项目 | 期末余额 | 期初余额 | 同比 |
| 资产 | 流动资产 | | | |
| 资产 | 货币资金 | 2917530735 | 3317579694 | -12.06% ↓ |
| 资产 | 交易性金融资产 | 7277874537 | 7987999154 | -8.89% ↓ |
| 资产 | 衍生金融资产 | 0 | 0 | |
| 资产 | 应收票据及应收账款 | 8190209530 | 5393021766 | 51.87% ↑ |
| 资产 | 应收票据 | 4889005843 | 2889096333 | 69.22% ↑ |
| 资产 | 应收账款 | 3301203687 | 2503925432 | 31.84% ↑ |
| 资产 | 应收款项融资 | 2249008876 | 4180612980 | -46.20% ↓ |
| 资产 | 预付款项 | 86705762 | 92269115 | -6.03% ↓ |
| 资产 | 其他应收款(合计) | 41198965 | 61997822 | -33.55% ↓ |
| 资产 | 应收利息 | 0 | 0 | |
| 资产 | 应收股利 | 0 | 0 | |
| 资产 | 其他应收款 | 41198965 | 61997822 | -33.55% ↓ |
| 资产 | 买入返售金融资产 | 0 | 0 | |
| 资产 | 存货 | 4546910100 | 3062114325 | 48.49% ↑ |

图9-29　生成的表

## 9.2　利润表可视化

利润表是反映企业在一定会计期间的经营成果的财务报表。利润表的分析思路与资产负债表类似，但分析指标有变化，包括营业收入、营业成本、营业利润、净利润、同比等。利润表PowerBI可视化总览如图9-30所示。

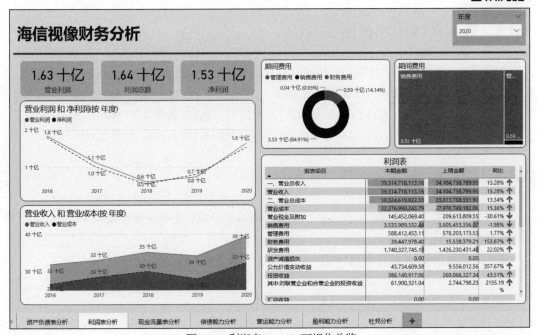

图9-30　利润表PowerBI可视化总览

> **？数据分析思维：**
> 从图9-30可以看出，2016—2020年，营业收入和营业成本基本上是同比例稳步增长，而净利润从2016年开始逐年下降，2018年最低，2019、2020年又开始逐年上升。我们能够初步分析出：因2017—2018年公司费用大幅度增加，导致利润下降。为什么公司费用会大幅上升，背后的原因是什么？是否和公司转型有关？公司名字2019年由原来的"海信电器"改为"海信视像"，这些事实背后是否有关联呢？我们可以进一步对数据进行分析和挖掘。

### 9.2.1 插入卡片图

本表页中，通过卡片图显示营业利润、利润总额和净利润3个关键数据。设置如下度量值。

营业利润 = CALCULATE(SUM('利润表'[金额]),'利润表'[报表项目]="三、营业利润")
利润总额 = CALCULATE(SUM('利润表'[金额]),'利润表'[报表项目]="四、利润总额")
净利润 = CALCULATE(SUM('利润表'[金额]),'利润表'[报表项目]="五、净利润")

### 9.2.2 插入圆环图与树状图

本表页中，通过圆环图和树状图反映销售费用、管理费用、财务费用三大期间费用的占比关系。设置如下度量值。

销售费用 = CALCULATE(SUM('利润表'[金额]),'利润表'[报表项目]="销售费用")
管理费用 = CALCULATE(SUM('利润表'[金额]),'利润表'[报表项目]="管理费用")
财务费用 = CALCULATE(SUM('利润表'[金额]),'利润表'[报表项目]="财务费用")

### 9.2.3 插入折线图和分区图

本表页中，通过折线图反映不同年度营业利润和净利润的变化趋势，通过分区图反映营业收入和营业成本的变化趋势。设置如下度量值。

营业收入 = CALCULATE(SUM('利润表'[金额]),'利润表'[报表项目]="营业收入")
营业成本 = CALCULATE(SUM('利润表'[金额]),'利润表'[报表项目]="营业成本")

### 9.2.4 插入矩阵

本表页中，通过矩阵反映利润表各报表项目的本期金额、上期金额及变动率(同比)。设置如下度量值。

IS本期金额 = sum('利润表'[金额])
IS上期金额 =
VAR reportyear=SELECTEDVALUE('年度'[年度])
RETURN
CALCULATE([IS本期金额],FILTER(ALL('年度'),'年度'[年度]=reportyear-1))利润
IS同比 = divide([IS本期金额]-[IS上期金额],[IS上期金额])

**步骤1**：选择"利润表分析"报表页，设置上述度量值。

**步骤2**：单击"可视化"下的"矩阵"图标，按图9-31设置矩阵属性，参照资产负债表设置利润表格式。生成的矩阵图表如图9-32所示。

图9-31 设置矩阵属性

图9-32 生成的矩阵图表

## 9.3 现金流量表可视化

现金流量表是反映一定时期内(如月度、季度或年度)企业经营活动、投资活动和筹资活动对其现金及现金等价物产生影响的财务报表。现金流量表的分析思路如图9-33所示。现金流量表PowerBI可视化总览如图9-34所示。

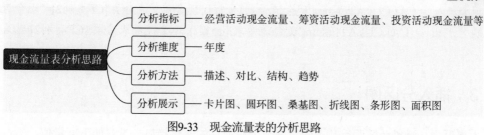

图9-33 现金流量表的分析思路

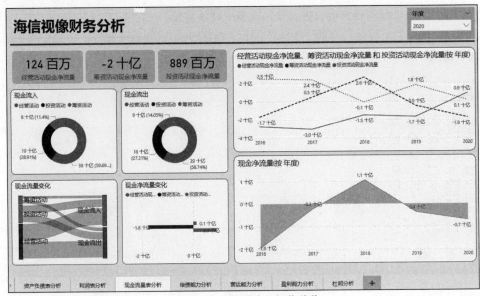

图9-34 现金流量表可视化总览

## 9.3.1 插入卡片图

本表页中，通过卡片图显示经营活动现金净流量、投资活动现金净流量、筹资活动现金净流量3个关键数据。设置如下度量值。

经营活动现金净流量 = CALCULATE(sum('现金流量表'[金额]),'现金流量表'[报表项目]="经营活动产生的现金流量净额")

投资活动现金净流量 = CALCULATE(sum('现金流量表'[金额]),'现金流量表'[报表项目]="投资活动产生的现金流量净额")

筹资活动现金净流量 = CALCULATE(sum('现金流量表'[金额]),'现金流量表'[报表项目]="筹资活动产生的现金流量净额")

## 9.3.2 插入圆环图

本表页中，通过圆环图显示不同活动的现金流入、现金流出状况。设置如下度量值。

现金流入 = CALCULATE(sum('现金流量表'[金额]),'现金流量表分类'[CF类别2]="现金流入")

现金流出 = CALCULATE(sum('现金流量表'[金额]),'现金流量表分类'[CF类别2]="现金流出")

## 9.3.3 插入分区图

本表页中，通过分区图反映不同年度现金净流量的变化趋势。设置如下度量值。

现金净流量 = CALCULATE(sum('现金流量表'[金额]),'现金流量表'[报表项目]="五、现金及现金等价物净增加额")

## 9.3.4 插入折线图

本表页中,通过折线图反映不同年度经营活动、投资活动、筹资活动现金净流量的增减变动趋势。

## 9.3.5 插入桑基图

本表页中,通过桑基图反映经营活动、投资活动、筹资活动的现金流入和现金流出对比变化情况。

**步骤1**:选择"现金流量表分析"报表页,单击"可视化"下的"桑基图"图标,按图9-35设置图表属性,设置"CF类别2"的筛选器如图9-36所示。

**步骤2**:生成的桑基图如图9-37所示。

图9-35 设置图表属性

图9-36 设置筛选器

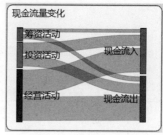
图9-37 生成的桑基图

## 9.3.6 插入簇状条形图

本表页中,通过簇状条形图反映经营活动、投资活动、筹资活动的现金净流量变化情况。

**步骤**:选择"现金流量表分析"报表页,单击"可视化"下的"簇状条形图"图标,按图9-38设置图表属性,生成的簇状条形图如图9-39所示。

图9-38 设置图表属性

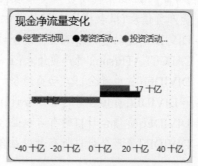
图9-39 生成的簇状条形图

## 9.4 偿债能力分析可视化

企业的偿债能力是指企业用其资产偿还长期债务与短期债务的能力。企业有无支付现金的能力和偿还债务能力，是企业能否生存和健康发展的关键。偿债能力分析思路比较简单，读者可以自行思考。偿债能力分析PowerBI可视化总览如图9-40所示。

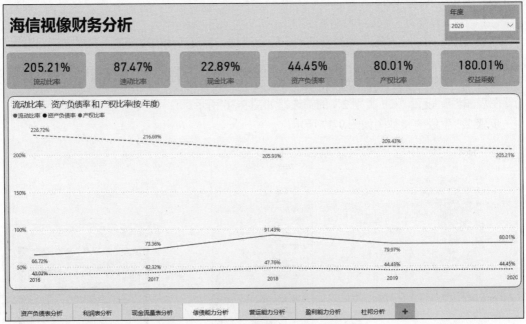

图9-40　偿债能力分析PowerBI可视化总览

### 9.4.1 插入卡片图

本表页中，通过卡片图反映流动比率、速动资产、速动比率、货币资金、现金比率短期偿债能力指标，反映资产负债率、产权比率、权益乘数长期偿债能力指标。设置如下度量值。

流动比率 = DIVIDE([流动资产合计],[流动负债合计])

速动资产 = CALCULATE(sum('资产负债表'[金额]),'资产负债表'[报表项目]="货币资金"||'资产负债表'[报表项目]="应收票据"||'资产负债表'[报表项目]="应收账款"||'资产负债表'[报表项目]="预收账款"||'资产负债表'[报表项目]="其他应收款")

速动比率 = DIVIDE([速动资产],[流动负债合计])

货币资金 = CALCULATE(sum('资产负债表'[金额]),'资产负债表'[报表项目]="货币资金")

现金比率 = DIVIDE([货币资金],[流动负债合计])

资产负债率 = DIVIDE([负债合计],[资产合计])

产权比率 = DIVIDE([负债合计],[所有者权益合计])

权益乘数 = DIVIDE([资产合计],[所有者权益合计])

## 9.4.2 插入折线图

本表页中，通过折线图反映不同年度流动比率、资产负债率、产权比率的变化趋势。

## 9.5 营运能力分析可视化

企业营运能力，主要指企业营运资产的效率与效益。企业营运资产的效率主要指资产的周转率或周转速度。企业营运资产的效益通常是指企业的产出量与资产占用量之间的比率。营运能力分析PowerBI可视化总览如图9-41所示。

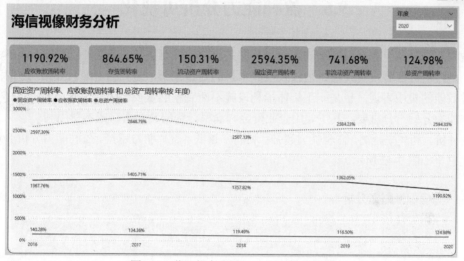

图9-41 营运能力分析PowerBI可视化总览

**? 数据分析思维：**

从图9-41可以看出，公司的固定资产周转率非常高，说明公司固定资产在总资产中所占比重很小(可以进一步分析固定资产占总资产的比重)，而作为一家生产型企业，正常情况下其固定资产比重应较大。通常，公司固定资产出现比重小的原因有以下几个：①是否技术革新后，新设备生产率大大提高，大批老旧设备已经被淘汰；②公司是否存在委托加工行为，自己输出技术和品牌，请代工厂代为加工，从而大大减少自有固定资产。

### 9.5.1 插入卡片图

本表页中，通过卡片图反映应收账款周转率、存货周转率、流动资产周转率等短期资产周转能力指标，反映固定资产周转率、非流动资产周转率、总资产周转率长期资产周转能力指标。设置如下度量值。

应收账款周转率 =
VAR A=[营业收入]

```
VAR B=CALCULATE(SUM('资产负债表'[金额]),'资产负债表'[报表项目]="应收账款")
RETURN   DIVIDE(A,B)
```
(说明：指标中涉及资产、权益平均数，均用期末数代替，下同)

其他周转率指标与上述类似，不再重复。

### 9.5.2　插入折线图

本表页中，通过折线图反映不同年度流动资产周转率、固定资产周转率总资产周转率的变化趋势。

## 9.6　盈利能力分析可视化

盈利能力是指企业获取利润的能力。利润是企业内外有关各方都关心的中心问题，是投资者取得投资收益、债权人收取本息的资金来源，是经营者经营业绩和管理效能的集中表现，也是职工集体福利设施不断完善的重要保障。因此，企业盈利能力分析十分重要，其主要用企业资金利润率、销售利润率、成本费用利润率去评价，利润率越高，盈利能力越强；利润率越低，盈利能力越差。盈利能力分析 PowerBI 可视化总览如图 9-42 所示。

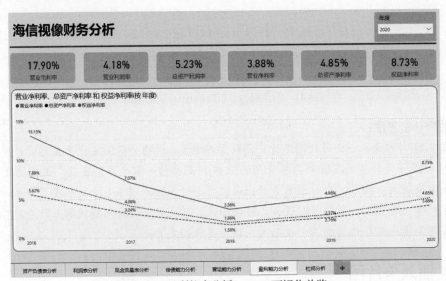

图9-42　盈利能力分析PowerBI可视化总览

### 9.6.1　插入卡片图

本表页中，通过卡片图反映营业毛利率、营业利润率、营业净利率等企业日常经营活动赚取利润的能力指标，反映总资产利润率、总资产净利率、权益净利率等资产和权益赚取利润的能力指标。设置如下度量值。

营业毛利率 =
VAR A=[营业收入]
VAR B=[营业收入]−[营业成本]
RETURN    DIVIDE(B,A)
其他周转率指标与上述类似，不再重复。

### 9.6.2　插入折线图

本表页中，通过折线图反映不同年度营业净利率、总资产净利率、权益净利率等指标的变化趋势。

## 9.7　杜邦分析可视化

杜邦分析法(DuPont analysis)是利用主要的财务比率之间的关系来综合分析企业的财务状况。其基本思想是将企业净资产收益率(权益净利率)逐级分解为多项财务比率乘积，这样有助于深入分析比较企业经营业绩。由于这种分析方法最早由美国杜邦公司使用，故名杜邦分析法。

净资产收益率(ROE)，也叫权益净利率，是一个综合性最强的财务分析指标，是杜邦分析系统的核心。净资产收益率的公式为：净资产收益率＝销售净利率(NPM)×资产周转率(AU，资产利用率)×权益乘数(EM)。可以看出，企业净资产赚取利润的能力是企业的盈利能力、营运能力、偿债能力综合作用的结果。

杜邦分析法有助于企业管理层更加清晰地看到权益基本收益率的决定因素，以及销售净利润与总资产周转率、债务比率之间的相互关联关系，给管理层提供了一张明晰的考察公司资产管理效率和是否最大化股东投资回报的路线图。杜邦分析 PowerBI 可视化总览如图9-43 所示。

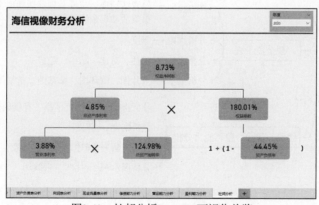

图9-43　杜邦分析PowerBI可视化总览

### 9.7.1　插入卡片图

本表页中，通过卡片图反映权益净利率、总资产净利率、营业净利率、总资产周转率、权益乘数、资产负债率等指标的层层分解，反映企业的盈利能力、营运能力、偿债能力等指标的综合作用对权益净利率的影响。

### 9.7.2 插入图形图像

本表页中，通过插入横线、竖线、乘号、括号等图形图像，建立各指标之间的逻辑关系。

PowerBI 中，只能插入竖线，通过格式设置可以将其变为横线；乘号、括号等运算符号可以图片形式插入 PowerBI 中。完成后，将所有图形图像元素放置到合适位置。

## 【本章小结】

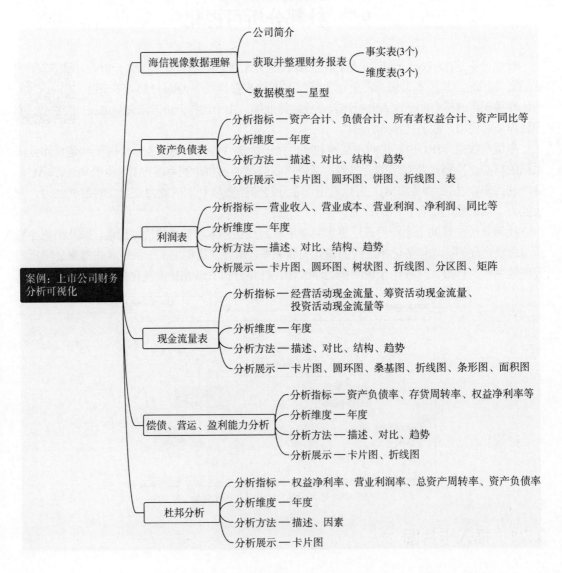

## 【本章习题】

### 一、思考题

1. 请举例说明可视化元素"表"和"矩阵"设置条件格式的思路。
2. 本项目中,度量值"应收账款周转率"的表达如下。

应收账款周转率=
VAR A=[营业收入]
VAR B=CALCULATE(SUM('资产负债表'[金额]),'资产负债表'[报表项目]="应收账款")
RETURN DIVIDE(A,B)

(1) 请解释这种表达的含义。
(2) 若不定义变量 A 和 B,则度量值"应收账款周转率"应如何表达?

### 二、实训题

1. 从新浪财经网站下载另外一家"家电"行业的公司,进行财务数据可视化。
2. 从新浪财经网站下载有代表性的 5 家"家电"行业的公司,进行财务数据可视化,探索相关指标的行业均值。

思路提示:
(1) 三大报表需要增加"公司名称"或"股票代码"字段。
(2) 增加"公司"维度表,表中字段为"公司名称"和"股票代码"。

# 第 10 章

# 案例：连锁店经营分析可视化

**学习目标**
- 掌握业务数据分析可视化页面设计的一般思路；
- 掌握水平条形图、RANKX函数的用法；
- 掌握数据环比的应用方法；
- 掌握表和矩阵条件格式的设置方法。

## 引导案例

### 随着2022年北京冬奥会的召开，哪个地区的人更爱冰雪运动呢

**1. 公司简介**

动享时刻(公司名称和数据完全模拟)是经营滑雪全套设备的连锁企业，自2011年在黑龙江省哈尔滨市开设了第一家连锁店后，公司先后在东北、华北、西北等多个地区的省市开设了26家连锁店。

各连锁店主要销售雪板、服装、辅助用品三大类滑雪设备。雪板包括单板和双板2个产品；服装包括滑雪服、滑雪镜、滑雪鞋、头盔、帽子、手套、面护7个产品；辅助用品包括固定器、滑雪手杖、滑雪包、防晒霜4种产品。

**2. 连锁店案例数据**

连锁店案例原始数据来自动享时刻各连锁店POS机的销售记录，整理成"动享时刻-业务报表-初始.xlsx" Excel文件。该文件共包括产品表、日期表、门店表、任务表和销售表5张工作表。

1) 产品表

产品表包括产品分类ID、产品分类名称、产品ID、产品名称和单价共5个字段，包含13条

数据(记录)，如图10-1所示。

| | A | B | C | D | E |
|---|---|---|---|---|---|
| 1 | 产品分类ID | 产品分类名称 | 产品ID | 产品名称 | 单价 |
| 2 | 100 | 雪板 | 1001 | 单板 | 3520 |
| 3 | 100 | 雪板 | 1002 | 双板 | 4150 |
| 4 | 200 | 服装 | 2001 | 滑雪服 | 456 |
| 5 | 200 | 服装 | 2002 | 滑雪镜 | 630 |
| 6 | 200 | 服装 | 2003 | 滑雪鞋 | 835 |
| 7 | 200 | 服装 | 2004 | 头盔 | 260 |
| 8 | 200 | 服装 | 2005 | 帽子 | 78 |
| 9 | 200 | 服装 | 2006 | 手套 | 65 |
| 10 | 200 | 服装 | 2007 | 面护 | 55 |
| 11 | 300 | 辅助用品 | 3001 | 固定器 | 860 |
| 12 | 300 | 辅助用品 | 3002 | 滑雪手杖 | 140 |
| 13 | 300 | 辅助用品 | 3003 | 滑雪包 | 210 |
| 14 | 300 | 辅助用品 | 3004 | 防晒霜 | 78 |

图10-1　产品表

2) 日期表

日期表包括日期、年、月和季度共4个字段，包含365条数据，如图10-2所示。

| | A | B | C | D |
|---|---|---|---|---|
| 1 | 日期 | 年 | 月 | 季度 |
| 2 | 2020/1/1 | 2020年 | 1月 | 第1季度 |
| 3 | 2020/1/2 | 2020年 | 1月 | 第1季度 |
| 4 | 2020/1/3 | 2020年 | 1月 | 第1季度 |
| 5 | 2020/1/4 | 2020年 | 1月 | 第1季度 |
| 6 | 2020/1/5 | 2020年 | 1月 | 第1季度 |
| 7 | 2020/1/6 | 2020年 | 1月 | 第1季度 |
| 8 | 2020/1/7 | 2020年 | 1月 | 第1季度 |

图10-2　日期表

3) 门店表

门店表包括店铺ID、店铺名称、城市名称、省份名称和地区共5个字段，包含26条数据，如图10-3所示。

| | A | B | C | D | E |
|---|---|---|---|---|---|
| 1 | 店铺ID | 店铺名称 | 城市名称 | 省份名称 | 地区 |
| 2 | 201 | 动享时刻哈尔滨店 | 哈尔滨市 | 黑龙江省 | 东北 |
| 3 | 202 | 动享时刻齐齐哈尔店 | 齐齐哈尔市 | 黑龙江省 | 东北 |
| 4 | 203 | 动享时刻佳木斯店 | 佳木斯市 | 黑龙江省 | 东北 |
| 5 | 204 | 动享时刻大庆店 | 大庆市 | 黑龙江省 | 东北 |
| 6 | 205 | 动享时刻长春店 | 长春市 | 吉林省 | 东北 |
| 7 | 206 | 动享时刻吉林店 | 吉林市 | 吉林省 | 东北 |
| 8 | 207 | 动享时刻通化店 | 通化市 | 吉林省 | 东北 |

图10-3　门店表

4) 任务表

任务表包括店铺名称、年度、任务额和日期共4个字段，包含26条数据，如图10-4所示。

5) 销售表

销售表包括订单号、订单日期、店铺ID、产品ID和数量共5个字段，包含2769条数据，如图10-5所示。

## 企业经营与财务智能分析可视化

| | A | B | C | D |
|---|---|---|---|---|
| 1 | 店铺名称 | 年度 | 任务额 | 日期 |
| 2 | 动享时刻哈尔滨店 | 2020年 | 1200000 | 2020/1/1 |
| 3 | 动享时刻齐齐哈尔店 | 2020年 | 1200000 | 2020/1/1 |
| 4 | 动享时刻佳木斯店 | 2020年 | 1200000 | 2020/1/1 |
| 5 | 动享时刻大庆店 | 2020年 | 1200000 | 2020/1/1 |
| 6 | 动享时刻长春店 | 2020年 | 1200000 | 2020/1/1 |
| 7 | 动享时刻吉林店 | 2020年 | 1200000 | 2020/1/1 |
| 8 | 动享时刻通化店 | 2020年 | 1200000 | 2020/1/1 |

图10-4　任务表

| | A | B | C | D | E |
|---|---|---|---|---|---|
| 1 | 订单号 | 订单日期 | 店铺ID | 产品ID | 数量 |
| 2 | SO10001 | 2020/1/1 | 210 | 1002 | 2 |
| 3 | SO10002 | 2020/1/1 | 201 | 1002 | 10 |
| 4 | SO10003 | 2020/1/1 | 212 | 1002 | 4 |
| 5 | SO10004 | 2020/1/1 | 201 | 1001 | 1 |
| 6 | SO10005 | 2020/1/1 | 206 | 1001 | 10 |
| 7 | SO10006 | 2020/1/1 | 201 | 1002 | 2 |
| 8 | SO10007 | 2020/1/1 | 209 | 1001 | 5 |
| 9 | SO10008 | 2020/1/1 | 209 | 1001 | 5 |

图10-5　销售表

**3. 连锁店案例模型**

📖 【案例数据】案例数据\第10章\动享时刻-业务报表-初始.pbix

本案例有3个维度表(产品表、日期表和门店表)和2个事实表(销售表和任务表)，模型中同时新建了一个"度量值"空表，用来存放和管理所有的度量值。

初始案例中，对日期表进行了如下操作。

(1) 将日期表的"年、月"修改为文本型。

(2) 根据月份添加一个字段，叫"月排序依据"，用于将月份按1—12月顺序显示。

**【案例模型】**

本案例关系模型如图10-6所示。

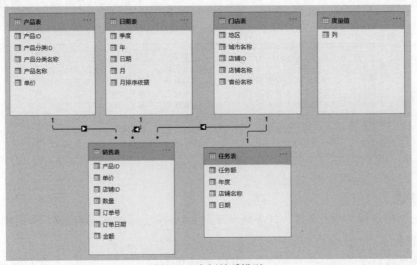

图10-6　案例关系模型

在本关系模型中，已添加了2个新建列"单价"和"金额"，新建列后的销售表如图10-7所示。

图10-7 新建列后的销售表

## 10.1 产品分析可视化

产品分析主要是以产品分类、产品名称等多维度分析销售金额数据。通过卡片图、条形图、柱形图、圆环图、瀑布图、桑基图和树状图进行可视化分析，同时以月份作为切片器进行数据的筛选。产品分析思路如图10-8所示。

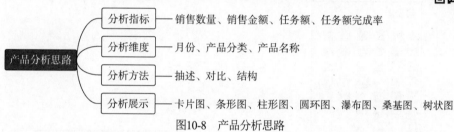

图10-8 产品分析思路

产品分析可视化总览如图10-9所示。

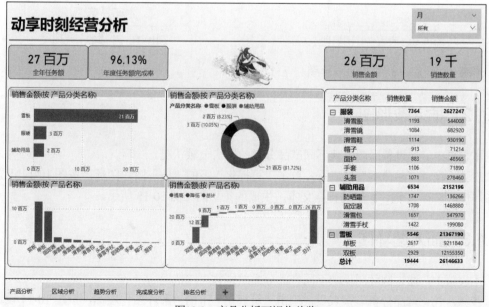

图10-9 产品分析可视化总览

## 10.1.1 插入卡片图

本表页中，通过卡片图展示销售金额、销售数量、全年任务额和任务额完成度 4 个关键数据。设置如下度量值。

销售金额 = SUM('销售表'[金额])

销售数量 = SUM('销售表'[数量])

全年任务额 = SUM ('任务表'[任务额])

全年销售额 = CALCULATE([销售金额],FILTER(ALL('日期表'),'日期表'[年] = "2020年"))

年度任务额完成率 = DIVIDE([全年销售额],[全年任务额])

**步骤 1**：打开"动享时刻-业务报表-初始.pbix"文件，单击 PowerBI 窗口左侧的报表视图图标，选择"产品分析"报表页，设置上述度量值。

**步骤 2**：单击"可视化"下的"卡片图"图标，按图 10-10 设置卡片图属性，设置卡片图背景颜色、数据标签文本大小。生成的卡片图如图 10-11 所示。

图10-10　设置卡片图属性

图10-11　生成的卡片图

**步骤 3**：同理，设置其他卡片图。

## 10.1.2 插入条形图

本表页中，通过条形图反映不同产品分类的销售金额状况。

**步骤**：在"产品分析"报表页，单击"可视化"下的"条形图"图标，按图 10-12 设置条形图属性，去掉 X 轴、Y 轴的标题文本，生成的条形图如图 10-13 所示。

## 10.1.3 插入圆环图

本表页中，通过圆环图反映不同产品分类的销售占比情况。

**步骤**：在"产品分析"报表页，单击"可视化"下的"圆环图"图标，按图 10-14 设置圆环图属性，将图例位置设置为"上"，生成的圆环图如图 10-15 所示。

图10-12 设置条形图属性

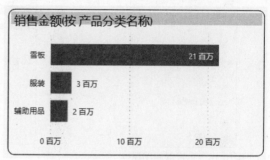

图10-13 生成的条形图

图10-14 设置圆环图属性

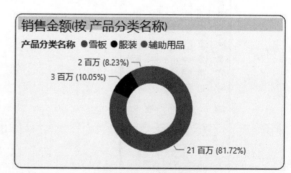

图10-15 生成的圆环图

## 10.1.4 插入瀑布图

本表页中,通过瀑布图反映不同产品分类的销售金额分布与合计情况。

**步骤**:在"产品分析"报表页,单击"可视化"下的"瀑布图"图标,按图10-16设置瀑布图属性,生成的瀑布图如图10-17所示。

图10-16 设置瀑布图属性

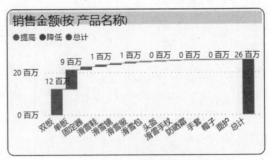

图10-17 生成的瀑布图

## 10.1.5 插入柱形图

本表页中,通过柱形图反映不同产品的销售金额变化情况。

**步骤:**在"产品分析"报表页,单击"可视化"下的"堆积柱形图"图标,按图10-18设置柱形图属性,生成的柱形图如图10-19所示。

图10-18 设置柱形图属性

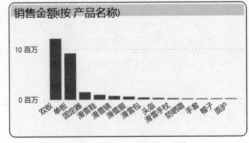

图10-19 生成的柱形图

## 10.1.6 插入矩阵

本表页中,通过矩阵直接反映不同产品类别、不同产品的销售数量和销售金额。

**步骤**：在"产品分析"报表页，单击"可视化"下的"矩阵"图标，按图 10-20 设置矩阵属性，更改列标题和行标题的文本大小，生成的矩阵图如图 10-21 所示。

图10-20　设置矩阵属性　　　　　图10-21　生成的矩阵图

## 10.2　区域分析可视化

区域分析主要是以地区、省份、店铺名称等多维度分析销售金额数据。通过条形图、柱形图、圆环图、树状图和地图进行可视化分析，同时以月份作为切片器进行数据的筛选。区域分析可视化总览如图 10-22 所示。

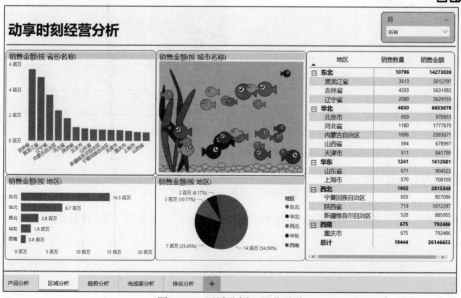

图10-22　区域分析可视化总览

## 10.2.1 插入圆环图

本表页中,通过圆环图显示不同区域的销售金额及占比状况。

## 10.2.2 插入条形图

本表页中,通过条形图反映不同区域销售金额的变化及排名情况。

## 10.2.3 插入柱形图

本表页中,通过柱形图反映不同省份的销售金额变化及排名情况。

## 10.2.4 插入水族馆图

本表页中,通过水族馆图(enlighten aquarium)反映不同城市销售金额的分布状况,水族馆中金鱼的颜色表示不同城市,金鱼的大小表示销售金额的多少。水族馆图需事先从应用商店导入。

**步骤**:在"区域分析"报表页,单击"可视化"下的"水族馆"图标,按图10-23设置水族馆图属性,生成的水族馆图如图10-24所示。

图10-23 设置水族馆图属性

图10-24 生成的水族馆图

## 10.2.5 插入矩阵

本表页中,通过矩阵直接反映不同地区、不同省份的销售数量和销售金额。

## 10.3 趋势分析可视化

趋势分析主要是以月份的变化展示销售金额、销售数量的变化情况。通过折线图、折线和柱形图、气泡图进行可视化分析，同时以产品分类名称、产品名称、省份名称作为切片器进行数据的筛选。趋势分析可视化总览如图 10-25 所示。

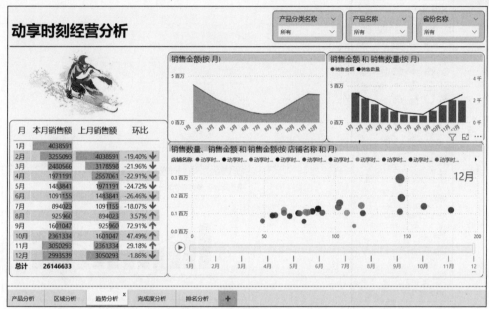

图10-25 趋势分析可视化总览

### 10.3.1 插入分区图

本表页中，通过分区图反映不同月份销售金额的变化情况。

**步骤**：在"趋势分析"报表页，单击"可视化"下的"分区图"图标，按图 10-26 设置分区图属性，生成的分区图如图 10-27 所示。

图10-26 设置分区图属性

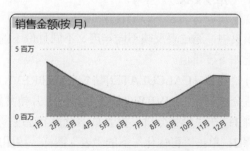

图10-27 生成的分区图

## 10.3.2　插入折线和柱形图

本表页中，通过折线和柱形图显示不同月份的销售金额和销售数量变化情况。

**步骤：** 在"趋势分析"报表页，单击"可视化"下的"折线和柱形图"图标，按图10-28设置图表属性，生成的折线和柱形图如图10-29所示。

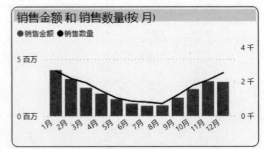

图10-28　设置图表属性　　　　　　　　图10-29　生成的折线和柱形图

## 10.3.3　插入动态气泡图

本表页中，通过气泡图动态反映不同月份下销售数量、销售金额变化情况。气泡大小代表销售金额大小。

**步骤：** 在"趋势分析"报表页，单击"可视化"下的"散点图"图标，按图10-30设置图表属性，生成的气泡图如图10-31所示。

## 10.3.4　插入表

本表页中，通过表反映不同年度、不同月份下的销售金额、上月销售额和销售金额环比情况。设置如下度量值。

上月销售额 = CALCULATE([销售金额],PREVIOUSMONTH('日期表'[日期]))

销售金额环比 = DIVIDE('[销售金额]–[上月销售额],[上月销售额])

**步骤1：** 在"趋势分析"报表页，设置上述度量值。

**步骤2：** 单击"可视化"下的"表"图标，按图10-32设置表属性，设置本月销售额、上月销售额和环比的条件格式，生成的表如图10-33所示。

第 10 章 案例：连锁店经营分析可视化

图10-30　设置图表属性

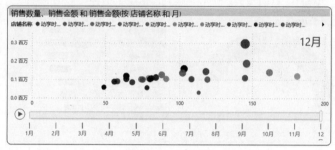

图10-31　气泡图

图10-32　设置表属性

图10-33　生成的表

## 10.4　完成度分析可视化

完成度分析主要是展示销售金额与任务额的对比、完成情况。通过仪表图、百分比仪表图、表和水平条形图进行可视化分析，同时以店铺名称作为切片器进行数据的筛选。完成度分析可视化总览如图10-34所示。

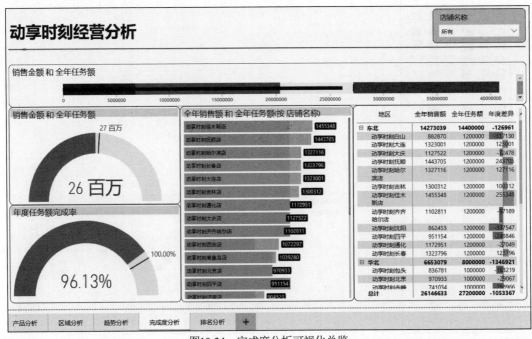

图10-34　完成度分析可视化总览

## 10.4.1　插入子弹图

本表页中，通过子弹图(bullet chart)反映销售金额与任务额的对比状况，通过颜色反映销售额落在"不好、较好、好、非常好"的某一区间。子弹图需事先从产品市场导入。

**步骤1**：在"完成度分析"报表页，单击"可视化"下的"子弹图"图标，按图10-35设置图表属性，按图10-36设置图表格式。

图10-35　设置图表属性

图10-36　设置图表格式

第 10 章 案例：连锁店经营分析可视化

**步骤 2**：生成的子弹图如图 10-37 所示。

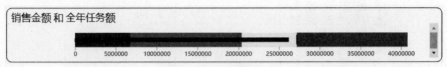

图10-37　生成的子弹图

## 10.4.2　插入仪表图

本表页中，通过仪表图反映销售金额与任务额的对比情况。

**步骤**：在"完成度分析"报表页，单击"可视化"下的"仪表图"图标，按图 10-38 设置图表属性，生成的仪表图如图 10-39 所示。

图10-38　设置图表属性

图10-39　生成的仪表图

## 10.4.3　插入百分比仪表图

本表页中，通过百分比仪表图反映销售金额相对于任务额的完成百分比。

**步骤1**：在"完成度分析"报表页，单击"可视化"下的"仪表图"图标，按图 10-40 设置图表属性，按图 10-41 设置图表格式。

**步骤 2**：生成的百分比仪表图如图 10-42 所示。

图10-40 设置图表属性

图10-41 设置图表格式

图10-42 生成的百分比仪表图

## 10.4.4 插入水平条形图

本表页中，通过水平条形图(horizontal bar chart)反映店铺下的销售金额与任务额的对比情况。条形图中用不同颜色代表任务额及销售金额超出任务额的部分。水平条形图需事先从市场导入。

**步骤**：选择"完成度分析"报表页，单击"可视化"下的"水平条形图"图标，按图10-43设置图表属性，生成的水平条形图如图10-44所示。

图10-43 设置图表属性

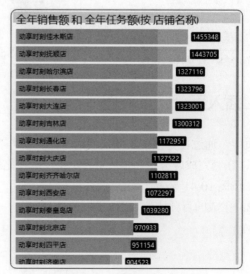

图10-44 生成的水平条形图

## 10.4.5　插入矩阵

本表页中，通过矩阵直接展示全年销售额和全年任务额数据及其变动额数据，变动额数据通过数据条颜色反映完成或未完成情况，通过数据条长度反映超出或未完成的差异额多少。

**步骤 1：** 在“完成度分析”报表页，单击“可视化”下的“矩阵”图标，按图 10-45 设置矩阵属性；设置“年度差异”的条件格式，将“数据条”打开，单击“高级控件”按钮，如图 10-46 所示。

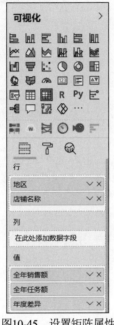

图10-45　设置矩阵属性

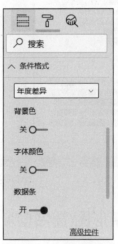

图10-46　设置矩阵格式

**步骤 2：** 设置数据条详细格式，如图 10-47 所示。生成的矩阵如图 10-48 所示。

图10-47　设置数据条详细格式

| 地区 | 全年销售额 | 全年任务额 | 年度差异 |
|---|---|---|---|
| ⊟ 东北 | 14273039 | 14400000 | -126961 |
| 动享时刻白山 | 882870 | 1200000 | -317130 |
| 动享时刻大连 | 1323001 | 1200000 | 123001 |
| 动享时刻大庆 | 1127522 | 1200000 | -72478 |
| 动享时刻抚顺 | 1443705 | 1200000 | 243705 |
| 动享时刻哈尔滨店 | 1327116 | 1200000 | 127116 |
| 动享时刻吉林 | 1300312 | 1200000 | 100312 |
| 动享时刻佳木斯店 | 1455348 | 1200000 | 255348 |
| 动享时刻齐齐哈尔店 | 1102811 | 1200000 | -97189 |
| 动享时刻沈阳 | 862453 | 1200000 | -337547 |
| 动享时刻四平 | 951154 | 1200000 | -248846 |
| 动享时刻通化 | 1172951 | 1200000 | -27049 |
| 动享时刻长春 | 1323796 | 1200000 | 123796 |
| ⊟ 华北 | 6653079 | 8000000 | -1346921 |
| 动享时刻包头 | 836781 | 1000000 | -163219 |
| 动享时刻北京 | 970933 | 1000000 | -29067 |
| 动享时刻赤峰 | 741034 | 1000000 | -258966 |
| 总计 | 26146633 | 27200000 | -1053367 |

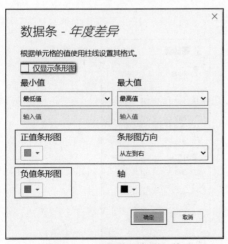

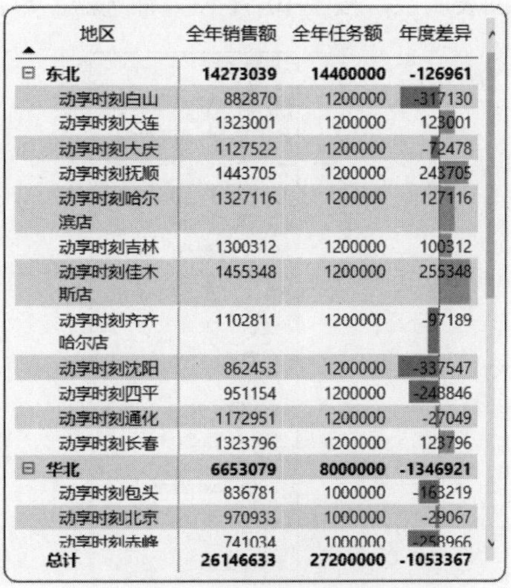

图10-48　生成的矩阵

## 10.5 排名分析可视化

排名分析主要是反映不同产品、不同店铺的销售金额排名情况(前 $N$ 个排名数据)。通过条形图、表和文字云进行可视化分析,同时以季度作为切片器进行数据的筛选。排名分析可视化总览如图 10-49 所示。

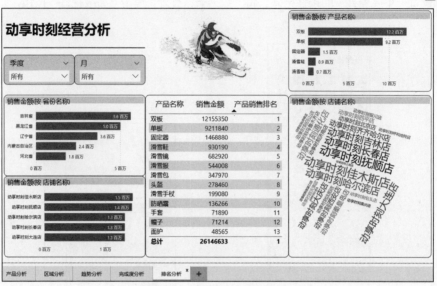

图10-49　排名分析可视化总览

### 10.5.1　插入条形图(排名前$N$个)

本表页中,通过条形图反映不同产品、不同店铺的销售金额排名前 5 的数据。

**步骤1**:在"排名分析"报表页,单击"可视化"下的"堆积条形图"图标,按图10-50设置图表属性,按图 10-51 设置筛选器,单击"应用筛选器"按钮。

图10-50　设置图表属性

图10-51　设置筛选器

**步骤 2**：生成的条形图(排名前 5)如图 10-52 所示。

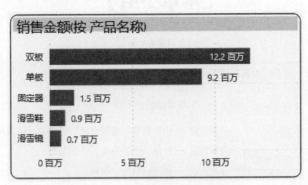

图10-52  生成的条形图(排名前5)

## 10.5.2 插入表

本表页中，通过表反映不同产品的销售金额及排名情况。设置如下度量值。
产品销售排名 = rankx(ALL('产品表'),[销售金额])

## 10.5.3 插入文字云

本表页中，通过文字云(word cloud)反映不同销售金额下的销售店铺名称。通常销售金额越大，店铺名称的文字显示就越大，用户也就越容易看清销售金额排名前几个的店铺名称。文字云需事先从市场导入。

**步骤**：在"排名分析"报表页，单击"可视化"下的"文字云"图标，按图 10-53 设置文字云属性，生成的文字云如图 10-54 所示。

图10-53  设置文字云属性

图10-54  生成的文字云

# 【本章小结】

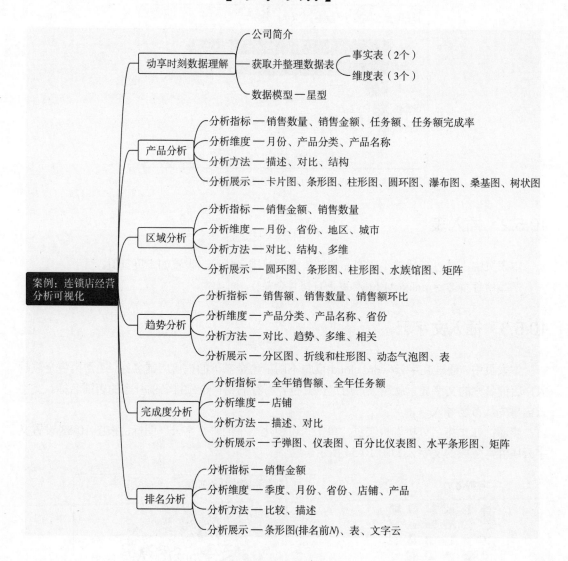

# 【本章习题】

一、思考题

1. 请举例说明水平条形图的用法。
2. 本章用了哪些可视化元素做排名分析？分别是如何实现的？

二、实训题

超市销售数据智能分析可视化。

1. 数据源："第10章\10-超市销售数据.xls"。

2. 解读超市销售数据中的数据表，对订单数据进行适当处理，适当设计并添加维度表。
3. 请设计合适的度量值，采用适当的可视化元素参考图10-55所示的思路进行相应的分析及可视化。

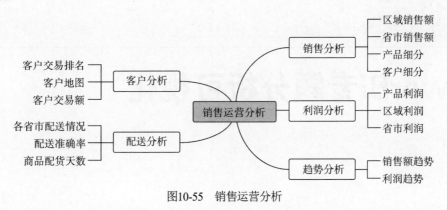

图10-55　销售运营分析

# 第 11 章

# PowerBI专题分析可视化

**学习目标**
- 掌握客户价值RFM分析度量值的设置方法及图表制作的一般步骤；
- 掌握动态帕累托分析度量值的设置方法及图表制作的一般步骤；
- 掌握动态盈亏平衡分析度量值的设置方法及图表制作的一般步骤；
- 掌握杜邦动态分析度量值的设置方法及图表制作的一般步骤。

## 引导案例

### "魔数眼"给大连银行带来了哪些价值

大连银行是中国东方资产管理股份有限公司旗下的子公司，注册资本为68亿元，目前，在北京、上海、天津、重庆、成都、沈阳、丹东、营口设有8家异地分行，在大连地区设有总行营业部及10家管理型支行，全行共有187个营业网点，员工5900余人。截至2019年年末，大连银行资产总额为4131亿元，各项贷款余额为2013亿元，各项存款余额为2787亿元。在2019年7月出版的英国《银行家》杂志全球前一千家大银行排名中，大连银行位列第305位。

为彻底解决数据应用方面的各类问题，2018年，伴随着行内大数据平台项目的启动，重新对数据架构进行了梳理，通过引入FineReport和FineBI两套产品，建成了大连银行数据决策平台，使得数据应用人员围绕着数据的开发、管理、运维、服务等各环节能够方便灵活地管理和使用数据。通过数据的开放运用，提升了数据仓库蕴藏的数据价值，同时确保了使用数据过程中的安全可控，最终也改善了科技与业务人员之间的协同工作关系，大家可以更专注地解决业务问题。

基于大数据平台，2020年，大连银行信息科技部上半年研发并上线了魔数眼系统。魔数眼系统在架构上与行内移动OA系统集成，实现单点登录功能。用户通过手机、平板电脑或PC登录OA系统后，即可直接访问魔数眼系统。整个项目运行在大连银行移动门户平台（EMM）中，确保了系统运行网络环境的安全性和可靠性。魔数眼系统从架构上打通了移动终端与行内管理类系统的访问通道,技术上实现了数据的移动应用功能,在保证安全性的同时给业务人提供了使用上的便利。系统目前提供以下三大主题数据服务。

1)绩效业绩看板

该数据服务可查看分行、支行及个人的绩效业绩情况和排名情况。

2)业务数据检视

该数据服务可对分支机构的主要经营业务指标进行追踪。

3)经营数据分析

该数据服务可从客群、产品结构、地区、渠道、趋势等多维度对经营数据进行分析和挖掘。

(案例来源:帆软软件有限公司网站 https://www.fanruan.com/)

## 11.1 客户价值RFM分析

RFM 模型是衡量客户价值和客户创利能力的重要工具和手段。在众多的客户关系管理(CRM)分析模式中,RFM 模型是被广泛提到的,该模型通过分析 recency(最近一次消费)、frequency(消费频率)、monetary(消费金额)3 个指标,可以将客户分成 8 类,如表 11-1 所示。

表11-1 RFM客户分类

| R分类 | F分类 | M分类 | 客户类型 |
| --- | --- | --- | --- |
| 高 | 高 | 高 | 高价值客户 |
| 低 | 高 | 高 | 重点保持客户 |
| 高 | 低 | 高 | 重点发展客户 |
| 低 | 低 | 高 | 重点挽留客户 |
| 高 | 高 | 低 | 一般价值客户 |
| 低 | 高 | 低 | 一般保持客户 |
| 高 | 低 | 低 | 一般发展客户 |
| 低 | 低 | 低 | 潜在客户 |

RFM 模型在第 2 章详细介绍过,在此不再赘述。下面来看 PowerBI 如何实现 RFM 分析。

### 11.1.1 理解数据

本分析模型设计了 3 张表格,分别是客户表、RFM 分类表和订单表,如图 11-1~图 11-3 所示。

| | A | B | C |
|---|---|---|---|
| 1 | 客户代码 | 客户姓名 | 客户城市 |
| 2 | c0001 | 陈丽 | 北京市 |
| 3 | c0002 | 楚丽 | 上海市 |
| 4 | c0003 | 崔丽 | 广州市 |
| 5 | c0004 | 张丽 | 深圳市 |
| 6 | c0005 | 王丽 | 长春市 |
| 7 | c0006 | 李丽 | 沈阳市 |
| 8 | c0007 | 赵丽 | 天津市 |

图11-1　客户表

| | A | B | C | D | E | F |
|---|---|---|---|---|---|---|
| 1 | 类型 | R | F | M | RFM | 客户特征 |
| 2 | 重要价值客户 | 1 | 1 | 1 | 111 | 最近有交易，交易次数和交易金额都很高，最优质客户 |
| 3 | 重要保持客户 | 0 | 1 | 1 | 011 | 交易频率和交易金额比较大，但最近无交易，需要唤回 |
| 4 | 重要发展客户 | 1 | 0 | 1 | 101 | 最近有交易且交易金额高，但交易次数低，需要深耕 |
| 5 | 重要挽留客户 | 0 | 0 | 1 | 001 | 交易金额高，但频率低且最近无交易，有流失风险，需要重点挽留 |
| 6 | 一般价值客户 | 1 | 1 | 0 | 110 | 最近有交易且交易频率高，但交易金额低，客户潜力需要挖掘 |
| 7 | 一般保持客户 | 0 | 1 | 0 | 010 | 交易次数高，但交易金额低且最近无交易，贡献不大，一般维持 |
| 8 | 一般发展客户 | 1 | 0 | 0 | 100 | 最近有交易，但交易次数和交易金额低，一般为新客户，有发展价值 |
| 9 | 一般挽留客户 | 0 | 0 | 0 | 000 | 最近无交易，且交易次数少、交易金额低，相当于流失客户 |

图11-2　RFM分类表

| | A | B | C | D | E | F | G | H | I |
|---|---|---|---|---|---|---|---|---|---|
| 1 | 订单日期 | 订单ID | 产品名称 | 产品分类 | 客户姓名 | 客户城市 | 销售量 | 售价 | 销售额 |
| 2 | 2019/5/21 | NO00001 | 芒果 | 水果 | 陈丽 | 北京市 | 13 | 25 | 192 |
| 3 | 2019/5/21 | NO00002 | 苹果 | 水果 | 楚丽 | 上海市 | 16 | 12 | 252 |
| 4 | 2019/5/22 | NO00003 | 哈密瓜 | 水果 | 崔丽 | 广州市 | 14 | 18 | 208 |
| 5 | 2019/5/23 | NO00004 | 猕猴桃 | 水果 | 张丽 | 深圳市 | 8 | 26 | 252 |
| 6 | 2019/5/23 | NO00005 | 橙子 | 水果 | 王丽 | 长春市 | 18 | 14 | 234 |
| 7 | 2019/5/24 | NO00006 | 果干 | 休闲食品 | 李丽 | 沈阳市 | 13 | 18 | 135 |
| 8 | 2019/5/26 | NO00007 | 瓜子 | 休闲食品 | 赵丽 | 天津市 | 9 | 15 | 348 |
| 9 | 2019/5/26 | NO00008 | 蜜饯 | 休闲食品 | 孙丽 | 无锡市 | 12 | 29 | 221 |

图11-3　订单表

## 11.1.2　查看数据模型

在 PowerBI 中连接 RFM 分析模型数据并查看模型。

**【案例数据】案例数据\第11章\RFM分析模型数据.xlsx**

**步骤 1：**在 PowerBI 中，连接“RFM 分析模型数据.xlsx”，将客户表首行升为标题。

**步骤 2：**新建“度量值”表，用以存放所有度量值。查看自动创建的数据模型，如图 11-4 所示。

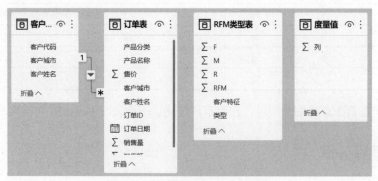

图11-4　查看自动创建的数据模型

## 11.1.3　新建度量值

在具体分析时，首先计算 R、F、M 平均值，如果某客户的 R、F、M 值超过平均值，则分别取值为 1，否则分别取值为 0，这样每个 R、F、M 都有 1、0 两种取值，则最后 RFM 的取值组合从 000 到 111，共有 8 种。

首先设置如下基础度量值。
客户数量 = DISTINCTCOUNT('订单表'[客户姓名])
最新业务日期 = MAXX( ALL( '订单表' ),'订单表'[订单日期] )
最后消费间隔天数 = DATEDIFF( MAX( '订单表'[订单日期] ),[最新业务日期],DAY )
消费金额 = SUM( '订单表'[销售额] )
消费次数 = DISTINCTCOUNT( '订单表'[订单ID] )
然后设置 R、F、M 平均值度量值。
R平均 = AVERAGEX( ALLSELECTED( '客户表' ),[最后消费间隔天数] )
F平均 = AVERAGEX( ALLSELECTED( '客户表' ),[消费次数] )
M平均 = AVERAGEX( ALLSELECTED( '客户表' ) , [消费金额] )
**步骤**：在 PowerBI 的 "度量值" 表中，设置上述度量值，如图 11-5 所示。

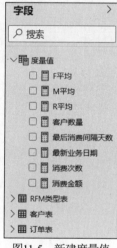

图11-5　新建度量值

## 11.1.4　新建列

在客户表中，根据每个客户与平均 R 值、平均 F 值和平均 M 值的比较，确定自身 R 值、F 值、M 值。

在客户表中，需建立如下新建列。

R值 = IF( ISBLANK( [最后消费间隔天数] ),BLANK(),IF( [最后消费间隔天数] <[R平均],1,0))
F值 = IF( ISBLANK( [消费次数] ),BLANK(),IF( [消费次数] >[F平均],1,0))
M值 = IF( ISBLANK( [消费金额] ),BLANK(),IF( [消费金额] >[M平均],1,0))
RFM值 = [R值]&[F值]&[M值]

最后，根据 RFM 值的结果，确定 RFM 类型。

RFM 类型 =
SWITCH (
　　'客户表'[RFM 值],

```
"111","重要价值客户",
"011","重要保持客户",
"101","重要发展客户",
"001","重要挽留客户",
"110","一般价值客户",
"010","一般保持客户",
"100","一般发展客户",
"000","一般挽留客户",
BLANK()
)
```

步骤：在 PowerBI 的"客户"表中，添加上述新建列，如图 11-6 所示。

图11-6　添加新建列

### 11.1.5　插入切片器

插入"客户城市"和"产品名称"切片器。

**步骤：** 在 PowerBI 的报表视图中，插入"客户城市"和"产品名称"切片器，并设置其属性及格式，如图 11-7 所示。

### 11.1.6　插入卡片图

插入 R 平均、F 平均、M 平均 3 张卡片图。

**步骤：** 在 PowerBI 的报表视图中，插入 R 平均、F 平均、M 平均 3 张卡片图，并设置其属性及格式，如图 11-8 所示。

第 11 章　PowerBI 专题分析可视化

图11-7　插入切片器

图11-8　插入卡片图

## 11.1.7　插入条形图

统计不同类型客户的人数，插入条形图。

**步骤**：在 PowerBI 的报表视图中，插入条形图，并设置其属性及格式，如图 11-9 所示。

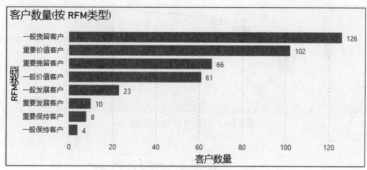

图11-9　插入条形图

## 11.1.8　插入瀑布图

统计不同类型客户的消费金额占比，插入瀑布图。

**步骤**：在 PowerBI 的报表视图中，插入瀑布图，并设置其属性及格式，如图 11-10 所示。

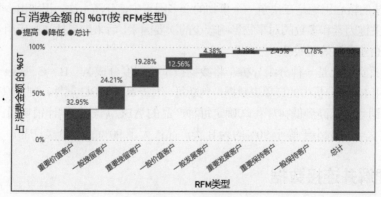

图11-10　插入瀑布图

### 11.1.9 插入表

反映每一个客户的 R 值、F 值、M 值及客户 RFM 类型，插入表。

**步骤**：在 PowerBI 的报表视图中，插入表，并设置其属性及格式。RFM 分析完整显示如图 11-11 所示。

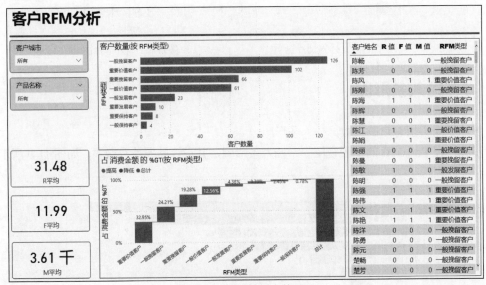

图11-11　RFM分析完整显示

## 11.2　动态帕累托分析

帕累托分析法把被分析的对象分成 ABC 三类，所以又称 ABC 分类法。ABC 分类法是由意大利经济学家维尔弗雷多·帕累托(Vilfredo Pareto)首创的。1879 年，帕累托在研究个人收入的分布状态时发现少数人的收入占全部人收入的大部分，而多数人的收入却只占一小部分，他将这一关系用图表示出来，就是著名的帕累托图。该分析方法的核心思想是在决定一个事物的众多因素中，分清主次，识别出少数的但对事物起决定作用的关键因素和多数的对事物影响较少的次要因素。后来帕累托法则应用于管理的各个方面，为提高企业经济效益服务。

帕累托分析实质上是一种分组分析，将数据按重要程度分成 A、B、C 三类。

本分析使用 RFM 分析中的订单表数据，判断每一种产品的 ABC 属性，判定原则如下：①先将每种产品按销售额从高到低排序；②确定每种产品的 ABC 属性。累计销售额占 70%以内的为 A 类产品；大于 70%小于等于 90%的为 B 类产品；大于 90%的为 C 类产品。

### 11.2.1　理解并连接数据

本分析模型仍然使用 RFM 分析的订单表。

在 PowerBI 中，连接订单表数据，创建"度量值"表，专门存放度量值。

【案例数据】案例数据\第11章\帕累托分析模型数据.xlsx

## 11.2.2 新建度量值

首先设置基础度量值。
销售额合计 = sum('订单表'[销售额])
其次设置累计销售额、累计销售额占比度量值。
累计销售额 =
VAR X = [销售额合计]
VAR Y = CALCULATE([销售额合计],FILTER(ALL('订单表'[产品名称]),[销售额合计]> = X))
RETURN Y
累计销售额占比 = DIVIDE([累计销售额],CALCULATE([销售额合计],ALL('订单表'[产品名称])))
再次设置每一种产品的 ABC 属性及每一种属性数量的度量值。
ABC分类 =
SWITCH(TRUE(),
[累计销售额占比]< = 0.7,"A",
[累计销售额占比]< = 0.9,"B",
"C")
A类数量 = CALCULATE(DISTINCTCOUNT('订单表'[产品名称]),FILTER(ALL('订单表'[产品名称]),[ABC分类] = "A"))
B类数量 = CALCULATE(DISTINCTCOUNT('订单表'[产品名称]),FILTER(ALL('订单表'[产品名称]),[ABC分类] = "B"))
C类数量 = CALCULATE(DISTINCTCOUNT('订单表'[产品名称]),FILTER(ALL('订单表'[产品名称]),[ABC分类] = "C"))
**步骤**：在 PowerBI 的"度量值"表中，设置上述度量值，如图 11-12 所示。

图11-12 新建度量值

## 11.2.3 插入切片器

插入"客户城市"和"客户姓名"切片器。

**步骤**：在PowerBI的报表视图中，插入"客户城市"和"客户姓名"切片器，并设置其属性及格式，如图11-13所示。

图11-13 插入切片器

## 11.2.4 插入表

查看不同商品的销售额合计、累计销售额、累计销售额占比及ABC分类情况。

**步骤**：在PowerBI的报表视图中，插入表，并设置其属性及格式，如图11-14所示(表中数据需降序排序)。

| 产品名称 | 销售额合计 | 累计销售额 | 累计销售额占比 | ABC分类 |
|---|---|---|---|---|
| 咖啡 | 301760 | 301760 | 20.91% | A |
| 气泡水 | 241945 | 543705 | 37.67% | A |
| 果汁 | 186663 | 730368 | 50.60% | A |
| 猕猴桃 | 118378 | 848746 | 58.80% | A |
| 芒果 | 100000 | 948746 | 65.73% | A |
| 蜜饯 | 81345 | 1030091 | 71.36% | B |
| 虾条 | 79684 | 1109775 | 76.88% | B |
| 哈密瓜 | 71208 | 1180983 | 81.82% | B |
| 橙子 | 58702 | 1239685 | 85.88% | B |
| 果干 | 56610 | 1296295 | 89.81% | B |
| 薯片 | 54451 | 1350746 | 93.58% | C |
| 苹果 | 47376 | 1398122 | 96.86% | C |
| 瓜子 | 45315 | 1443437 | 100.00% | C |
| 总计 | 1443437 | | | A |

图11-14 插入表

## 11.2.5 插入圆环图

统计不同ABC属性的数量及占比情况。

**步骤**：在PowerBI的报表视图中，插入圆环图，将度量值A类数量、B类数量、C类数量拖曳到"值"处，调整其格式后如图11-15所示。

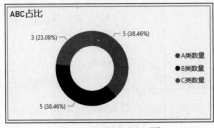

图11-15 插入圆环图

## 11.2.6 折线和堆积柱形图

利用折线和堆积柱形图来制作帕累托图，并将ABC三类属性的商品用不同颜色显示。

**步骤1：** 在PowerBI的报表视图中，插入折线和堆积柱形图，设置其属性为"共享轴-产品名称、列值-销售额合计、行值-累计销售额占比"。

**步骤2：** 设置其格式为"添加数据标签，更改标题名称"；单击"数据颜色"下的 $fx$ 按钮，设置如图11-16所示的格式。

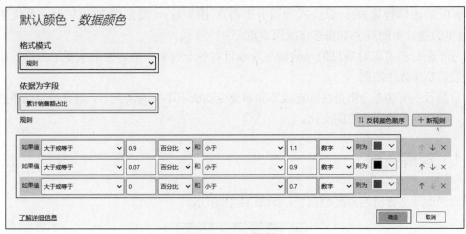

图11-16 设置颜色

**步骤3：** 设置后的帕累托图如图11-17所示。

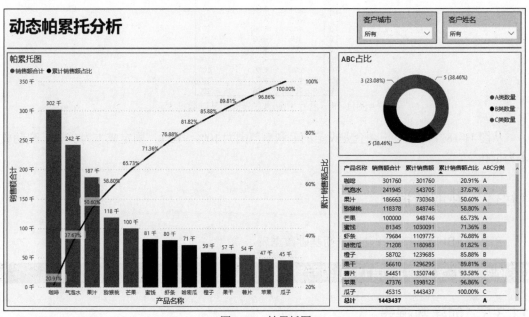

图11-17 帕累托图

## 11.3　盈亏平衡动态分析

盈亏平衡分析又称保本点分析或本量利分析法，是根据产品的销量、成本、利润之间的相互制约关系的综合分析，用来预测利润，控制成本，判断经营状况的一种数学分析方法。一般来说，收入－成本＝利润，若利润为零，则收入＝成本＝固定成本＋变动成本。因为收入＝销售量×价格，变动成本＝单位变动成本×销售量，所以销售量×售价＝固定成本＋单位变动成本×销售量，可以推导出盈亏平衡点(利润为 0 时的销售量)的计算公式为盈亏平衡点(销售量)＝固定成本÷(售价－单位变动成本)。这里的盈亏平衡点也叫临界点或保本点。

盈亏平衡分析可以对项目的风险情况及项目对各个因素不确定性的承受能力进行科学判断，为投资决策提供依据。

本章盈亏平衡动态分析是在固定成本和单位变动成本不变的情况下，选择设定的不同的毛利率值，以查看盈亏平衡点的变化。

### 11.3.1　理解数据

盈亏平衡动态分析的基础数据表，如图 11-18 所示。

| | A | B | C |
|---|---|---|---|
| 1 | 毛利率 | 固定成本 | 单位变动成本 |
| 2 | 10% | 9000 | 100 |
| 3 | 15% | 9000 | 100 |
| 4 | 20% | 9000 | 100 |
| 5 | 25% | 9000 | 100 |
| 6 | 30% | 9000 | 100 |
| 7 | 35% | 9000 | 100 |
| 8 | 40% | 9000 | 100 |
| 9 | 45% | 9000 | 100 |
| 10 | 50% | 9000 | 100 |
| 11 | 55% | 9000 | 100 |
| 12 | 60% | 9000 | 100 |
| 13 | 65% | 9000 | 100 |
| 14 | 70% | 9000 | 100 |

图11-18　盈亏平衡动态分析的基础数据表

从图 11-18 中可以看出，企业设定的毛利率范围为 10%～70%，固定成本为 9000，变动成本为 100。

### 11.3.2　获取数据

在 PowerBI 中连接盈亏动态平衡基础数据表。

【案例数据】案例数据\第11章\盈亏动态平衡基础表.xlsx

### 11.3.3　创建数据表

在 PowerBI 中创建销量数据表，数据范围为 0～1000。

**步骤 1**：在 PowerBI 中，执行"建模→新建参数"命令。
**步骤 2**：输入如图 11-19 所示的信息，单击"确定"按钮。
**步骤 3**：在数据状态下查看"销量表"，将其字段改名为销量，如图 11-20 所示。可以看出，销量表生成的直接公式为"销量表 = GENERATESERIES(0, 1000, 1)"，将销量表下的"销量表值"删除。

图11-19  设置参数

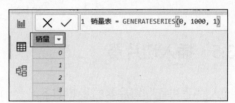

图11-20  字段改名

## 11.3.4 创建度量值

盈亏平衡动态分析中需要创建如下度量值。
单位变动成本 = SELECTEDVALUE('毛利率表'[单位变动成本])
固定成本 = SELECTEDVALUE('毛利率表'[固定成本])
销量 = SELECTEDVALUE('销量表'[销量])
毛利率 = SELECTEDVALUE('毛利率表'[毛利率])
变动成本 = [单位变动成本]*[销量]
总成本 = [固定成本] + [变动成本]
收入 = DIVIDE([变动成本],1 − [毛利率])
利润 = [收入] − [总成本]
盈亏平衡点收入 =
VAR A = MINX(ALL('销量表'), IF([利润]> = 0,[利润]))
VAR B = IF([利润] = A,[收入])
RETURN B
盈亏平衡点销量 = IF([收入] = [盈亏平衡点收入],[销量])

说明：盈亏平衡点收入中，公式 A＝MINX(ALL('销量表'), IF([利润]>=0,[利润]))，表示取得利润大于等于 0 的最小值。实际中，有可能利润为 0 时，销量是带小数的，所以为了与整数销量对应，盈亏平衡点利润有可能不为 0。

**步骤 1**：在 PowerBI 中，执行"建模→新建表"命令，设置表名为"度量值"。
**步骤 2**：将上述度量值依次创建在"度量值"表中，如图 11-21 所示。

图11-21 创建度量值

## 11.3.5 插入切片器

插入"毛利率"切片器的步骤如下。

**步骤**：在 PowerBI 中，按如图 11-22 所示的位置插入"毛利率"切片器，并选择切片器值为 0.25。

图11-22 插入切片器

## 11.3.6 插入分区图

插入分区图，制作盈亏平衡动态分析图表。

**步骤 1**：在 PowerBI 中，单击"可视化"下的"分区图"图标，按图 11-23 设置分区图属性。

图11-23 设置分区图属性

**步骤 2**：继续调整分区图格式(X 轴、Y 轴、数据标签、形状)，生成的分区图格式如图 11-24 所示。

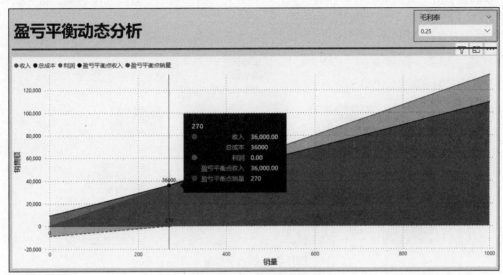

图 11-24　生成的分区图格式

**步骤 3**：拖动图中竖线，随着数量的变化，可以查看到收入、总成本、利润的变化。切换毛利率，可以看到盈亏平衡点销量及销售收入的变化。

## 11.4　杜邦动态分析

杜邦静态分析图表是根据资产负债表、利润表相关数据计算出营业净利率、资产周转率、资产负债率 3 个指标，而这 3 个指标的相互作用最终影响权益净利率指标。在第 9 章中，已经做过杜邦静态分析图表，本章我们继续探究营业净利率、资产周转率、资产负债率 3 个指标的公式，即可看出 3 个指标的影响因素有哪些。

营业净利率 = 净利润 ÷ 营业收入 × 100%

资产周转率 = 营业收入 ÷ 资产总额 × 100%

资产负债率 = 负债总额 ÷ 资产总额 × 100%

从上述 3 个公式中可以看出，最终影响权益净利率指标的 4 个主要因素分别是净利润、营业收入、资产总额、负债总额。

杜邦动态分析就是设置 4 个影响因素的变化参数，变化参数范围为 1%～200%，通过变化参数的调整，查看受到影响的各个指标的变化，最终观察对权益净利率的变化影响。

### 11.4.1　插入卡片图

将影响权益净利率指标的净利润、营业收入、资产总额、负债总额 4 个主要因素插入杜邦分析图表的下方。

📖 【案例数据】案例数据\第11章\杜邦动态分析.pbix

**步骤：** 打开"杜邦动态分析.pbix"文件，在杜邦分析图表的下方插入净利润、营业收入、资产总额、负债总额4张卡片图，如图11-25所示。

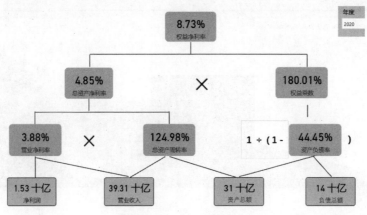

图11-25　插入卡片图

## 11.4.2　设置变化参数

设置净利润、营业收入、资产总额、负债总额的变化参数，变化参数范围为1%～200%，通过变化参数的调整，查看对权益净利率的影响。

**步骤1：** 执行"建模→新建参数"命令，设置如图11-26所示的参数内容，单击"确定"按钮。

图11-26　设置参数内容

**步骤2：** 设置参数格式，并拖放到净利润卡片图下，如图11-27所示，在字段窗格下，可以看到新设置的参数1，如图11-28所示。

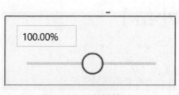
图11-27　参数格式

图11-28　参数字段

**步骤 3**：同理，设置参数 2～参数 4，并放置如图 11-29 所示的位置。

图11-29　参数2～参数4

## 11.4.3　修改度量值

修改净利润、营业收入、资产总额、负债总额 4 个度量值，分别将它们乘以 4 个参数，然后拖动滑块，即可观察它们对权益净利率的最终影响。

**步骤 1**：双击"净利润"度量值，在原度量值公式后输入如图 11-30 所示的内容。

图11-30　修改度量值公式

**步骤 2**：同理，将营业收入、资产总额、负债总额 3 个度量值分别乘以参数 2 值、参数 3 值、参数 4 值。

**步骤 3**：拖动 4 个滑块(或直接在输入框输入与百分比相对应的小数)，观察 4 个影响因素的变化对权益净利率指标的影响，如图 11-31 所示。

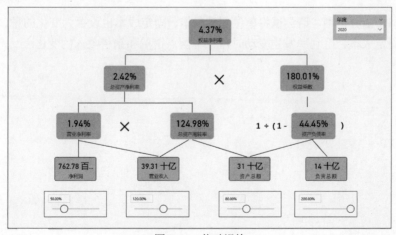
图11-31　拖动滑块

## 【本章小结】

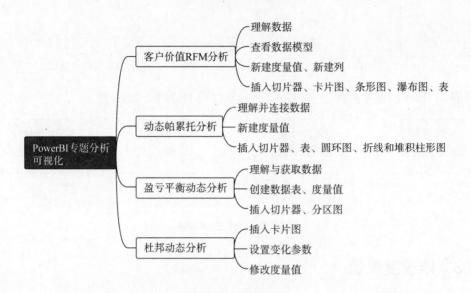

## 【本章习题】

**一、思考题**

1. 请说一说客户价值 RFM 模型中，RFM 类型值确定的过程。
2. 帕累托分析中都设置了哪些度量值？请描述帕累托图的制作过程。
3. 请写出盈亏平衡点销量和盈亏平衡点销售收入的度量值公式。
4. 杜邦分析中核心比率是什么？它受哪 3 个比率的综合影响？影响 3 个比率的报表要素是什么？如何设置报表要素的动态变化？

**二、实训题**

盈亏动态平衡分析中，请尝试将单位变动成本、固定成本也设置为变化的量，观察当单位变动成本、固定成本、毛利率发生变动时盈亏平衡点销量和销售收入的变化。

# 第 12 章

# FineBI利润数据探索性分析

**学习目标**
- 了解FineBI的界面;
- 熟悉FineBI数据分析的基本流程;
- 掌握数据探索性分析的一般思路;
- 掌握利润数据探索性分析的过程。

## 引导案例

### 数字化生鲜运营真能让折价损失降低20%吗

步步高集团于1995年3月创立于湖南湘潭,以"共创美好生活"为企业使命,致力于成长为中西部领先的全渠道运营商。集团业务主要涉及零售贸易、商业地产、电子商务、互联网金融、物流运输等多个业态。2008年6月,集团控股子公司步步高商业连锁股份有限公司在深交所上市(股票代码002251)。步步高集团线下零售实体店实行大西南战略,现已拥有642家多业态实体门店,遍布湘、桂、赣、川、渝、滇等省市,年销售额390亿元。

损耗是生鲜管理的核心,不仅损失毛利,还严重影响销售机会。2019年,步步高利用帆软BI工具建立企业数字化生鲜运营系统,将采购品质、库存过多、出清不及时等重点场景进行了分解,构建了从评级、预测到预警、出清再到整体分析的数字化生鲜运营新模式,根据商品质量、预测销售量及库存量等指标,配合更完善的出清策略及时预警出清,从而降低生鲜的损耗。

**1. 建立数字化生鲜运营新模式**

1) 采购评级

从源头开始,在订货时对商品进行评级。商品到货以后,直接扫描商品,该商品的数量、品质、评级就能显示出来。根据商品评级确定开箱检查还是直接收货或抽检。

2) 门店客流预测

公司通过考虑多个特征，将星期、节假日、天气、季节、气温、历史客流、门店经营面积等指标综合考虑构造特征工程，采用高效的集成算法XGBOOST进行预测，门店客流预测准确度达到95%。

3) 商品销售预测

公司通过对商品打标签归组，然后根据商品的日均销量、销量标准差、价格变动标准差等多个指标进行聚类分析，根据最优聚类规则，确认了商品的4个分组，然后对不同类别的商品采用不同的回归预测模型。

4) 库存预警与出清

公司得到预测的结果后，通过移动化工具将单品销量的预测结果再结合单品的库存、保质期等因素进行综合比较，计算出商品的风险库存、预计售罄日期等主要预警参数。借助帆软工具快速开发移动端产品，在移动端展示门店生鲜商品库存预警列表，门店的生鲜运营人员可以直接通过预警结果，对预警列表中的商品进行"调价""发券"等操作。

5) 整体数据分析

公司建立了一个数据报表体系，培养门店一线人员数据意识，慢慢地养成全员看报表，拿数据说话的习惯。

**2. 新模式运行效果**

(1) 实现全店销售额及毛利可比双增长，坪效提升9%，劳效提升27%，周转控制在30天以内。

(2) 生鲜部门月总用工时减少40%，劳效提升99%。

(3) 生鲜折价损失额下降20%，蔬菜品类渗透率有效提升。

(4) 建立选品及汰换分析模型，精准管控库存、精简33%非生鲜SKU(保存库存控制的最小可用单位)。

(5) 有效获客、促活，进行商品及内容转化，为线下导流制造复购。

(6) 线上订单数月环比增长65%。

(案例来源：帆软软件有限公司网站 https://www.fanruan.com/)

## 12.1 FineBI简介

### 12.1.1 FineBI概述

帆软软件有限公司(以下简称"帆软")成立于2006年，是中国专业的大数据BI和分析平台提供商，专注商业智能和数据分析领域，致力于为全球企业提供一站式商业智能解决方案，目前主要有FineReport、FineBI、简道云3款产品。帆软在专业水准、组织规模、服务范围、企业客户数量上均为业内前列，先后获得包括Gartner、IDC、CCID在内的众多专业咨询机构的认可；2018年入选福布斯中国非上市企业潜力榜50强，2018—2020年连续入选中国大数据企业50强。

FineBI是帆软软件有限公司推出的一款商业智能(business intelligence)产品，其自助分析以业务需求为方向，通过便携的数据处理和管控，提供自由的探索分析。

FineBI 的特点如图 12-1 所示。

图12-1  FineBI的特点

## 12.1.2  FineBI的安装与启动

FineBI 是一款纯 B/S(browser / server)端的商业智能分析服务平台，支持通过 Web 应用服务器将其部署在服务器上，提供企业云服务器。用户端只需要使用一个浏览器即可进行服务平台的访问和使用。FineBI 通常使用 Spider 引擎，其可灵活支撑不同数据量级的分析。

### 1. FineBI下载

FineBI 下载的操作步骤如下。

**步骤1**：打开 FineBI 官网 https://www.fanruan.com/finebi，单击"下载"按钮，如图 12-2 所示。

图12-2  下载FineBI

**步骤 2**：根据计算机操作系统配置，选择操作系统版本，如图 12-3 所示。

图12-3  选择操作系统版本

**步骤 3**：将安装程序下载到本地计算机相关位置即可。

### 2. FineBI安装

FineBI 安装步骤如下。

**步骤**：双击安装程序 windows-x64 FineBI5 1-CN.exe，按照提示步骤安装即可。

### 3. FineBI启动

FineBI 启动步骤如下。

**步骤**：双击桌面图标，输入注册的用户名和密码，如图 12-4 所示。单击"登录"按钮，进入 FineBI 主界面。

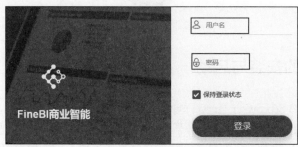

图12-4　启动FineBI

## 12.1.3　FineBI的界面

FineBI 主界面包括目录、仪表板、数据准备、管理系统、BI 工具 5 个导航栏，如图 12-5 所示。

图12-5　FineBI主界面

- 目录：提供了系统预制好的管理驾驶舱、行业应用等各种类型的分析主题，供使用者学习查看。
- 仪表板：存放用户制作的所有仪表板，可以对仪表板进行新建、修改、删除、分组等各种管理操作。
- 数据准备：提供从各种数据库提取数据到 FineBI 系统，业务员可对数据进行再加工处理，具体包括业务包、数据表、关联、多路径、数据更新、自助数据集等功能。

- 管理系统：为管理员进行数据决策系统管理的地方，支持目录、用户、外观、权限等的管理配置。
- BI工具：本工具一般用于定位分析问题，提供部分快捷查询入口和自动分析功能。

## 12.2　FineBI数据分析基本流程

FineBI 数据分析基本流程如图 12-6 所示。

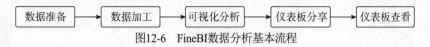

图12-6　FineBI数据分析基本流程

### 1. 数据准备

数据准备是将需要分析的数据上传到 FineBI 数据库，并进行基础的处理，具体功能包括创建数据连接、新建分组和业务包、添加数据表、基础表处理等。

### 2. 数据加工

数据加工是指对基础表数据进行加工、清洗、转换成数据分析所需要的表，具体功能包括创建自助数据集、选择数据来源、选择关联表、数据加工、保存自助数据集等。

### 3. 可视化分析

可视化分析是指将数据加工后的表用可视化的方式展现出来，具体功能包括新建仪表板、添加可视化组件、添加计算字段、选择图表类型、数据处理、添加交互功能、仪表板设计、仪表板预览等。

### 4. 仪表板分享

仪表板分享是指将数据分析成果分享给别人查看。

### 5. 仪表板查看

仪表板查看是帮助用户查看仪表板分析结果，具体功能包括查看、导出、另存为等。

## 12.3　案例：FineBI利润数据探索型分析可视化

### 12.3.1　案例背景

某集团总体经营状况不佳，8 月毛利额及毛利率环比下降，但是销售额却是环比增长的，问题可能出现在成本控制方面。使用 FineBI 自助分析功能，通过门店、商品等多维度找出影响毛利的原因，发现集团经营问题，消除风险。

本案例核心分析指标——毛利率(gross profit margin)是毛利与销售收入(或营业收入)的百分比，其中毛利是销售收入与销售之间的差额，毛利率的变化可以一定程度反映一个公司的经营状况。毛利率公式如下。

毛利率＝毛利÷营业收入×100%＝(主营业务收入－主营业务成本)÷主营业务收入×100%

**? 数据分析思维：**
将门店分布与门店毛利率进行联动展示，通过省份到城市的逐层钻取，分别从品类和商品角度，以销量和毛利率作为指标参考制作气泡图；通过预设的警戒线，发现商品异常销售情况，分析原因，给管理层提出有针对性的解决对策。

## 12.3.2 数据准备

### 1. 数据连接

数据准备需要将各类数据文件连接到FineBI中。本案例数据文件为系统自带的MySQL数据库文件。

**步骤 1：**登录FineBI系统，选择"管理系统→数据连接→数据连接管理"菜单，执行"新建数据连接"命令，单击MySQL图标，打开如图12-7所示的界面。

图12-7 设置数据连接

在打开的界面中输入下列信息。
- 数据连接名称：sales_database。
- 用户名、密码：finebi。
- 数据连接URL：jdbc:mysql://solutions.finebi.com:3306/finebi。

**步骤 2：**单击右上角的"测试连接"按钮，提示"连接成功"，单击"保存"按钮。

### 2. 添加业务包

添加业务包就是从连接的数据库文件中选择需要分析的数据表到业务包中。

**步骤 1**：选择"数据准备→添加业务包"菜单，单击"8月毛利异常分析"后的 按钮，更改业务包名称，如图 12-8 所示。

图12-8　添加业务包

**步骤 2**：单击"8月毛利异常分析"业务包名称，执行"添加表→数据库表"命令，选择如图 12-9 所示的 3 张表，单击"确定"按钮。

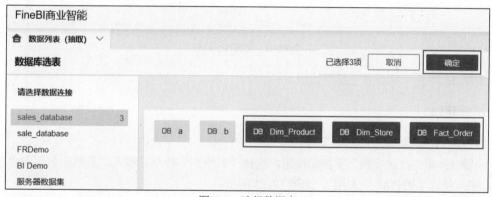

图12-9　选择数据表

**步骤 3**：分别选中这 3 张表，单击"更新数据"按钮。

## 12.3.3　数据加工

数据加工就是将业务包中的数据表添加到自助数据集中，然后根据需要进行简单的数据处理。

**1. 新建自助数据集**

**步骤 1**：选择"添加表→添加自助数据集"菜单，更改自助数据集名为"商品销售数据宽表"，如图 12-10 所示。

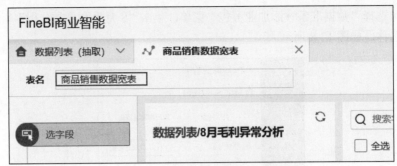

图12-10 更改自助数据集名称

**步骤2**：选择字段。从门店信息维度表中选择门店名称、省份、城市字段；从商品信息维度表中选择商品类别、商品名称字段；从商品销售明细表中选择日期、单据编码、数量、销售额、成本额字段，如图12-11所示。

图12-11 添加业务包

**步骤3**：单击"保存并更新"按钮。

### 2. 新建列

为自助数据集新建"毛利额"列。

**步骤1**：单击"选字段"下的 按钮，选择"新增列"命令，输入"新增列名"为"毛利额"，输入公式"销售额-成本额"，如图12-12所示。

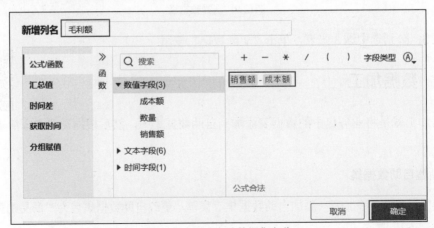

图12-12 更改自助数据集名称

**步骤 2**：单击"确定"按钮。

## 12.3.4 仪表板制作及可视化分析

FineBI 中，可以将制作的可视化对象添加到仪表板中，随时预览查看。

### 1. 新建仪表板

**步骤**：执行"仪表板→新建仪表板"命令，输入"名称"为"8月毛利异常分析仪表板"，如图 12-13 所示。单击"确定"按钮。

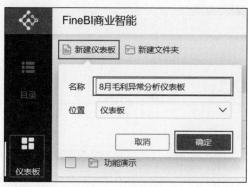

图12-13　新建仪表板

### 2. 添加仪表板主题

**步骤**：在"8 月毛利异常分析仪表板"中，单击左侧的"其他"菜单，选择"文本组件"，在打开的文本框中输入"某集团 8 月毛利额异常分析"，将文本组件调整为合适的大小，结果如图 12-14 所示。

某集团8月毛利额异常分析

图12-14　添加仪表板主题

### 3. 制作销售额及销售额环比组合图

进入组件详细设置界面，制作图表来查看每个月的总体销售额和销售额环比。

**步骤 1**：在仪表板界面，单击左侧的⊕按钮，选择"商品销售数据宽表"，单击"确定"按钮。选择图表类型"自定义图表"，将日期拖到横轴处，销售额拖到纵轴处，图形属性选择"线"，勾选"查看所有数据"选项，如图 12-15 所示。

**步骤 2**：单击日期右侧的▼按钮，选择"年月"，如图 12-16 所示。单击销售额右侧的▼按钮，选择"数值格式"，设置数量单位为"万"，如图 12-17 所示。单击"确定"按钮。

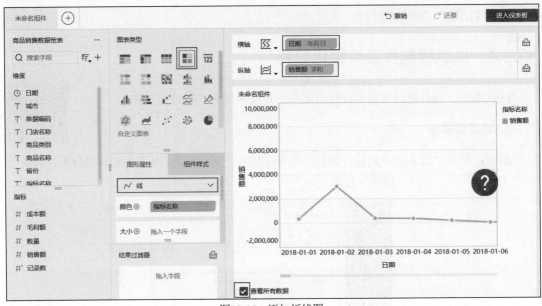

图12-15 添加折线图

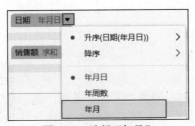

图12-16 选择"年月"

图12-17 设置数量单位

**步骤3：** 单击销售额右侧的▼按钮，选择"复制"，单击新复制销售额右侧的▼按钮，选择"快速计算→同比环比→环比增长率"，如图12-18所示。

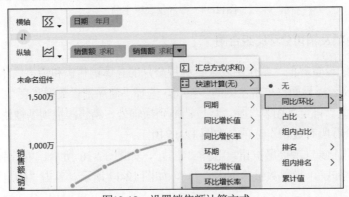

图12-18 设置销售额计算方式

**步骤4：** 在"销售额(求和-环比增长率)"中选择"柱形图"，单击"销售额(求和-环比增长率)"右侧的▼按钮，选择"设置值轴"，设置共用轴为"右值轴"，单击"确定"按钮，结果如

图 12-19 所示。

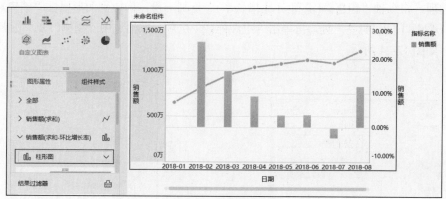

图12-19　更改图形样式

**步骤 5**：将"销售额(求和-环比增长率)"复制一份，然后拖放到"柱形图"下的"颜色处"，如图 12-20 所示。

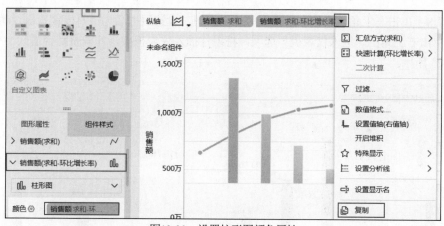

图12-20　设置柱形图颜色属性

**步骤6**：单击 颜色 按钮，选择"区域渐变"和"自定义"选项，输入区间个数为"2"，按如图 12-21 所示设置柱形图颜色区间。设置后的柱形图如图 12-22 所示。

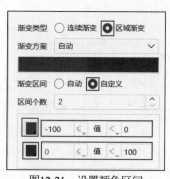

图12-21　设置颜色区间

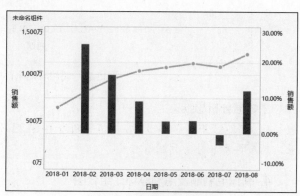

图12-22　设置后的柱形图

**步骤7**：将指标"销售额"拖放到图形属性"销售额(求和)"下的"标签"处，如图12-23所示。同理，将纵轴"销售额(求和-环比增长率)"复制一份，拖放到图形属性"销售额(求和-环比增长率)"下的"标签"处，再单击"组件样式"选项，取消选中"图例"及"标题"下的复选框，如图12-24所示。

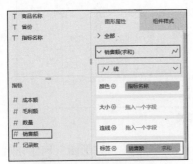

图12-23　设置数据标签

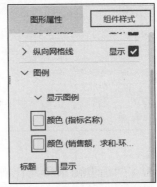

图12-24　设置图例与标题不显示

**步骤8**：单击左上角"未命名组件"旁的 按钮，设置组件名为"月度销售额及销售额环比"，再单击右上角的"进入仪表板"选项，将组件插入仪表板中，并调整到合适大小与位置，如图12-25所示。

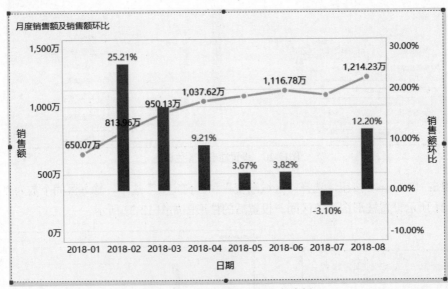

图12-25　将组合图组件插入仪表板

**? 数据分析思维：**

从图12-25中可以看出，8月销售额为1214.23万，环比上涨了12.20%，销售收入稳步增长，然后再看8月毛利润情况。

### 4. 制作毛利额及毛利额环比组合图

同样的方法，制作组合图表来查看每个月的毛利额和毛利额环比情况。将图12-25中的组合图复制一份生成新的组合图,更换指标为毛利额,调整后的"月度毛利额及毛利额环比"如图 12-26 所示。

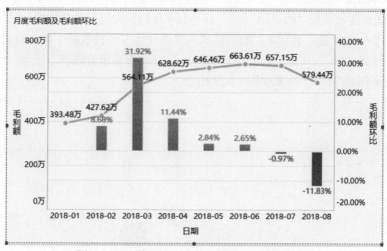

图12-26　调整后的"月度毛利额及毛利额环比"

**❓数据分析思维:**

8月销售额比7月销售额增长了12.20%,从图 12-26 来看,毛利润却下降了11.83%。这说明8月毛利润下降不是由销售收入下降引起的,而是由销售成本上升引起的,甚至有可能销售成本高于销售收入。下面的分析从关注毛利润率这个指标开始,将月份定位到8月,按"省份-城市-店铺-商品分类-商品"的层次层层向下钻取,查看值非常低、甚至为负数的商品毛利率。

### 5. 添加毛利率指标

毛利率指标是查找利润下降原因的关键因素。毛利率公式如下。

毛利率 =(销售收入 − 销售成本)÷销售收入

**步骤 1:**在仪表板界面,单击左侧⊕按钮,选择"商品销售数据宽表",单击"确定"按钮,再单击"＋"按钮,如图 12-27 所示。

**步骤 2:**输入字段名称为"毛利率",输入公式 SUM_AGG(毛利额)/SUM_AGG(销售额),单击"确定"按钮,如图 12-28 所示。

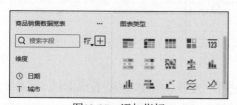

图12-27　添加指标

图12-28　设置指标公式

#### 6. 制作波士顿矩阵图

波士顿矩阵图也叫四象限图，通过波士顿矩阵图来查找高销售收入、低利润率的商品。

**步骤1**：选择图表类型"散点图" ，将毛利率拖到横轴处，销售额拖到纵轴处，将省份拖到颜色和大小处，设置"毛利率"数值格式为"百分比"，"销售额"数值格式为"万"，取消选择"组件样式-图例"中"大小(省份)"选项。勾选"查看所有数据"选项，修改组件名称为"商品毛利率钻取分析"，结果如图12-29所示。

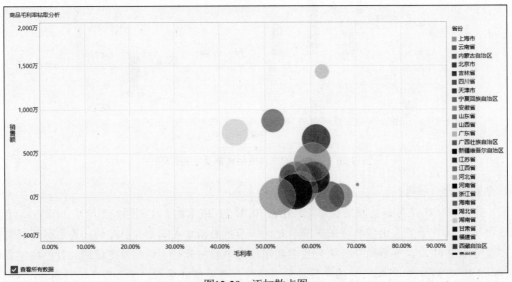

图12-29 添加散点图

**步骤2**：单击"维度-省份"右侧的 ▼ 按钮，选择"创建钻取目录"选项，输入名称为"层级钻取"，然后依次单击"城市、门店名称、商品类别、商品名称"，选择"加入层级目录"，加入"层级钻取"目录下，如图12-30所示。

图12-30 设置层级钻取

**步骤3**：单击横轴"毛利率"右侧的 ▼ 按钮，选择"设置分析线-警戒线(纵向)"，单击"添加警戒线"按钮，输入警戒线名为"毛利率0%警戒线"、警戒线值为0，单击"确定"按钮，如图12-31所示。同理，设置"销售额"的警戒线，如图12-32所示。

第 12 章　FineBI 利润数据探索性分析

图12-31　添加毛利率分析线

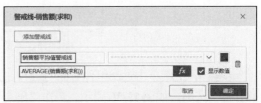

图12-32　添加销售分析线

**步骤 4**：将生成的图表在仪表板中调整好大小和位置，结果如图 12-33 所示。

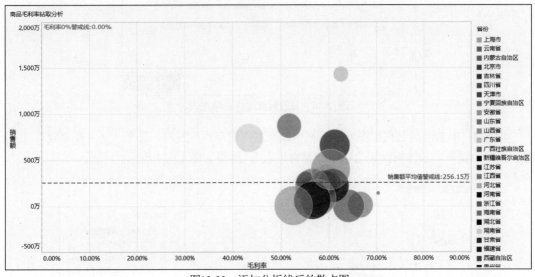

图12-33　添加分析线后的散点图

**❓数据分析思维：**

图 12-33 中只有销售额警戒线，而设置的毛利率警戒线没有显示出来，这是因为当前图显示的是所有月份、省份的销售额毛利率，值都在 0 以上，毛利率 0 警戒线正好与纵轴重合了。若想继续探索 2018 年 8 月的毛利率，则需要添加一个过滤组件，让图表只显示 2018 年 8 月的数据，便可追查到 8 月异常毛利率。

### 7. 添加过滤组件

过滤组件实际上是一种筛选器，可以设置哪些图表受过滤组件的控制。

**步骤 1**：在仪表板界面，单击"过滤组件"按钮，选择"年月"，结果如图 12-34 所示。

图12-34　添加"年月"过滤组件

**步骤 2**：单击过滤组件右侧的 按钮，选择"悬浮"，将年月组件拖动到仪表板标题左下角，并选择"2018 年 8 月"，结果如图 12-35 所示。

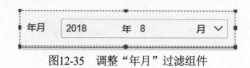

图12-35 调整"年月"过滤组件

**步骤3**：继续单击过滤组件右侧的 ⊡ 按钮，选择"自定义控制范围"，选择"商品毛利率钻取分析"选项，如图12-36所示。单击"确定"按钮。

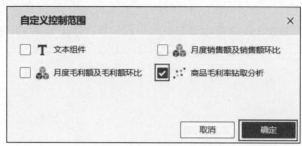

图12-36 设置过滤组件影响图表

**步骤4**：单击商品毛利率图表中毛利率最低的"湖南省"气泡，选择"湖南省钻取"，再选择"长沙市钻取、长沙梅溪湖店钻取、零食钻取"，结果如图12-37所示。

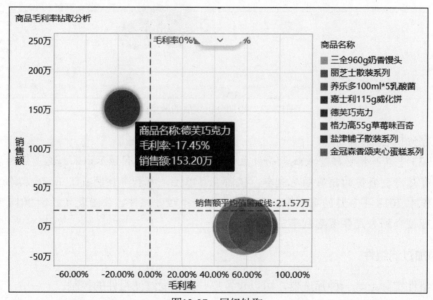

图12-37 层级钻取

> **❓数据分析思维**：
> 
> 通过层层钻取可以看到，引起8月毛利率降低的主要商品是德芙巧克力，毛利率为-17.45%，说明这个产品的8月成本额大于销售额。那么，又是8月的哪个时间因成本的波动而引起毛利率大幅度降低的呢？下面，添加一个按日期反映毛利率变化的趋势分析图，进一步探索毛利率异常波动的日期。

## 8. 制作毛利率趋势分析图

**步骤**：在仪表板界面，单击左侧的 ⊕ 按钮，选择"商品销售数据宽表"，单击"确定"按钮。添加"毛利率"指标，选择折线图 按钮，将"日期"和"毛利率"分别拖到横轴和纵轴，设置"毛利率"数值格式为"百分比"，将毛利率拖动到标签处，更改组件名称为"商品毛利率趋势分析"，选择"查看全部商品"选项，进入仪表板界面，调整图表大小和位置，结果如图 12-38 所示。可以看到，该图反映的是从 2018 年 1 月 1 日起毛利率的变化趋势。

图12-38 制作毛利率趋势分析图

## 9. 制作商品销售明细表

**步骤**：在仪表板界面，单击左侧 ⊕ 按钮，选择"商品销售数据宽表"，单击"确定"按钮。选择明细表 按钮，将日期、省份、城市、门店名称、商品类别、商品名称、销售额、成本额、毛利额拖动到数据处，更改组件名称为"商品销售明细表"，进入仪表板界面，调整图表大小和位置，结果如图 12-39 所示。可以看到，该图反映的是从 2018 年 1 月 1 日起商品的销售明细。

| 日期 | 省份 | 城市 | 门店名称 | 商品类别 | 商品名称 | 销售额 | 成本额 | 毛利额 |
|---|---|---|---|---|---|---|---|---|
| 2018-01-01 | 吉林省 | 白山市 | 白山店 | 日用品 | 微爽日用245mm | 1,076.92 | 641.03 | 435.89 |
| 2018-01-01 | 黑龙江省 | 鹤岗市 | 鹤岗店 | 零食 | 三全960g奶香馒头 | 2,461.54 | 998.56 | 1,462.98 |
| 2018-01-01 | 黑龙江省 | 鹤岗市 | 鹤岗店 | 零食 | 嘉士利115g威化饼 | 3,119.66 | 1,033.47 | 2,086.19 |
| 2018-01-01 | 吉林省 | 辽源市 | 辽源店 | 零食 | 三全960g奶香馒头 | 4,102.56 | 1,664.27 | 2,438.29 |
| 2018-01-01 | 吉林省 | 辽源市 | 辽源店 | 零食 | 丽芝士散装系列 | 2,948.72 | 950.36 | 1,998.36 |
| 2018-01-01 | 吉林省 | 辽源市 | 辽源店 | 零食 | 养乐多100ml*5乳酸菌 | 2,094.02 | 573.88 | 1,520.14 |
| 2018-01-01 | 吉林省 | 辽源市 | 辽源店 | 零食 | 嘉士利115g威化饼 | 1,559.83 | 516.73 | 1,043.1 |
| 2018-01-01 | 吉林省 | 松原市 | 松原店 | 生鲜 | 西红柿 | 605.13 | 240.17 | 364.96 |
| 2018-01-01 | 吉林省 | 松原市 | 松原店 | 生鲜 | 本地小白菜 | 2,017.09 | 542.68 | 1,474.41 |

图12-39 制作商品销售明细表

## 企业经营与财务智能分析可视化

> **? 数据分析思维：**
>
> 当钻取到德芙巧克力时，发现8月毛利率大幅度降低主要由该商品引起，那么是哪一天的销售成本额变化较大，从而引起毛利额、毛利率迅速降低的呢？希望添加的毛利率趋势分析和商品销售明细表能随着钻取的变化产生联动反应。

### 10. 设置联动

选中每一张图表，可以设置对其他图表的联动或不联动。

**步骤1：** 在仪表板界面，单击"商品毛利率钻取分析"右侧的  按钮，选择"联动设置"，去掉两张组合图右上角的勾选(不参与商品毛利率钻取分析的联动)，单击"确定"按钮，再单击"商品毛利率钻取分析"图表的"德芙巧克力"气泡，选择"联动"，如图12-40 所示。可以看到，8月17日毛利率趋势分析图表中毛利率异常波动。

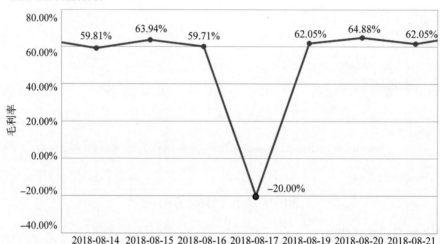

图12-40　联动毛利率趋势分析

**步骤2：** 单击20%毛利率点，可以看到，8月17日商品销售明细表中成本高于销售额，毛利额为负，如图12-41 所示。

| 商品销售明细表 | | | | | | | | |
|---|---|---|---|---|---|---|---|---|
| 日期 | 省份 | 城市 | 门店名称 | 商品类别 | 商品名称 | 销售额 | 成本额 | 毛利额 |
| 2018-08-17 | 湖南省 | 长沙市 | 长沙梅溪湖店 | 零食 | 德芙巧克力 | 15,000 | 18,000.17 | -3,000.17 |
| 2018-08-17 | 湖南省 | 长沙市 | 长沙梅溪湖店 | 零食 | 德芙巧克力 | 15,000 | 18,000.17 | -3,000.17 |
| 2018-08-17 | 湖南省 | 长沙市 | 长沙梅溪湖店 | 零食 | 德芙巧克力 | 15,000 | 18,000.17 | -3,000.17 |
| 2018-08-17 | 湖南省 | 长沙市 | 长沙梅溪湖店 | 零食 | 德芙巧克力 | 15,000 | 18,000.17 | -3,000.17 |
| 2018-08-17 | 湖南省 | 长沙市 | 长沙梅溪湖店 | 零食 | 德芙巧克力 | 15,000 | 18,000.17 | -3,000.17 |
| 2018-08-17 | 湖南省 | 长沙市 | 长沙梅溪湖店 | 零食 | 德芙巧克力 | 15,000 | 18,000.17 | -3,000.17 |
| 2018-08-17 | 湖南省 | 长沙市 | 长沙梅溪湖店 | 零食 | 德芙巧克力 | 15,000 | 18,000.17 | -3,000.17 |
| 2018-08-17 | 湖南省 | 长沙市 | 长沙梅溪湖店 | 零食 | 德芙巧克力 | 15,000 | 18,000.17 | -3,000.17 |

共 99 条数据

图12-41　联动商品销售明细表

## ?数据分析思维:

从8月17日(七夕节)的销售明细表中可以看出,有99条异常销售订单,疑似内部员工空买空卖,利用优惠券套利,相关数据已全部交由审计部门追查。为了预防此类事件再次发生,考虑将以上分析过程常态化,以省市、门店、门类、商品为检测维度,通过销售额与毛利率预警线的设置,建立异常毛利额预警模型,监控每种商品高销售、低毛利的情况。

## 【本章小结】

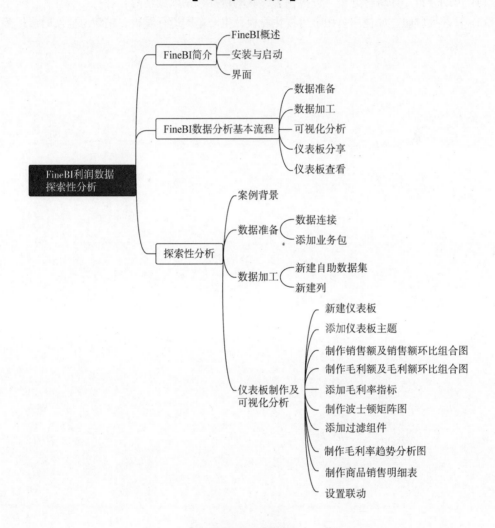

## 【本章习题】

一、思考题

1. 请说一说 FineBI 数据分析的基本流程。
2. 利润数据探索性分析过程中用到的分析指标、分析维度、分析方法、分析展示有哪些?

请画出思维导图说明。

二、实训题

打开 FineBI 软件,学习系统自带的商务智能分析案例。
(1) 行业应用,如零售行业、银行金融、交通运输、电子电气、教育等。
(2) 主题场景,如销售主题、财务主题、库存主题、人事主题等。
(3) 模型方法,如帕累托、RFM、用户留存、转化分析、杜邦分析、购物篮分析等。
(4) 自助分析,如跳转分析、分析预警、联动切片、钻取旋转等。
(5) 管理驾驶舱,如住房公积金可视化看板、生产车间运行看板、销售总监实时看板等。